Polizeiliche Zusammenarbeit
in der Europäischen Union

Europäische Hochschulschriften
Publications Universitaires Européennes
European University Studies

Reihe II
Rechtswissenschaft

Série II Series II
Droit
Law

Bd./Vol. 3225

PETER LANG
Frankfurt am Main · Berlin · Bern · Bruxelles · New York · Oxford · Wien

Gregor Kämper

Polizeiliche Zusammenarbeit in der Europäischen Union

Entwicklung, Rechtsformen, grundgesetzliche Zulässigkeit

PETER LANG
Europäischer Verlag der Wissenschaften

Die Deutsche Bibliothek - CIP-Einheitsaufnahme

Kämper, Gregor:

Polizeiliche Zusammenarbeit in der Europäischen Union : Entwicklung, Rechtsformen, grundgesetzliche Zulässigkeit / Gregor Kämper. - Frankfurt am Main ; Berlin ; Bern ; Bruxelles ; New York ; Oxford ; Wien : Lang, 2001
(Europäische Hochschulschriften : Reihe 2, Rechtswissenschaft ; Bd. 3225)
Zugl.: Münster (Westfalen), Univ., Diss., 2001
ISBN 3-631-38367-3

D 6
ISSN 0531-7312
ISBN 3-631-38367-3

www.peterlang.de

Vorwort

Die Arbeit wurde von der Rechtswissenschaftlichen Fakultät der Westfälischen Wilhelms- Universität Münster im Wintersemester 2000/ 2001 als Dissertation angenommen. Als ich im Herbst 1997 die Arbeit aufnahm, war manches für mich nicht absehbar. So hatte ich ursprünglich nicht geplant, mein Referendariat am Landgericht Münster schon ab Mitte 1998 zu absolvieren. Insbesondere dadurch zog sich die Entstehung der Arbeit hinaus. Meine Heirat, die Geburt der Tochter Leonie sowie natürlich auch das zweite Staatsexamen ließen die Arbeit vorübergehend in den Hintergrund treten.

Daß ich diese Arbeit trotz aller Unwägbarkeiten und Schwierigkeiten fertigstellen konnte, verdanke ich vielen: An erster Stelle möchte ich meinen Doktorvater Prof. Dr. Bodo Pieroth nennen. Herr Prof. Pieroth war derjenige, der mir den Anstoß für diese Arbeit gegeben hat. Die engagierte Betreuung durch ihn war ein Glücksfall. Jederzeit konnte ich mit ihm die Arbeit ausführlich besprechen. Auch für die zügige Durchsicht und Begutachtung der Arbeit möchte ich mich bei Herrn Prof. Pieroth als erstem Berichterstatter sowie auch bei dem zweiten Berichterstatter, Herrn Prof. Dr. Hans-Michael Wolffgang bedanken. Der Westfälischen Wilhelms-Universität Münster danke ich für die großzügige Beteiligung an den Druckkosten.

Meinen Eltern, Christa Kämper und Dr. Emil Kämper, die mir durch ihre umfangreiche Unterstützung meine Ausbildung und die Fertigstellung dieser Arbeit erst ermöglicht haben, bin ich zu besonderem Dank verpflichtet. Nicht unerwähnt lassen möchte ich ferner meine Ehefrau Nina, die mich im privaten Bereich unentwegt entlastet und immer wieder neu motiviert hat. Nicht zuletzt gilt mein Dank aber auch Lucie Koch, Barbara und Fritz Kämper, Anja und Wolfgang Kämper, Michael Kämper, Raphael Koch, Philipp Lechtape, Georg Schlüter und Dr. Claus Unkel, die mir in unterschiedlichster Form bei der Fertigstellung dieser Arbeit geholfen haben.

Arnsberg, im Mai 2001 Gregor Kämper

Inhaltsverzeichnis

§ 1 Einleitung

Die polizeiliche Zusammenarbeit in Europa wird nicht erst seit kurzer Zeit betrieben, sie weist eine lange Tradition auf. Die Kooperationsformen der klassischen internationalen Rechtshilfe und Amtshilfe sind etablierte Institute, die sowohl repressives als auch präventives Handeln im Einklang mit ausländischen Polizeibehörden seit längerer Zeit ermöglichen[1]. Dieses Zusammenwirken der einzelnen Polizeien Europas miteinander stößt jedoch immer mehr an seine Grenzen. Das Bewußtsein, daß deshalb neue Formen der polizeilichen Zusammenarbeit entwickelt werden müssen, verstärkt sich nachhaltig. Initiativen - besonders auch in der Europäischen Union - gibt es in diesem Bereich genügend. Die neuesten und wichtigsten Kooperationsformen sollen in dieser Arbeit dargestellt und im Hinblick auf die bundesdeutsche Verfassung überprüft werden. Dazu besteht berechtigter Anlaß, wird doch die internationale polizeiliche Zusammenarbeit von manchen als eine dramatische Gefahr für den Rechtsstaat angesehen[2].

Im einführenden Teil der Arbeit wird zunächst die Ausgangsfrage erörtert, warum ein verstärktes Miteinander der europäischen Polizeibehörden unabdingbar ist. Dabei wird in erster Linie die gegenwärtige Situation des Internationalen Verbrechens und der Organisierten Kriminalität in Europa unter Einbezug von möglichen zukünftigen Lageentwicklungen dargestellt. Die Einleitung hat des weiteren die Konkretisierung der Fragestellung und das Ziel der Untersuchungen zum Gegenstand. Umfaßt davon ist eine Klärung der wichtigsten Begriffe im Rahmen des Sachgebietes. Ferner wird im Anschluß daran der Gang der Untersuchungen vorgestellt.

I. Das Erfordernis polizeilicher Zusammenarbeit in Europa

Die auf der Hand liegende, aber oft übergangene Frage im thematisierten Bereich ist die nach der grundsätzlichen Erforderlichkeit polizeilicher Zusammenarbeit in Europa. Die Existenz dieses Bedürfnisses nach gemeinsamem Vorge-

---

1 Vgl. *Mokros* in *Lisken/ Denninger*, Kapitel N, Rn. 1 ff.

2 Vgl. etwa *Lisken*, DRiZ 1998, 75 (75 ff.); *Prantl*, DRiZ 1997, 234 (234 ff.); zurückhaltender *Waechter*, ZRP 1997, 167 (167 ff.); ähnlich *Gleß/ Lüke*, Jura 1998, 70 (79) sowie *Nachbaur*, KritJ 1998, 231 (231).

hen der europäischen Polizeien wird in der Literatur häufig ohne weitere Ausführungen vorausgesetzt. Der einführende Teil dieser Arbeit soll genutzt werden, um die in Betracht kommenden derzeitigen Motive für das Erfordernis polizeilicher Kooperation in Europa sowie deren unterschiedliche Gewichtigkeit näher zu beleuchten. Der Bedarf nach polizeilicher Zusammenarbeit in Europa hat verschiedene Gründe. Die Bedeutung einer solchen - zweifelsohne noch in den Anfängen steckenden - Zusammenarbeit[3] wird in ihrem Ausmaß erkennbar, wenn man bedenkt, daß das Zusammentreffen verschiedener Umstände und politischer Ereignisse und Gegebenheiten zu einer Gefährdung für die innere Sicherheit Europas geführt hat.

1. Die Entwicklung der Organisierten Kriminalität in Europa

Prägender Anlaß für das Erfordernis polizeilicher Zusammenarbeit in Europa ist vor allem der besorgniserregende Anstieg der Straftaten im Bereich der Organisierten Kriminalität[4] und des Internationalen Verbrechens. Die Definition des Begriffs „Organisierte Kriminalität" war lange Zeit unklar. Mittlerweile hat sich seit Anfang der 90er Jahre die Umschreibung durch das Bundeskriminalamt durchgesetzt. Danach ist Organisierte Kriminalität die von Gewinn oder Machtstreben bestimmte planmäßige Begehung von Straftaten, die einzeln oder in ihrer Gesamtheit von erheblicher Bedeutung sind, wenn mehr als zwei Beteiligte auf längere oder unbestimmbare Dauer arbeitsteilig

a. unter Verwendung gewerblicher oder geschäftsähnlicher Strukturen,
b. unter Anwendung von Gewalt oder anderer zur Einschüchterung geeigneter Mittel oder
c. unter Einflußnahme auf Politik, Medien, öffentliche Verwaltung, Justiz oder Wirtschaft zusammenwirken[5].

---

3 Zumindest befindet sich die polizeiliche Zusammenarbeit derzeit in einem Umbruch, die EDV drängt immer mehr in den Vordergrund; vgl. *Scheller*, S. 2.

4 Zu den neueren Daten und Fakten der Organisierten Kriminalität s. *Weitemeier*, Krim 1999, 651; *Sieber*, Krim 1998, 97 und *Glauben*, DRiZ 1997, 48. Vgl. insbesondere auch den Lagebericht des Bundeskriminalamts zur Organisierten Kriminalität, der im Internet unter der Seite http://www.bka.de/lagebericht/ok/1999kf/index.html einsehbar ist.

5 So die allgemein gängige Definition, vgl. nur Bundeskriminalamt (Hrsg.), Lagebild Organisierte Kriminalität Bundesrepublik Deutschland 1992, Wiesbaden 1993, Anlage 1; kritisch insoweit *Möhn*, Krim 1994, 534 (534 ff.).

Die Organisierte Kriminalität taucht innerhalb Europas in verschiedenen Formen auf[6]. Die Tatsache, daß der attraktive Lebensraum Europa mit seiner exponierten Lage eine der bedeutendsten Transitregionen des Personen- und Warenverkehrs der Welt darstellt[7], führt dazu, daß sich speziell hier Kriminelle und professionelle Verbrecherorganisationen ansiedeln, um an dem enormen wirtschaftlichen Aufkommen auf ihre Weise teilhaben zu können. Die im Raum Europa durchweg vorhandene Finanzkraft und der allgemein hohe Lebensstandard versprechen nicht nur für legitime Wirtschaftsunternehmen, sondern auch für organisierte Kriminelle die aussichtsreiche Möglichkeit, mit ihren Geschäften hohe Gewinne abschöpfen zu können[8].

Schon in den 60er Jahren[9] wußten besonders südamerikanische Drogenkartelle die angesprochenen Anreize zu nutzen, die ihre Absatzmärkte neben den U.S.A. in großer Zahl auch auf Europa ausgeweitet haben[10]. Weitere klassische, auf internationalem Terrain operierende Kriminalitätsform ist der Terrorismus. Neben dem sogenannten Staatsterrorismus, der besonders von Staaten im Nahen Osten wie Syrien und Libyen[11] unterstützt und praktiziert wird, entwickelten sich auch die nationalen linksradikalen Gruppen wie die RAF, brigate rosse (Italien), action directe (Frankreich) und die ETA (Spanien) in den vergangenen Jahren durch ihre kooperative Verflechtung zu einer nur international zu bekämpfenden Gefahr[12].

Der Umfang der Bedrohung durch Organisierte Kriminalität und Internationales Verbrechen potenzierte sich zum Anfang der 90er Jahre um ein Vielfaches, nachdem durch die politischen Veränderungen in Mittel- und Osteuropa[13] die

---

6 Vgl. insoweit auch *Krevert*, Krim 1997, 403 (403).

7 Vgl. *Stoiber*, Politische Studien Nov./ Dez. 1992, 15 (15 f.).

8 Auf diese Tatsache machte zuletzt noch Europol-Direktor *Storbeck* beim 17. Deutschen Richtertag vom 04. – 06. 10. 1999 in Karlsruhe aufmerksam, zitiert bei *Greiner*, DP 1999, 345 (345).

9 Zu Frühformen der Organisierten Kriminalität seit den 20er Jahren vgl. *Daschner*, Krim 1996, 175 (182).

10 Bekannt sind in diesem Zusammenhang insbesondere die kolumbianischen Medellín- und Cali- Kartelle. Vgl. dazu *Zachert* in *Zachert*, 69 (73).

11 Vgl. *Schiller*, Aus Politik und Zeitgeschichte v. 31. 01. 1987, 29 (37).

12 Vgl. dazu *Horchem*, Aus Politik und Zeitgeschichte v. 31. 01. 1987, 3 (14).

13 Zur Kriminalitätsentwicklung speziell vor dem Hintergrund des politischen Umbruchs in Osteuropa vgl. *Eggert* in der Dokumentation der Internationalen Fachkonferrenz „Der neue kriminalgeographische Raum Europa“, 43 (44 ff.) sowie *Weitemeier*, Krim

Öffnung in den Westen bewirkt wurde. Durch diesen Umstand entstanden Freiräume, in die völlig neue Formen der Organisierten Kriminalität hineindrängten[14]. Zu denken sei in diesem Zusammenhang beispielsweise an polnische Organisationen, die sich auf professionelle Kraftfahrzeugverschiebung spezialisiert haben. Hinzuweisen ist auch auf die unüberschaubare Entwicklung der sogenannten „Russen-Mafia", die nach italienischem Vorbild Schutzgelderpressung, Menschenhandel, Waffen-, Rauschgift- und Kunstschmuggel betreibt[15]. Die Organisationen gehen dabei mit einer bisher nicht gekannten Brutalität vor[16]. Das enorme Wohlstandsgefälle zwischen Ost- und Westeuropa, die wirtschaftlichen Schwierigkeiten der osteuropäischen Staaten und der daraus resultierende - zumindest nachvollziehbare - Wunsch der Menschen, endlich am Reichtum Westeuropas partizipieren zu können, führen dazu, daß die Organisierte Kriminalität gerade hier enormen Zulauf erfährt und die Hemmschwellen für jegliche Art von Verbrechen sehr niedrig sind[17]. Nach dem Zusammenbruch des Kommunismus in der ehemaligen Sowjetunion wurde die Privatisierung vieler Wirtschaftsunternehmen mit Kapital, das entweder aus dem Vermögen der Kommunistischen Partei herrührte oder unmittelbar inkriminierter Herkunft war, umgesetzt[18]. So führten die politischen Veränderungen fast zwangsläufig zu einem rapiden Kriminalitäsanstieg gerade auch in der russischen Wirtschaft, die mittlerweile zu einem Großteil von der Organisierten Kriminalität beherrscht wird („Schattenwirtschaft").

Eine weitere Dimension der internationalen Kriminalität wurde durch den Handel mit Nuklearmaterial aus den alten Beständen der ehemaligen Sowjetunion erreicht[19]. Auch an diesem Beispiel ist zu erkennen, daß die Entstehung eines Machtvakuums in Osteuropa als Triebfeder für organisiertes Verbrechen eine

---

1999, 651.

14 Vgl. *Schelter*, Europäische Gespräche 1/ 1996, 29 (29); ferner *Sieber*, Krim 1998, 97 (97).

15 Vgl. dazu *Afanasjew*, WiRO 1994, 286 (286); ferner *Zachert*, Politische Studien Nov./ Dez. 1992, 25 (30).

16 Vgl. etwa *Nehm*, NStZ 1996, 513 (514).

17 Vgl. dazu nur den Bericht im Spiegel 46/ 1997, S. 178 ff. über die Hochkonjunktur von Vertragskillern in Rußland.

18 Vgl. *Weitemeier*, Krim 1999, 651 (652); *Sieber*, Krim 1998, 97 (97) erwähnt in diesem Zusammenhang die Veruntreuung von Firmen- und Staatseigentum.

19 Vgl. *Aschmann*, S. 78 f.; *Schelter*, Europäische Gespräche 1/ 1996, 29 (30); ferner Der Spiegel 44/ 1992, 68 (68).

Bedrohung für Westeuropa darstellt. In diesem Zusammenhang sei erwähnt, daß die Organisierte Kriminalität gerade in Russland immer mehr Einfluß auch auf das politische Leben nimmt und teilweise sogar angenommen wird, daß selbst höchste Staatsämter mit der Organisierten Kriminalität in Verbindung stehen[20]. Nach der Vereinnahmung der Wirtschaft droht hier also eine Ausweitung auf die Politik. Diese Probleme in Russland sind keine nur nationalen Probleme. Die Ausweitung des Aktionsradius der Organisierten Kriminalität in Russland reicht mittlerweile auch bis nach Deutschland[21]. So ist oftmals deutschen Unternehmen überhaupt nicht bewußt, daß sie riskante Geschäfte mit illegalen Gruppen betreiben.

Die meisten Formen der internationalen Kriminalität haben gemeinsam, daß sie die technisierte Infrastruktur Europas für sich zu nutzen wissen und sich dem Arm der nationalen Strafverfolgungsbehörden immer wieder durch Verlegung der Verbrechensschwerpunkte entziehen[22]. Das allseits respektierte völkerrechtliche Gebot der Achtung fremder Gebietshoheit verbietet aber die Vornahme und Durchsetzung staatlicher Hoheitsakte auf fremdem Staatsgebiet ohne besondere Erlaubnis des ausländischen Staates[23], so daß den staatlichen Polizeibehörden oftmals die Hände gebunden sind. Den aufgezeigten neuen Verbrechensformen und -strukturen stehen bislang alte, fest verankerte Rechtsordnungen und seit Jahrhunderten tief eingegrabene kulturelle Eigenheiten der jeweiligen europäischen Staaten gegenüber[24], die in jeder Hinsicht nur schwer miteinander zu verknüpfen sind. Allein diese Umstände lassen die Unabdingbarkeit der polizeilichen Zusammenarbeit in Europa deutlich hervortreten.

---

20 *Weitemeier*, Krim 1999, 651 (651).

21 Vgl. dazu *Weitemeier*, Krim 1999, 651 (651); zum Einfluß der russischen Organisierten Kriminalität auf die Stadt Berlin vgl. *Schmidt*, DP 1997, 315 (315 ff.).

22 Vgl. dazu *Möbius*, Das Parlament v. 12. 03. 1993, 12 (12).

23 Vgl. *Geiger*, Grundgesetz, S. 346 ff.

24 Vgl. insoweit *Schreiber* in *Kube/ Störzer/ Timm*, Bd. 2, 317 (317 f.).

2. Die Folgen des Schengener Abkommens[25]

Ein gesteigertes Bedürfnis nach polizeilicher Zusammenarbeit in Europa ergibt sich zudem aus der Realisierung des Schengener Abkommens. Durch das Übereinkommen vom 14. 06. 1985 normierten ursprünglich 5 Mitgliedsstaaten der Europäischen Union das Ziel der völligen Abschaffung der Binnengrenzkontrollen. Bis zum jetzigen Zeitpunkt sind dieser Vereinbarung Italien (1990), Portugal und Spanien (1991), Griechenland (1992), Österreich (1995), Dänemark, Schweden und Finnland (1996) beigetreten[26]. Die zuletzt genannten skandinavischen Staaten entschlossen sich zu dem Beitritt, nachdem ihnen zunächst für ca. 7 Monate ein Beobachterstatus eingeräumt wurde. Die weiteren Staaten der nordischen Paßunion – Norwegen und Island – haben als Nichtmitglieder der EU ein Kooperationsübereinkommen[27] mit dem Schengener Staatenbund betreffend den Abbau der Personenkontrollen an den gemeinsamen Grenzen vereinbart. Damit sind mittlerweile 15 Staaten an der Vereinbarung beteiligt. Durch das Schengener Abkommen brachten die beteiligten Staaten - vor dem Hintergrund des in Art. 14 EGV (Art. 7 a EGV a.F.) normierten Postulats der Freizügigkeit in Europa - ihr gemeinsames Ziel einer möglichst raschen Europäisierung zum Ausdruck. Das Übereinkommen wird bislang mit Einschränkungen zwischen den genannten Staaten angewendet.

Schon bald erkannte man in der Staatengemeinschaft Europas die Notwendigkeit, kompensierende Ausgleichsmaßnahmen zu treffen, um drohende Sicherheitsverluste aufzufangen[28]. Diesem Umstand versuchte man mit dem im Jahre 1990 geschaffenen Schengener Durchführungsübereinkommen[29] (SDÜ) - auf das später noch ausführlich eingegangen wird - gerecht zu werden. Denn es war ab-

---

25 GMBl. 1986, 79 ff. - mit vollem Titel *„Übereinkommen von Schengen vom 14.06.1985 zwischen den Regierungen der Staaten der Benelux-Wirtschaftsunion, der Republik Frankreich und der Bundesrepublik Deutschland betreffend den schrittweisen Abbau der Kontrollen an den gemeinsamen Grenzen"*, kurz „Schengen I" genannt.

26 Zur genauen Entwicklung des Schengen-Verbundes ausführlich *Taschner*, Rn. 28 ff.

27 Abgedruckt bei *Taschner*, S. 138 ff.

28 Vgl. *Bieber*, NJW 1994, 294 (294); *Wolters*, Krim 1995, 172 (172 ff.); *Sturm*, Krim 1995, 162 (162).

29 Vgl. BGBl. 1993 II, 1013 ff. - mit vollem Titel *„Übereinkommen zur Durchführung des Übereinkommens von Schengen vom 14. Juni 1985 zwischen den Staaten der Benelux-Wirtschaftsunion, der Bundesrepublik Deutschland und der Französischen Republik betreffend den schrittweisen Abbau der Kontrolle an den gemeinsamen (Grenzen 19. 06. 1990)"*, kurz „Schengen II" genannt.

zusehen, daß den Akteuren der Organisierten Kriminalität und des Internationalen Verbrechertums durch den geplanten Grenzabbau eine Internationalisierung ihrer Tätigkeiten erleichtert werden würde. Nationale Polizeibehörden standen der Tatsache, daß Straftäter sich zunehmend ohne Kontrolle über Staatsgrenzen bewegen konnten, gerade infolge der Grenzöffnung zunehmend hilflos gegenüber[30]. Die Realisierung von Schengen I für sich allein stellt somit ebenfalls einen Umstand dar, der eine intensivierte polizeiliche Zusammenarbeit in Europa erforderlich macht.

3. Das Zusammenwachsen Europas im Rahmen der Europäischen Union

In der Regel wird angenommen, daß der erforderliche Wandel der polizeilichen Zusammenarbeit in Europa auch von dem Zusammenwachsen der europäischen Staaten unter dem gemeinsamen Dach der Europäischen Union vorangetrieben wird. Immerhin sieht der schon erwähnte Art. 14 EGV europaweite Freizügigkeit im Hinblick auf Waren-, Personen-, Dienstleistungs- und Kapitalverkehr vor. Speziell das ambitionierte Ziel des freien Personenverkehrs gibt Anlaß, über ein kooperatives Zusammenwirken der nationalen Polizeien nachzudenken, um den mit der Realisierung dieses Zieles einhergehenden Risiken wirksam entgegenzutreten.

Eine so weitgehende Konkretisierung der Freizügigkeit allerdings, daß man von Sicherheitsdefiziten sprechen könnte, ist bislang innerhalb der spezifischen EU-Strukturen nicht eingetreten. Vielmehr wird Schengen eine Vorreiterrolle[31] zugesprochen - sowohl was den Abbau der Grenzen betrifft als auch im Hinblick auf die kompensierenden Ausgleichsmaßnahmen. Eine Forcierung des Ziels „Freizügigkeit“ wird in der Europäischen Union so lange von nachrangiger Bedeutung bleiben, wie ausgleichende Kompensierungsmaßnahmen aufgrund schwerfälliger Strukturen im Rechtsbereich der sog. „Dritten Säule“[32] der Europäischen

---

30 Näher dazu *Möbius*, Das Parlament v. 12. 03. 1993, 12 (12).

31 Vgl. *Sturm*, Krim, 1995, 162 (168).

32 Das „Haus Europa“ respektive die EU stützt sich durch die (Erste) Säule „*Europäische Gemeinschaft*“, die (Zweite) Säule „*Gemeinsame Außen- und Sicherheitspolitik*“ sowie die (Dritte) Säule „*Zusammenarbeit Innen- und Justizpolitik*“, die durch das Dach gemeinsamer Zielbestimmungen und eines gemeinsamen institutionellen Rahmens miteinander verbunden sind; vgl. insofern *Röben* in *Grabitz/ Hilf*, Vor Art. 29 EUV, Rn. 21 ff.; ferner *Akmann*, JA 1994, 49 (49).

Union[33] kaum vereinbart werden können. In diesem Bereich fehlt es an einer echten Gemeinschaftszuständigkeit[34]. Vielmehr erstreckt sich die Kooperation der EU-Staaten nur auf eine intergouvernementale Zusammenarbeit. Das bedeutet, daß die institutionellen Mechanismen der Europäischen Union weitgehend keine Anwendung finden[35]. Vereinbarungen der EU-Staaten auf dem Gebiet der Justiz- und Innenpolitik können nur mit Einstimmigkeit[36] getroffen werden, so daß hier nur bezüglich einer kleinen Schnittmenge mit einer rechtlichen Manifestation zu rechnen ist. Die nationalen Vorbehalte und das mangelnde Vertrauen in andere als die eigene Polizei[37] bewirkten bisweilen eine Lähmung hinsichtlich der Entwicklung einer europaweiten polizeilichen Zusammenarbeit und der damit einhergehenden Öffnung der EU-Staaten untereinander[38]. Doch nur wo die Aussicht auf ein grenzüberschreitendes kooperatives Sicherheitssystem besteht, kann Freizügigkeit im Sinne des EG-Vertrages realisiert werden[39].

Der Motivationsmangel und die nationalen Hemmnisse einiger Mitgliedsstaaten bei der Entwicklung neuer Formen EU-weiter polizeilicher Zusammenarbeit führten dazu, daß die praktische Umsetzung des Zieles „Freizügigkeit" im Sinne des Art. 14 EGV nicht besonders vorangetrieben werden konnte. Daher organisierten sich 1985 die Schengen-Staaten als Teilmenge der EG-Mitgliedsstaaten, um den in diesem Bereich restriktiv agierenden EG-Staaten mit gutem Beispiel voranzugehen.

Insofern kann von einem Bedürfnis europaweiter polizeilicher Zusammenarbeit

---

33 Vgl. *Di Fabio*, DÖV 1997, 89 (89).

34 Vgl. *Schelter*, Europäische Gespräche 1/ 1996, 29 (32); ferner auch *Pitschas*, NVwZ 1994, 625 (628) m.w.N.

35 Dazu beispielsweise *Waechter*, ZRP 1996, 176 (167); *Pitschas*, NVwZ 1994, 625 (627 f.); ferner *Neuenfeld*, EU-information 4/ 5 1994, 3 (10).

36 Vgl. dazu *Wachholz*, Krim 1995, 715 (716).

37 In der EU waren und sind in diesem Bereich insbesondere Großbritannien, Dänemark und z. T. auch die Niederlande sehr zurückhaltend, vgl. dazu etwa *Geiger*, EUV/ EGV, Art. 29 EUV, Rn. 1; ferner Der Spiegel 25/ 1993, 61 (61) sowie *Möbius*, Das Parlament v. 12. 03. 1993, 12 (12).

38 Eine eingängige Darstellung der maßgeblichen Zusammenhänge für die Zusammenarbeit in der Justiz- und Innenpolitik der Europäischen Union (Art. K ff. EUV a.F., jetzt Art. 29 ff. EUV) findet sich bei *Odendahl*, JA 1996, 474 (476); zu den Neuerungen in diesem Bereich durch die Amsterdamer Verträge vgl. etwa *Meyring*, EuR 1999, 309 (309).

39 Ähnlich *Schneider*, Krim 1998, 306 (306).

aus dem Blickwinkel der Entwicklungen innerhalb der Europäischen Union selbst kaum gesprochen werden. Lediglich die Vorschrift des Art. 14 EGV als solche gibt Anlaß zur Verstärkung der polizeilichen Zusammenarbeit innerhalb der EU. Solange diese Norm aber nicht in der Praxis umgesetzt wird, ergibt sich keine Notwendigkeit zur Verbesserung der polizeilichen Kooperation in der EU.

Auch die Änderung des EG- und EU-Vertrags im Vertrag von Amsterdam[40], durch die der Schengen-Besitzstand[41] in den Rahmen der Europäischen Union eingebunden wurde, führt insofern zu keiner anderen Bewertung. Denn die Entwicklung im Zusammenhang mit Schengen vollzog sich von der Europäischen Union unabhängig. Die Errungenschaften von Schengen stellen eine Strömung innerhalb der Europäischen Union dar, können aber nicht als eigenes „Produkt" der Europäischen Union angesehen werden. Nach wie vor wollen einige Mitgliedsstaaten[42] der Europäischen Union trotz Schengen ihre eigene Grenzsicherung nicht aufgeben, andererseits beteiligen sich Staaten an Schengen, die nicht zum Kreis der EU-Staaten gehören[43]. Die konkreten Entwicklungen innerhalb der Europäischen Union bieten - abgesehen vom mittlerweile einbezogenen Schengen-Besitzstand - mithin noch keinen gesteigerten Anlaß zur Förderung polizeilicher Zusammenarbeit in Europa.

4. Zusammenfassung zu I.

Es bleibt festzustellen, daß das Erfordernis polizeilicher Zusammenarbeit innerhalb Europas sich aus der wachsenden Internationalisierung vieler Kriminalitätsformen sowie insbesondere dem Grenzabbau im Rahmen von Schengen I erklären läßt. Strukturelle Veränderungen in der Europäischen Union hingegen, die Anlaß für eine europaweite polizeiliche Zusammenarbeit geben müßten, sind

---

40 Amsterdamer Vertragsentwurf v. 19. 06. 1997, der eine Komplettierung der beiden früheren großen Vertragsreformen (*Abschluß der Einheitlichen Europäischen Akte 1986* zur Vollendung des gemeinsamen Binnenmarkts sowie *Vertrag von Maastricht 1992* mit dem Beschluß über die Wirtschafts- und Währungsunion) darstellt.

41 Gemeint sind Schengen I vom 14. 07. 1985, Schengen II vom 19. 06. 1990, Beitrittsprotokolle und -übereinkommen zu Schengen I und II sowie sämtliche Beschlüsse und Erklärungen des Exekutivausschusses.

42 Insbesondere Großbritannien und Irland wollen sich nicht an Schengen beteiligen, vgl. *Taschner*, Rn. 36.

43 *Schomburg*, ZRP 1999, 237 (237).

kaum zu erkennen, so daß sich die Erforderlichkeit verbesserter polizeilicher Zusammenarbeit in Europa daran nicht festmachen läßt. Obwohl es keinen Zweifel daran gibt, daß auch heute noch der Großteil der Kriminalität sowie polizeilicher Gefahrenlagen und Straftaten im innerstaatlichen Bereich geplant und entstanden sind und sie sich oftmals in ihren Auswirkungen auf das eigene Staatsgebiet beschränken[44], kann das Bedürfnis nach verstärkter und effektiver polizeilicher Zusammenarbeit in Europa letztlich nicht verneint werden.

II. Themeneingrenzung, Konkretisierung der Fragestellung und Ziel der Untersuchungen

Die polizeiliche Zusammenarbeit in Europa findet in unterschiedlichsten Formen und auch Rechtssätzen ihre Ausgestaltung. Das mittlerweile selbst für einen versierten Kenner kaum noch zu beherrschende Gros an Organisationen, Gremien, Arbeitsgruppen sowie gleichzeitig auch die im Gleichschritt zügig anwachsende Zahl von Vereinbarungen, Gesetzen, Konventionen, Gemeinsamen Maßnahmen und völkerrechtlichen Verträgen machen es unmöglich, eine übergreifende Darstellung zu verfassen, die sich mit allen anfallenden Rechtsfragen befaßt. Der sich anschließende 1. Teil veranschaulicht diesen unüberschaubaren Zustand und legt gleichzeitig dar, daß sich in vielen Bereichen der polizeilichen Zusammenarbeit in Europa unbeantwortete Rechtsfragen auftun. Die polizeiliche Zusammenarbeit berührt die unterschiedlichsten Rechtsgebiete. Neben Völkerrecht und Verfassungsrecht behandeln auch das Strafprozeßrecht, das Polizei- und Ordnungsrecht sowie in zunehmendem Maße das Datenschutzrecht diese Materie[45]. Eine klare Eingrenzung hinsichtlich des Untersuchungsgegenstands und des Blickwinkels der rechtlichen Fragestellung war für diese Arbeit mithin unumgänglich.

1. Institutionelle Eingrenzung

Der übergreifende institutionelle Rahmen für die Untersuchungen ist durch die Europäische Union gesteckt. Die Arbeit beschränkt sich – unter Einbezug des

---

44 Vgl. *Rupprecht/ Hellenthal*, S. 138.

45 Vgl. insofern *Scheller*, S.4.

über den Kreis der EU-Staaten zum Teil hinausgehenden Schengen-Verbundes – aus folgenden Gründen auf dieses Terrain:

Im Rahmen der Europäischen Union bietet sich im Themenkreis „Polizeiliche Zusammenarbeit der Mitgliedsstaaten“ ein weites Feld offener Fragen und rechtlicher Problemkonstellationen an. Das ist wohl gerade auch deshalb der Fall, weil der Bereich der Inneren Sicherheit innerhalb der Europäischen Union bisweilen stets ein Rechtsbereich war, der von den Mitgliedsstaaten eher peripher und restriktiv[46] behandelt wurde - aus den schon angedeuteten Gründen[47].

Gleichwohl läßt sich die wachsende Notwendigkeit neuer, effektiverer Formen der polizeilichen Zusammenarbeit – insbesondere vor dem Hintergrund der Einbeziehung des Schengen-Besitzstandes in den Rahmen der Europäischen Union – nicht aufhalten, so daß die Mitgliedsstaaten gezwungen sind, in nächster Zukunft Farbe zu bekennen. Insofern sind gerade im Rechtskreis der Europäischen Union die Fragen zum thematisierten Bereich von Interesse. Nicht zuletzt durch die ehrgeizigen Zielvorgaben im neu gefaßten Art. K (jetzt Art. 30 EUV) des EU-Vertrages von Amsterdam haben sich die Mitgliedsstaaten selbst unter Druck gesetzt und sind nunmehr angehalten, die dort vorgetragenen Pläne in den nächsten Jahren umzusetzen[48]. Die rechtlichen Probleme, die sich um diese Pläne innerhalb der Europäischen Union ranken, sind damit von aktuellem Bezug.

Zudem überlagert die – wenn auch teils erst geplante – polizeiliche Zusammenarbeit der Staaten innerhalb der Europäischen Union, besonders durch Europol und Schengen II, die vorausgegangenen Aktivitäten in rechtlicher und auch praktischer Hinsicht schon jetzt in weiten Bereichen. Es ist davon auszugehen, daß Europol - ergänzt durch den mittlerweile in den Rechtsrahmen der Europäischen Union aufgenommenen Schengen-Besitzstand - die zukünftige polizeiliche Kooperation in Europa nachhaltig prägen wird[49]. Gerade weil sich im Rah-

---

46 Vgl. z. B. *DiFabio*, DÖV 1997, 89 (89).

47 Vgl. oben die Ausführungen zur Ausgestaltung der „Dritten Säule“ innerhalb der Europäischen Union, § 1 Abschnitt I Ziffer 3.

48 Man denke nur an die erweiterten Tätigkeitsfelder und Befugnisse für Europol, die nach dem Amsterdamer Vertrag in den nächsten 5 Jahren verbindlich festgesetzt werden sollen, vgl. dazu den neugefaßten Art. 30 II EUV (Art. K. 2 II EUV a.F.). Siehe dazu näher die Ausführungen im Rahmen der Zukunftsprognose unten § 14.

49 Vgl. *Scheller*, S. 38; ferner *Nicolaus*, NVwZ 1996, 40 (41) sowie *Gleß/ Lüke*, Jura 1998, 70 (79).

men der Europäischen Union durch den Amsterdamer Vertrag die Verpflichtung der Mitgliedsstaaten zum Handeln ergeben hat, sind in naher Zukunft konkretere Initiativen als bisher zu erwarten.

2. Eingrenzung auf bestimmte Kooperationsformen innerhalb des vorgegebenen Rahmens, Rechtshilfe, Amtshilfe

Selbst die Beschränkung auf eine rechtliche Prüfung der gesamten polizeilichen Zusammenarbeit innerhalb der Europäischen Union würde die Untersuchungen überfrachten. Mit dem Begriff der polizeilichen Zusammenarbeit ist hier die Kooperation auf dem Gebiet der Straftaten- und Verbrechensbekämpfung gemeint, und zwar insbesondere die Bekämpfung von Kriminalitätsformen, die internationalen Bezug aufweisen und derentwegen eine internationale Zusammenarbeit überhaupt notwendig ist[50]. Die polizeiliche Kooperationsform, mit der sich diese Arbeit mithin befassen will, ist im Ergebnis die staatenübergreifende Zusammenarbeit zur Straftaten- und Verbrechensbekämpfung innerhalb der Europäischen Union aufgrund der beiden wichtigsten neuen multilateralen Vertragswerke, der Europol-Konvention und des Schengener Durchführungsübereinkommens.

Die Entscheidung für diese Schwerpunktsetzung fiel besonders aufgrund der Tatsache, daß Europol von vielen Seiten als das zukünftige Flaggschiff der Europäischen Union im Kampf gegen die internationale Organisierte Kriminalität angesehen wird, dem besonders auch durch die mittlerweile stark Einfluß nehmenden Regelungen des Schengener Durchführungsübereinkommens eine wachsende Bedeutung zugesprochen wird. Damit werden sowohl Formen der internationalen Rechtshilfe - die der Strafrechtspflege dient[51] - als auch solche der internationalen Amtshilfe, die alle Formen des gemeinsamen präventiven Handelns - also auch das gemeinsame Vorgehen zur Bekämpfung grenzüberschreitender Kriminalität - umfaßt, thematisiert[52].

---

50 Gemeint sind also die oben aufgezeigten Kriminalitätsformen, vgl. § 1 Abschnitt I Ziffer 1.

51 Vgl. *Mokros* in *Lisken/ Denninger*, Kapitel N, Rn. 5; ferner *Schomburg* in *Baldus/ Soiné* 186 (186 ff.).

52 Näher zur präzisen Begriffsbestimmung der internationalen Amts- und Rechtshilfe *Mokros* in *Lisken/ Denninger*; Kapitel N, Rn. 5 ff.

Im Vordergrund der Untersuchung stehen die originären Ermittlungshandlungen, weniger jedoch die Tätigkeiten zur Unterstützung der sich anschließenden Gerichtsverfahren. Diesen Gebieten widmen sich auch das Schengener Durchführungsübereinkommen[53] und die Europol-Konvention in besonderem Maße. Gerade, weil diese beiden Übereinkommen über traditionelle Formen der gegenseitigen Unterstützung hinausgehen, sollen sie den zu untersuchenden Themenkreis bestimmen. Es werden die den Beamten durch die genannten Vereinbarungen an die Hand gegebenen neuen Instrumentarien behandelt. Dabei wird keine Beschränkung auf die zukunftsweisende Zusammenarbeit im EDV-Bereich vorgenommen. Zwar ist deren „Siegeszug"[54] nicht abzustreiten. Gleichwohl darf die Bedeutung der praxisnäheren Innovationen für den Ermittler vor Ort nicht verkannt werden. Zu denken sei hier insbesondere an die Institute der grenzüberschreitenden Observation und Nacheile. Regelungen, die sich mit solchen Tätigkeitsfeldern befassen, sind in der Praxis von enormer Bedeutung, weil sie sich an eine weitaus größere Zahl von Polizeibeamten richten. Letztlich kann fast jeder Kriminalpolizist mit einer Situation konfrontiert werden, die ihn zur Anwendung der in diesem Zusammenhang geschaffenen Vorschriften anhält.

3. Konkretisierung der rechtlichen Fragestellung und Ziel der Arbeit

Aufgrund der angesprochenen Tatsache, daß die internationale polizeiliche Zusammenarbeit unterschiedlichste Normenbereiche tangiert, war es erforderlich, sich für ein Rechtsgebiet zu entscheiden, das als Ausgangspunkt für die Untersuchungen dient. Rechtlich gesehen am interessantesten erschien - nicht zuletzt vor dem Hintergrund der Auseinandersetzungen im Deutschen Bundestag zur rechtlichen Haltbarkeit der Europol-Konvention[55] - die rein innerstaatliche verfassungsrechtliche Sichtweise. Die schon früher diskutierte Frage der Verfassungsmäßigkeit hinsichtlich verschiedener Formen des Mitwirkens der Bundesrepublik an internationalen Aktivitäten[56] zur Kriminalitätsbekämpfung setzt sich hier fort und erhält aktuellen Bezug.

---

[53] Vgl. dort die Art. 39 ff. SDÜ sowie die Art. 92 ff. SDÜ.

[54] Vgl. *Scheller*, S. 2, die in ihrer wissenschaftlichen Untersuchung bewußt den Informationsaustausch als Schwerpunkt auswählt.

[55] Siehe die Bundestagsdebatte vom 10. 10. 1997, Plenarprotokoll der Sitzung 13/ 198 des Deutschen Bundestages, Stenographischer Bericht S. 17888 ff.

[56] Vgl. z. B. *Eick/ Trittel*, EuGRZ 1985, 81 (81 ff.).

Konkret untersucht die Arbeit daher, ob die derzeitige Form der internationalen polizeilichen Kooperation aufgrund der angesprochenen völkerrechtlichen Verträge mit der bundesdeutschen Verfassung zu vereinbaren ist. Dabei wird geklärt, inwiefern es für Deutschland bei einer vorbehaltlosen Mitwirkung an diesen Kooperationsformen eventuell zu Konflikten mit grundlegenden Prinzipien des Verfassungsrechts - etwa dem Demokratieprinzip oder dem Bundesstaatsprinzip - kommen könnte. Ebenso sollen im Raum stehende Verletzungen von Grundrechten erörtert werden, wichtig ist hier das Recht auf informationelle Selbstbestimmung aus Art. 2 I i.V.m. Art. 1 I GG. Die in den neuen Vereinbarungen vorgesehenen Kooperationsformen waren bislang kaum Gegenstand solcher speziell verfassungsrechtlichen Untersuchungen[57].

III. Gang der Untersuchungen

Der Hauptteil der Arbeit unterteilt sich in vier Abschnitte, wobei die Teile 1 und 2 zunächst den Untersuchungsgegenstand nahebringen, während in Teil 3 die eigentliche verfassungsrechtliche Analyse der umschriebenen Materie stattfindet. Teil 4 enthält eine Schlußbetrachtung sowie eine kurze Zukunftsprognose.

Der erste Teil der Arbeit dient dazu, dem Leser den vorab erforderlichen Überblick zum Entwicklungsstand der wichtigsten bislang realisierten und auch vorgesehenen Kooperationsformen innerhalb Europas zu vermitteln. Die Darstellung unterteilt sich in die Erörterung der praktischen Entwicklung der polizeilichen Zusammenarbeit in Europa einerseits sowie die der rechtlichen Rahmenbedingungen andererseits. Ohne Berücksichtigung der oben schon angesprochenen Eingrenzung des zu analysierenden Themenbereichs wird hier die gesamte Entwicklung der polizeilichen Zusammenarbeit in Europa dargestellt. Dieser historische Hintergrund erscheint angesichts einer Beurteilung der gegenwärtigen sowie geplanten Kooperationsformen unverzichtbar.

Teil 2 hat die Darstellung der im Mittelpunkt der Arbeit stehenden Formen und

---

57 Der Großteil der neueren Abhandlungen beschränkt sich auf die bloße Umschreibung der in den beiden genannten Vereinbarungen vorgesehenen Kooperationsformen. Insbesondere eine umfassende Betrachtung aus verfassungsrechtlicher Sicht fehlt bislang weitgehend; vgl. z.B. *Gleß/ Lüke*, Jura 1998, 70 (72 ff.); *Wolters*, Krim 1995, 172 (172 ff.).

Akteure polizeilicher Zusammenarbeit innerhalb der Europäischen Union zum Gegenstand, wobei die dazu geschaffenen Rechtsgrundlagen ebenfalls vorgestellt werden. Es werden die an der polizeilichen Kooperation partizipierenden nationalen und europäischen Institutionen behandelt. Unter anderem werden Aufbau, Organisation und konkrete Arbeitsbereiche in einer über die allgemeinen Anmerkungen des ersten Teils hinausgehenden Weise erörtert. Ferner werden die faktischen Formen der polizeilichen Zusammenarbeit, die die Institutionen gegenwärtig betreiben und in Zukunft zu betreiben beabsichtigen, veranschaulicht. Darunter fallen auch die geplanten Tätigkeitserweiterungen, die in den Amsterdamer Verträgen angedeutet sind. Alle Kooperationsformen werden anhand der ihnen zugrundeliegenden Gesetze behandelt.

Teil 3 der Arbeit hat die Darstellung verfassungsrechtlicher Maßstäbe für internationale polizeiliche Zusammenarbeit sowie die daran ausgerichtete verfassungsrechtliche Untersuchung der in Teil 2 besprochenen Gebiete zum Thema. Dabei werden zunächst die möglicherweise einschlägigen und zu beachtenden Verfassungsnormen zusammengetragen und ihre Bedeutung für die Ausgestaltung der internationalen polizeilichen Zusammenarbeit abstrakt präzisiert. Anhand dieser Normen sollen die existierenden Rechtsquellen, die für die behandelte Materie von Bedeutung sind, auf ihre Vereinbarkeit mit der Verfassung durchleuchtet werden.

In Teil 4 der Untersuchung werden im Anschluß an eine Zusammenfassung übergreifende verfassungsrechtliche Beurteilungen zur Realisierbarkeit der zukünftigen – insbesondere mit den Neuregelungen in den Amsterdamer Verträgen vorgesehenen –polizeilichen Zusammenarbeit zwischen den Staaten innerhalb der Europäischen Union vorgenommen. Dabei wird konstatiert, welche Kooperationsformen für die Bundesrepublik Deutschland aufgrund ihrer Verfassung derzeit möglich sind und an welcher Stelle das Grundgesetz „Einhalt gebietet“.

Teil 1
Die historische Entwicklung polizeilicher Zusammenarbeit in Europa und die Entstehung rechtlicher Rahmenbedingungen

Die Entwicklung der polizeilichen Zusammenarbeit innerhalb Europas nach dem II. Weltkrieg läßt sich grob in verschiedene Abschnitte gliedern. Zunächst werden die frühen Kooperationsformen bis zum Ende der 70er Jahre behandelt. Einen weiteren Abschnitt stellen sodann die Maßnahmen und Geschehnisse innerhalb der EG seit Anfang der 80er Jahre dar. Getrennt davon wird ferner der Aufbau einer polizeilichen Kooperation im Rahmen der Schengener Abkommen vorgestellt, der sich ab Mitte der 80er Jahre vollzog. Zuletzt sollen auch die bundesdeutschen Entwicklungen der rechtlichen Rahmenbedingungen im Bereich der polizeilichen Zusammenarbeit in Europa dargestellt werden.

Zum besseren Verständnis werden vorab die grundsätzlichen Zusammenhänge zwischen internationalen völkerrechtlichen Vereinbarungen der kooperierungswilligen Staaten und deren nationalem Recht sowie der polizeilichen Zusammenarbeit in der Praxis erläutert. Die Entwicklung der polizeilichen Zusammenarbeit in Europa muß auf zwei Ebenen betrachtet werden. Zum einen geht es um die Entstehung neuer rechtlicher Rahmenbedingungen auf internationaler – rein völkerrechtlicher – Basis. Mit völkerrechtlichen Vereinbarungen wird der Grundstein zu neuen Kooperationsformen gelegt. Zum anderen aber spielt für die letztliche Realisierbarkeit der in den völkerrechtlichen Vereinbarungen enthaltenen Vorhaben das jeweilige nationale Rechts der beteiligten Staaten eine wichtige Rolle.

§ 2 Die Bedeutung völkerrechtlicher Vereinbarungen für die polizeiliche Zusammenarbeit in Europa

I. Vorbemerkung

Auf dem Weg zur polizeilichen Zusammenarbeit zwischen den europäischen Staaten gehen faktische Fortschritte, die sich nach außen bemerkbar machen, einher mit der Schaffung der rechtlichen Rahmenbedingungen für jegliches Tätigwerden in diesem Bereich.

Einerseits sind natürlich die entsprechenden Vereinbarungen der Staaten – meistens in Form völkerrechtlicher Verträge oder intergouvernementaler Vereinbarungen – als Ausgangsgefüge für die polizeiliche Zusammenarbeit anzusehen. Allerdings ist in der Regel im zweiten Schritt die entsprechende Rechtssetzung (Transformation, Ratifikation) dieser Vereinbarungen innerhalb der Staaten in nationales Recht unabdingbare Voraussetzung für die Ermöglichung internationaler polizeilicher Zusammenarbeit.

Gerade, weil es sich bei polizeilichem Tätigwerden - sei es exekutives Vorgehen, sei es nur informativer Datenaustausch - in den meisten Fällen um Eingriffsverwaltung handelt[58], ist für einen Rechtsstaat vor dem Hintergrund des Grundsatzes vom Vorbehalt des Gesetzes die Errichtung einer rechtlichen Grundlage unabdingbar[59]. Dies gilt insbesondere für das nationale Recht der Staaten in Europa bzw. in der Europäischen Union. Gerade die Mitglieder der Europäischen Union verstehen sich als eine Gemeinschaft von Staaten, die aufgrund ihrer gemeinsamen geistigen Grundlagen[60] die zentralen Staatsprinzipien der Demokratie, des Sozial- und insbesondere auch des Rechtsstaates für sich in Anspruch nehmen[61]. Die Staaten der Europäischen Union weisen in dieser Hinsicht ähnliche Strukturmerkmale hinsichtlich ihrer Verfassungsordnungen auf[62].

58 Vgl. *Gusy*, Rn. 11.

59 Dieser Grundsatz ist keine spezielle Errungenschaft des deutschen Verfassungsrechts, vielmehr gilt er in allen Staaten der EU und auch für die EU selbst, vgl. insoweit *Zuleeg*, NJW 1994, 545 (547); angedeutet auch bei *Ostendorf*, NJW 1997, 3418 (3419).

60 Vgl. *Bleckmann*, Europarecht, Rn. 12 mit Verweis auf *Schulze*, S. 13 f.

61 Vgl. *Zuleeg*, Bitburger Gespräche 1990, S. 19 ff.

62 Vgl. etwa die kurze Darstellung bei *Müller*, BayVBl. 1993, 513 (516).

Der einzelne Staat, der sich an polizeilicher Zusammenarbeit in Europa beteiligen will und dementsprechende Vereinbarungen mit anderen Staaten trifft, muß also dafür sorgen, daß das eigene, nationale Recht für die Umsetzung der internationalen Zusammenarbeit gestaltet wird. Spätestens bei der Planung von ständiger internationaler Polizeikooperation, die national ungeregelte Befugnisse zum Gegenstand haben soll, muß bei den beteiligten Staaten demnach auch eine entsprechende nationale Rechtsgrundlage dafür geschaffen werden.

II. Die rechtliche Tragweite internationaler Vereinbarungen auf nationaler Ebene

Durch die gesetzlichen Regelungen und Verträge auf internationaler Ebene im Bereich der polizeilichen Zusammenarbeit werden zunächst die rechtlichen Rahmenbedingungen für neue Kooperationsformen geschaffen.

Die beteiligten Staaten bringen hiermit zunächst zum Ausdruck, daß sie überhaupt an einer internationalen polizeilichen Kooperation interessiert und gegebenenfalls gewillt sind, auch das Erforderliche im eigenen, nationalen Rechtssetzungsbereich zu veranlassen. Es wird somit abgesteckt, in welchem Rahmen eine polizeiliche Zusammenarbeit von den beteiligten Staaten gewollt ist. Gleichwohl sind diese Vereinbarungen nicht verbindlich. Ihre Einhaltung ist aufgrund ihres völkerrechtlichen, intergouvernementalen Charakters rechtlich nicht zwingend[63].

Aufgrund der Tatsache, daß es sich bei Vereinbarungen dieser Art um völkerrechtliche und intergouvernementale Verträge handelt, die einer Transformation durch die jeweiligen nationalen Parlamente bedürfen, um bindende innerstaatliche Geltung zu finden, hängt der Erfolg der Zusammenarbeit nicht zuletzt von den entsprechenden nationalen Rechtssetzungsaktivitäten der beteiligten Staaten ab. Innovationen sind nur realisierbar, wenn der einzelne Staat seine Gesetze im Sinne der vorgesehenen Zusammenarbeit erweitert. Die praktische Umsetzbarkeit der internationalen Vereinbarungen kann erst erfolgen, wenn auch das nationale Recht diesen entsprechend fortentwickelt ist[64]. Somit ist eine derartige

---

63 Vgl. z.B. *Pitschas*, NVwZ 1994, 625 (627).

64 Zur Bedeutung des Völkerrechts sowie des Gemeinschaftsrechts in diesem Zusammenhang *Martínez Soria* in *Baldus/ Soiné*, 50 (50 ff.).

internationale Vereinbarung als solche für die internationale polizeiliche Zusammenarbeit wohl – insbesondere politisch – richtungsweisend, nicht aber praktisch ausschlaggebend oder gar rechtlich verbindlich.

Im Bereich der Inneren Sicherheit haben die Staaten Europas bisher keine entscheidenden Eingriffe in ihre Souveränität durch eine Internationalisierung der Polizeiarbeit zugelassen[65]. Bei den sich auf Europa und vor allem auf die Europäische Union beschränkenden Regelwerken zur polizeilichen Zusammenarbeit muß unterschieden werden zwischen den zahlreichen, unverbindlichen Vereinbarungen[66] einerseits und den innerstaatlich auch bindenden Regelungen mit Ermächtigungscharakter andererseits. Die dargestellten internationalen Vereinbarungen haben von sich aus nicht diese rechtliche Bedeutung.

Gleichwohl sollten die im folgenden angesprochenen Rechtsgefüge und Verträge nicht als völlig unverbindliche, lediglich politische Signale abgewertet werden. Denn zumindest in den letzten Jahren hat sich der gemeinsame Wille zur internationalen rechtlich bindenden Manifestation und Konkretisierung – gerade im Rahmen der intergouvernementalen Zusammenarbeit in der Europäischen Union – immer weiter herausgebildet.

65 Vgl. z.B. *Wolters*, Krim 1995, 172 (176); *Schelter*, Europäische Gespräche 1/ 2 1996, 29 (32); *Martínez Soria* in *Baldus/ Soiné*, 50 (53); insbesondere zum Ausfluß der nationalen Sicherheitsvorbehalte auf die Amsterdamer Verträge *Karpenstein*, DVBl 1998, 942 (944 f.).

66 Gemeint sind in diesem Zusammenhang beispielsweise die Vertragswerke zu der gemeinsamen Zusammenarbeit im Rahmen von TREVI, des Berner Clubs oder der Pompidougruppe; nicht zuletzt die Vorgaben aus dem EU-Vertrag sind unter diese Gruppe zu rechnen, da sich aus ihnen keine direkte rechtliche Wirkung ergibt, sondern sie nur ein gemeinsames Ziel umschreiben, das die Vertragsstaaten unabhängig voneinander noch innerstaatlich umsetzen müssen; vgl. insofern auch *Wolters*, Krim 1997, 86 (87 f.).

Die zumindest politische Verbindlichkeit solcher Vereinbarungen ist jedenfalls nicht zu unterschätzen. In der Regel ist davon auszugehen, daß die Staaten ihren innerstaatlichen Rechtssetzungspflichten auch nachkommen, wenn sie dementsprechende intergouvernementale Vereinbarungen getroffen haben, die sie dazu anhalten.

§ 3 Frühformen der polizeilichen Kooperation in Europa[67]

I. Überblick

Die Entwicklung der polizeilichen Kooperationsformen in Europa ist in jeder Hinsicht facettenreich. Sowohl auf völkerrechtlicher Ebene als auch in den jeweiligen Staaten selbst entstanden verschiedene Normensätze, die sich mit der Regelung der hier thematisierten Materie befassen. Die praktische polizeiliche Zusammenarbeit in Europa läßt sich an der Entwicklung dieser Rechtssätze und Vereinbarungen nachvollziehen.

Internationale Initiativen zur Verbesserung der Zusammenarbeit sind kein Novum, das es erst seit dem verstärkten Zusammenwachsen der Staatengemeinschaft innerhalb der Europäischen Union gibt. Das schon aufgezeigte Erfordernis staatenübergreifender polizeilicher Zusammenarbeit wurde speziell in Europa schon früh erkannt. So wurde zu Anfang des 20. Jahrhunderts der Ruf nach einer internationalen Zusammenarbeit der Staaten im Bereich der Verbrechensbekämpfung laut.

Bereits vor dem I. Weltkrieg wurden erste Initiativen verschiedener europäischer Staaten ergriffen, um eine grenzüberschreitende polizeiliche Kooperation ins Leben zu rufen[68]. Obgleich der Tatsache, daß die gesellschaftlichen, sozialen und politischen Strukturen und Rahmenbedingungen vor 100 Jahren mit der gegenwärtigen Situation kaum noch zu vergleichen sind, war schon damals das grundsätzliche Problem der grenzüberschreitenden Kriminalität Anlaß zu derartigen Überlegungen. Die bis heute zweifellos facettenreicher gewordene Kriminalität, deren Entwicklung bis heute in ihrem Ausmaß niemand erkennen konnte, wurde in ihren Grundzügen schon damals als ernstzunehmendes Problem thematisiert. Gleichwohl haben sich die Aktivitäten in diesem Zusammenhang größtenteils abseits vom Rampenlicht der Medien abgespielt[69]. Das liegt nicht zuletzt daran, daß sich in diesem Bereich mittlerweile eine unüberschaubare

---

67 Im wesentlichen ist der Zeitraum vom Ende des II. Weltkrieges bis zum Ende der 70 er Jahre umfaßt.

68 Hierbei handelte es sich um die Vorläufer von Interpol, übersichtlich dazu *Mokros* in *Lisken/ Denninger*, Kapitel N, Rn. 27 ff.

69 Vgl. *Klink*, DP 1987, 183 (183 ff.) m.w.N.

Zahl von Organisationen und Vereinbarungen angesammelt hat, die sich nur schwierig kategorisieren lassen.

Im Folgenden wird die Entwicklung der Zusammenarbeitsformen dargestellt, wobei auch auf Inhalte von Verträgen und Abkommen eingegangen wird. Ferner wird der Entstehungsprozeß der entscheidenden rechtlichen Rahmenbedingungen für diese Kooperationsformen aufgezeigt. Großen Einfluß auf die Entwicklung der internationalen Zusammenarbeit der Polizeien in Europa hatte insbesondere die weltumspannende Organisation Interpol. Sie hat nicht nur ihren Ursprung sondern bis heute auch ihren Aktionsschwerpunkt neben Nordamerika in Europa. Zu nennen sind weiterhin die wichtigsten Gruppierungen wie die Pompidougruppe, der Berner Club und der Wiener Club.

II. Interpol[70]

Vor dem Hintergrund der anwachsenden grenzüberschreitenden Kriminalität traten schon im Jahre 1914 in Monaco erstmals Rechtsexperten und Polizeivertreter aus vierzehn – fast ausschließlich europäischen – Ländern zum Ersten Internationalen Kriminalpolizeilichen Kongreß zusammen[71].

Hier wurde die Einrichtung einer internationalen kriminalpolizeilichen Aktensammlung sowie eine Harmonisierung des Auslieferungsverfahrens zumindest vorgeschlagen. Bis zum Jahre 1923 stagnierten die Entwicklungen der polizeilichen Zusammenarbeit, insbesondere auch wegen des I. Weltkrieges, so daß es zunächst nur bei diesen Vorschlägen blieb.

Im Rahmen des Zweiten Internationalen kriminalpolizeilichen Kongresses 1923 in Wien[72] wurde dann jedoch tatsächlich die Internationale Kriminalpolizeiliche

---

70 Obgleich Interpol eine weltumspannende Organisation darstellt, soll sie wegen ihrer Bedeutung für die Zusammenarbeit der Polizeien europäischer Staaten hier erwähnt werden. Ein Großteil der Intelligence-Arbeit von Interpol spielt sich in Europa ab, vgl. *Baun* in BKA Vortragsreihe, Bd. 30 (1984), 35 (41).

71 Vgl. *Niggemeyer* in BKA Vortragsreihe Bd. 12 (1960), 11 (13); *Sicot* in BKA Vortragsreihe, Bd. 12 (1960), 19 (23).

72 Diese Zusammenkunft wird auch als Geburtsstunde Interpols bezeichnet, vgl. *Endres*, S. 11; ferner *Niggemeyer* in BKA Vortragsreihe, Bd. 12 (1960), 11 (13).

Kommission (IKPK) gegründet - der Vorläufer von Interpol[73]. Diese erste Organisation setzte sich im wesentlichen aus europäischen Mitgliedern zusammen - wohl hauptsächlich deswegen, weil sich gerade im europäischen Raum als einem der sowohl geographischen als auch wirtschaftlichen Mittelpunkte der modernen Welt in exponierter Lage das besondere Bedürfnis nach internationaler Zusammenarbeit auf diesem Sektor abzeichnete.

Die Fortentwicklung dieser Kooperationsform wurde jedoch durch den II. Weltkrieg stark beeinträchtigt. Die Nationalsozialisten mißbrauchten Interpol, indem sie den Sitz der Organisation von Wien nach Berlin verlegten und unter SS-General Heydrich als Präsidenten der IKPK nicht mehr die Zusammenarbeit der Staaten bei der Internationalen Verbrechensbekämpfung, sondern andere Ziele verfolgten. Die IKPK sollte der nationalsozialistischen Regierung zur Realisierung ihrer Ziele im Ausland verhelfen[74].

Nicht zuletzt aufgrund der Tatsache, daß bei den Kämpfen um Berlin die meisten Unterlagen und Archive vernichtet wurden und die Organisation damit faktisch zusammenbrach[75], kam es nach dem II. Weltkrieg im Jahre 1946 zur Neuordnung der IKPK. Erstmalig wurden Statuten für Interpol verfaßt, der Sitz wurde nach Paris verlegt. Richtungsweisend war die Generalversammlung von Delegierten aus 57 Staaten, die IKPO in die „Internationale Kriminalpolizeiliche Organisation (IKPO, OICP, ICPO)" umbenannten und die bis heute gültigen Statuten[76] festlegten. Die Organisation, die seit 1989 ihren Sitz in Lyon hat und der mittlerweile ca. 180 Staaten[77] angehören, stellt mithin das erste international organisierte Institut zur staatenübergreifenden polizeilichen Zusammenarbeit dar. Interpol beschäftigt derzeit 350 Mitarbeiter, davon 9 Deutsche[78].

---

73 Vgl. zu Interpol insgesamt *Martínez Soria*, VA 1998, 400 (402 ff.); *Schneider* in *Strupp/ Schlochauer*, BD. II, Stichwort „Interpol"; *Schmidt-Nothen* in *Kube/ Störzer/ Timm*, 287 ff.; *Daum*, JZ 1980, 798 ff; *Valleix*, Revue générale de droit public 1984, 620 (620 ff.); *Sicot* in BKA Vortragsreihe Bd. 12 (1960), 19 ff.

74 Vgl. dazu *Valleix*, Revue générale de droit public 1984, 620 (627); ferner *Daum*, JZ 1980, 798 (801).

75 Vgl. *Sicot* in BKA Vortragsreihe, Bd. 12 (1960), 19 (23).

76 Im Wortlaut *„Statut et règlement général de l'OIPC (Interpol)"* (abgedruckt bei *Riegel*, PuOR-Textsammlung, Teil C II 2.5.).

77 Vgl. *Sturm*, Krim 1997, 99 (99).

78 Vgl. im Internet die vom Bundeskriminalamt herausgegebene Informationsseite über Interpol unter http://www.bka.de/framer/text/international/default.htm.

Die Arbeit von Interpol beschränkt sich hauptsächlich auf das Sammeln und Übermitteln von Daten zur Unterstützung der nationalen Polizeibehörden. Interpol hat keine Exekutivbefugnisse. Grundlage für die Arbeit von Interpol sind neben den Interpol-Statuten die bestehenden bilateralen und multilateralen Vereinbarungen zwischen den beteiligten Staaten, wobei insbesondere das Europäische Auslieferungsübereinkommen (1957)[79] und das Europäische Rechtshilfeübereinkommen (1959)[80] zu erwähnen sind.

Die Statuten von Interpol waren für einen langen Zeitraum die wohl zunächst bedeutendste Vertragsform über polizeiliche Zusammenarbeit auf internationaler Ebene[81]. Mit ihrer Schaffung im Jahre 1956 wurde die Zusammenarbeit der Polizeien auf internationalem Gebiet erstmalig generell institutionalisiert. Interpol genoß insofern eine exponierte Stellung, galt es doch den zahlreichen Organisationen, die in den letzten 50 Jahren zur polizeilichen Zusammenarbeit der europäischen Staaten gegründet wurden, oftmals als Vorbild[82].

III. Zusammenarbeit auf der Grundlage der Konventionen des Europarates

Auch der 1949 gegründete Europarat engagierte sich in Form von Ausarbeitung verschiedener Konventionen, Resolutionen und Empfehlungen für eine engere Zusammenarbeit bei der Kriminalitätsbekämpfung. Zu den wichtigsten Vereinbarungen auf dem Gebiet der Strafverfolgung[83], die dieses mittlerweile 40 Staaten umfassende Arbeitsforum geschaffen hat, zählen beispielsweise solche über die Rechtshilfe in Strafsachen[84], die Zusammenarbeit zur Terrorismusbekämpfung[85] und die Auslieferung[86]. Jedoch war Gegenstand dieser Konventionen meistens eine formale Vereinheitlichung des Rechtshilfeverkehrs. Die Zusammenarbeit bei der unmittelbaren polizeilichen Ermittlungstätigkeit durch gemeinsame grenzüberschreitende Strafverfolgung war hingegen nicht das Ziel

---

79 BGBl. 1964 II, 1369; 1976 II, 1778; 1982 I, 2071.

80 BGBl. 1964 II, 1386; 1976 II, 1799; 1982 I, 2021.

81 Näher dazu *Daum*, JZ 1980, 798 (798 ff.); *Riegel*, DVBl. 1984, 986 (986 ff.); *Kubica/ Leineweber*, NJW 1984, 2068 (2068 ff.).

82 Vgl. dazu *Sturm*, Krim 1997, 99 (99 ff.).

83 Vgl. dazu den Überblick bei *Vogler*, Jura 1992, 586 (586 ff.).

84 Übereinkommen v. 27. 01. 1977, BGBl. 1978 II, 321.

85 Übereinkommen v. 28. 06. 1978, BGBl. 1980 II, 953.

86 Übereinkommen v. 13. 12. 1957, BGBl. 1964 II, 1369.

dieser Konventionen[87]. Insoweit hatten die Konventionen des Europarates keinen prägenden Einfluß auf die Entwicklung der polizeilichen Zusammenarbeit in Europa.

IV. Weitere Kooperationsformen

Aufgrund der Tatsache, daß sich die Tätigkeit Interpols „nur“ auf den Austausch kriminalpolizeilicher Erkenntnisse, Bereitstellung von Kommunikationswegen sowie die Sammlung von solchen Daten - also auf die sogenannte „Intelligence-Arbeit[88]“ - beschränkte, wurde im Laufe der Jahre nach und nach deutlich, daß solche Formen der unverbindlichen[89] Kooperation dem gegenüberstehenden Kriminalitätsquantum nicht mehr gewachsen sein würden[90]. Die allgemeine Aufgabe des weltweiten unverbindlichen Nachrichtenaustausches, wie sie für Interpol typisch ist, wurde nicht mehr für effektiv genug erachtet[91].

Vor dem Hintergrund dieser Erkenntnis machte sich in den 70er Jahren die Tendenz bemerkbar, internationale Zusammenarbeit der Polizeien auf sachliche und insbesondere auch auf räumliche Gebiete zu beschränken, um eine Intensivierung angesichts vergleichbarer gesellschaftlicher Strukturen sowie ähnlicher Auffassungen von polizeilicher Aufgabenerfüllung zu erreichen. Ein besonderes Interesse an derartigen Innovationen zeigte sich aus schon angedeuteten Gründen wiederum im Raum Europa. Die hohe Anzahl verschiedener Staaten - und damit einhergehend die vielen für die nationalen Polizeien bei der Kriminalitätsbekämpfung hinderlichen Grenzen - auf einem vergleichsweise überschaubaren geographischen Raum, der noch dazu mit einer hochtechnisierten Infrastruktur ausgestattet ist, trieb den Gedanken staatenübergreifender polizeilicher Kooperation zwangsläufig voran. Die Erkenntnis, daß es Kriminellen im attraktiven Wirtschaftsraum Europa leicht gemacht wird, sich mit einem Schritt über die Grenze polizeilicher Fahndung zu entziehen, ließ den Ruf danach gerade in Eu-

87 Vgl. *Gleß/ Lüke*, Jura 1998, 70 (71).

88 Siehe *Riegel*, DVBl 1984, 986 (988); genauer *Endres*, S. 26 ff.

89 *Sturm*, Krim 1997, 99 (100).

90 Vgl. dazu nur *Boge* in BKA Vortragsreihe, Bd. 30 (1984), 49 (50 f.), der die teils geringe Leistungsfähigkeit der Organisation insbesondere auf die große Anzahl der Mitgliedsstaaten zurückführt.

91 Vgl. *Rupprecht/ Hellenthal*, S. 146; ferner *Baun* in BKA Vortragsreihe, Bd. 30 (1984), 35 (43); ähnlich *Wenzel*, DP 1993, 5 (5); so auch *Sturm*, Krim 1997, 99 (100).

ropa immer lauter werden. Ohne auf die zahlreichen anderen multi- und bilateralen Abkommen, die auf diesem Sektor in Europa vereinbart wurden[92], eingehen zu können, sollen hier nur die bedeutendsten Kooperationsformen seit 1970 vorgestellt werden.

Zu erwähnen ist zunächst die 1971 ins Leben gerufene Pompidou-Arbeitsgruppe, innerhalb derer sich dreizehn europäische Staaten um die Koordinierung einer effektiven Rauschgiftmißbrauchsbekämpfung bemühten[93]. Die Gruppe war der erste speziell europäische Kreis, der sich eine verstärkte Zusammenarbeit nationaler Polizeien zur Aufgabe machte.

Anzusprechen ist weiterhin der Wiener Club, der sich ebenfalls mit der Bekämpfung des Drogenmißbrauchs beschäftigte. Der Wiener Club setzte sich zusammen aus den Innenministern der Staaten Deutschland, Frankreich, Schweiz, Österreich und Italien. Diese verfolgten eine intensivierte informelle multilaterale Zusammenarbeit mit den Balkanstaaten und der Türkei zur Verbesserung der Bekämpfung des illegalen Rauschgifthandels und Rauschgiftverkehrs auf der sogenannten „Balkanroute“[94].

Des weiteren ist der Berner Club zu nennen Es handelte sich hierbei um eine dem Wiener Club in ihrer Struktur ähnelnde Vereinigung, die nach einer Welle von Terroranschlägen in den 70er Jahren für Fragen der europaweiten Terrorismusbekämpfung, der Spionageabwehr und der Unterbindung des illegalen Technologietransfers gegründet wurde[95].

Neben den angesprochenen Abkommen zum Europäischen Auslieferungs- und Rechtshilfeübereinkommen existieren im übrigen nur wenige eigenständige Verträge über die eigentliche polizeiliche Zusammenarbeit auf bilateralem Sektor[96]. Erwähnenswert aus deutscher Sicht[97] sind hier das Abkommen mit Belgien

---

92 Vgl. hierzu *Akmann*, JA 1994, 49 (51 ff.); *Siegerle* in *Morié/ Murck/ Schulte*, 132 (132); zu binationalen Abkommen insbes. *Wittkämper/ Krevert/ Kohl*, S. 117 ff. sowie zu multinationalen Abkommen S. 130 ff.

93 Vgl. dazu *Becker*, Politische Studien 7/ 8 1989, 491 (492); ferner *Boge* in BKA Vortragsreihe, Bd. 30 (1984), 49 (50).

94 Vgl. dazu *Rupprecht/ Hellenthal*, S. 142 f.

95 Näher zu diesem Themenkreis *Schäuble*, Europa-Archiv 1990, 203 (207).

96 Vgl. *Harings*, S. 40.

97 Ein Überblick hierzu findet sich bei *Mokros* in *Lisken/ Denninger*, Kapitel N, Rn. 22 ff.; ferner *Wittkämper/ Krevert/ Kohl*, S. 117 ff.

„über die dienstlichen Beziehungen zwischen deutschen und belgischen Polizeibehörden im Grenzgebiet“ (1960)[98] sowie das Abkommen der Bundesrepublik Deutschland mit Frankreich über die Zusammenarbeit der Polizeibehörden im deutsch-französischen Grenzbereich (1978)[99].

V. Zusammenfassung zu § 3

Trotz der aufgezeigten Vielfalt und auch Unterschiedlichkeit der Initiativen zur Verbesserung der polizeilichen Zusammenarbeit in Europa muß letztlich festgestellt werden, daß bis Ende der 70er Jahre keine effektive Polizei-Kooperation auf den Weg gebracht wurde. Alle Initiativen hatten den entscheidenden Mangel, daß die beteiligten Länder nicht direkt rechtlich verpflichtet werden konnten. Es konnten also beispielsweise keine neuen Ermächtigungsgrundlagen für polizeiliches Handeln auf internationalem Terrain geschaffen werden, mit denen die Arbeit der Polizeien sich inhaltlich wirklich geändert hätte. Die aufgeführten Vereinbarungen zur Verbesserung der polizeilichen Zusammenarbeit in Europa hatten zwar. gemeinschaftsrechtliche Qualität[100], was jedoch nicht darüber hinwegtäuschen darf, daß keine der Regelungen unmittelbare innerstaatliche Geltung hatte und nur die wenigsten von ihnen durch Transformation konkret zwingend geworden sind[101]. Hier machte sich die schon angesprochene Zurückhaltung der einzelnen Nationen bezüglich der Aufgabe eigener Souveränitätsrechte erkennbar.

Während Interpol immerhin eine institutionalisierte Organisation mit eigenen Statuten war, fehlte es bei allen anderen Formen der polizeilichen Zusammenarbeit schon an solchen grundlegenden Strukturen, was eine kontinuierliche und progressive Arbeit fast unmöglich machte. Häufig erlahmte der anfangs unter Beweis gestellte Initiativgeist sehr rasch. Für Interpol indes ist seit jeher ein klassisches Problem die hohe Mitgliederzahl, die zu viele Interessenkonflikte bei

98 GMBl. Rheinland-Pfalz 1960, S. 796.

99 BGBl. 1978 II, 1402.

100 Zu denken sei beispielsweise auch an Resolutionen und Übereinkommen der Vereinten Nationen, Übereinkommen zum Schutz der Zivilluftfahrt, Europäische Übereinkommen zur Bekämpfung des Terrorismus, zur gegenseitigen Rechtshilfe in Strafsachen u.a.m., vgl. *Rupprecht*, Krim 1991, 764 (770); ferner *Schreiber*, Krim 1991, 369 (369 ff.); ebenfalls erwähnt bei *Pitschas*, NVwZ 1994, 625 (627).

101 Vgl. dazu *Pitschas*, NVwZ 1994, 625 (627) mit Verweis auf *Rupprecht/ Hellenthal*, S. 177 ff. und S. 182 f.

den Aktivitäten mit sich bringt. Bis Ende der 70er Jahre hatte sich die Interpol gleichwohl - insbesondere durch einige spektakuläre Erfolge - etabliert und wurde zur Inkarnation der internationalen polizeilichen Zusammenarbeit[102] erhoben.

[102] *Harings*, S. 38 sieht Interpol als die wichtigste Form der Kooperation bis zum Inkrafttreten des SDÜ (Schengen II) an.

§ 4 Die neuere Entwicklung der polizeilichen Kooperation in Europa[103]

Auch die gesamte Arbeit der EG sowie die bilateralen Aktivitäten der Bundesrepublik Deutschland im Bereich der inneren Sicherheit hat sich bisher weitgehend ohne besondere Aufmerksamkeit der Öffentlichkeit abgespielt[104].

Gleichwohl gab es einige Bemühungen der EG, das Miteinander der nationalen Polizeien zu intensivieren. Eckpfeiler für diese Entwicklung stellen insoweit die Errichtung von TREVI und später Europol sowie die Verträge von Maastricht und Amsterdam dar[105].

I. TREVI

Als richtungsweisende Maßnahme der EG auf dem Gebiet der polizeilichen Zusammenarbeit gilt die Gründung der TREVI[106]-Kooperation im Jahre 1976. Dabei handelte es sich um eine Zusammenarbeit der für die Fragen der inneren Sicherheit zuständigen Innen- und Justizminister der EG-Staaten. Ziel dieser Einrichtung sollte die Überwindung von Problemen, die aus der - auch im Raum Europa nicht zu übersehenden - Verschiedenheit der nationalen Rechtssysteme, der Unterschiedlichkeit polizeilicher und sicherheitsdienstlicher Organisationsstrukturen sowie aus den verschiedenen Zuständigkeiten der Strafverfolgungsbehörden resultieren, sein[107]. Die jeweils zuständigen Minister der Mitgliedsstaaten beschlossen auf Veranlassung des Europäischen Rates dieses Arbeitsprogramm, das insbesondere wegen der Bedrohung der Mitgliedsstaaten durch die Ausweitung des internationalen Terrorismus wie dem Anschlag der Baader-

---

103 Gemeint ist der Zeitraum vom Anfang der 80er Jahre bis in die Gegenwart.

104 Vgl. *Scheller*, S.1 und S. 4.; ähnlich *Schoch*, DVBl 1992, 525 (530).

105 Ein aktueller Überblick in knapperer Form findet sich bei *Gleß/ Lüke*, Jura 1998, 70 (70 ff.).

106 Der Name der Organisation wird interessanterweise unterschiedlich erklärt: bei *Bleckmann*, Europarecht, Rn. 134, *Schoch*, DVBl 1992, 525 (539) sowie *Akmann*, JA 1994, 49 (51) soll er die Kurzform für die französischen Begriffe „Terrorisme, Radicalisme, Extremisme, Violence, Internationale" sein, während andere den Namen schlicht vom ersten Tagungsort in Rom nahe der Fontana di Trevi ableiten, so beispielsweise *Wenzel*, DP 1993, 5 (5) und *Degen* in *von der Groeben/ Thiesing/ Ehlermann*, Vorbemerkungen zu den Artikeln K bis K.9 EUV, Rn. 2.

107 Vgl. z. B. *Becker*, Politische Studien 7/ 8 1989, 491 (492); zu TREVI insgesamt auch *Akmann*, JA 1994, 49 (51) m.w.N.

Meinhof-Gruppe auf die bundesdeutsche Botschaft in Stockholm oder auch der Verschärfung des Nordirland-Konflikts[108] für allgemein erforderlich gehalten wurde. Die Zusammenarbeit bei TREVI erfolgte auf drei verschiedenen Stufen, nämlich auf ministerieller Ebene, der Ebene hoher Beamter und weiterhin in verschiedenen Arbeitsgruppen, die sich konkreten Aufgabenbereichen (insbesondere TREVI I – III sowie TREVI 92) widmeten[109].

Zunächst beschränkte TREVI sich auf zwei Arbeitsgruppen, TREVI I und TREVI II. Im Jahre 1985 wurde dann die Arbeitsgruppe TREVI III gegründet. Seit 1992 ist eine vierte Arbeitsgruppe mit dem Namen TREVI 92 tätig. Während TREVI I sich mit Fragen der Terrorismusbekämpfung auseinandersetzte, befaßte sich die Gruppe TREVI II mit allgemeinen Punkten polizeilicher Zusammenarbeit, Gefahrenabwehr sowie Polizeitechnologie[110], TREVI III schließlich war für die Verbesserung der Zusammenarbeit bei der Bekämpfung der internationalen Organisierten Kriminalität verantwortlich[111]. Die Arbeitsgruppe TREVI 92 entspringt der 1986 gegründeten Ad-hoc-Gruppe „Einwanderung", von der sie hinsichtlich des polizeilichen Bereichs 1988 abgespalten wurde[112]. Im Mittelpunkt der Tätigkeiten von TREVI 92 stand insbesondere die Entwicklung eines europaweiten Fahndungssystems[113].

TREVI hat auf dem Sektor der polizeilichen Zusammenarbeit der Polizeibehörden in der Praxis schon einige Erfolge zu verbuchen. Beispielsweise entwickelte TREVI I ein geschütztes Kommunikationssystem zwischen den Mitgliedsstaaten, ferner wird ein ständig aktualisiertes Lagebild zur Terrorismusbedrohung gemeinsam erstellt. TREVI II erreichte eine verbesserte allgemeine Zusammenarbeit durch gemeinsame Fachtagungen über Ausbildung und Polizeitechnik, die auch zum Zweck des Erfahrungsaustausches und der grundsätzlichen Annäherung der nationalen Polizeien genutzt wurden. Bei TREVI III bemühte man sich alsbald, durch die Schaffung eines Netzes nationaler Drogenbekämpfungseinheiten und den Einsatz von Verbindungsbeamten in der EG und Drittstaaten um

---

108 *Hill* in *Pijpers/ Regelsberger/ Wessels*, 205 (207 f.).

109 Vgl. *Bleckmann*, Europarecht, Rn. 134.

110 Vgl. *Hummer*, ZfRV 1991, 129 (140).

111 Näher *Rupprecht/ Hellenthal*, S. 151; ferner *Akmann*, JA 1994, 49 (51); aus der Arbeitsgruppe TREVI III erwuchs zwischen 1992 und 1994 die Europäische Drogeneinheit (EDU), der erste Baustein der Europol, vgl. insoweit *Zachert*, Krim 1992, 7 (8).

112 Vgl. *Schreiber*, Krim 1991, 369 (372).

113 Es handelte sich hier um das Europäische Informationssystem (EIS) nach dem Vorbild des Schengener Informationssystems (SIS).

eine schlagkräftigere Bekämpfung der organisierten Kriminalität[114]. TREVI 92 schließlich erstellte 1990 ein Aktionsprogramm zur Verbesserung der Zusammenarbeit der Polizei bei der Bekämpfung des Terrorismus und sonstiger Formen des Internationalen Verbrechens. Inhalt[115] dieses Aktionsprogrammes waren innovative Methoden der Zusammenarbeit in wichtigen Kriminalitätsbereichen.

Diesen Errungenschaften steht allerdings das Problem gegenüber, daß TREVI sich bislang auf keine verbindlichen Rechtstexte[116] verständigt hat. Vielmehr wurde regelmäßig Empfehlungen der Minister der Vorzug gegeben[117], die es dann im jeweiligen innerstaatlichen Recht umzusetzen galt. Die daraus resultierende rechtliche Unverbindlichkeit, gepaart mit dem Fehlen einer ständigen Organisation[118], stellten gravierende Defizite dieser Kooperationsform dar[119], die einen systematischen Fortschritt erschwerten. Den Mitgliedsstaaten blieb letztendlich überlassen, ob und in welcher Form sie sich beteiligen[120].

In der Zusammenschau muß festgehalten werden, daß die bisher erzielten Ergebnisse von TREVI kaum in einem Verhältnis zu den Anforderungen stehen, die an eine effektive polizeiliche Zusammenarbeit in Europa mittlerweile gestellt werden müssen[121]. Doch so umstritten TREVI in seiner Wirkungskraft auch sein mag, die Förderung einer europaweiten Zusammenarbeit der Polizeien erhielt ohne Zweifel wichtige Impulse und steigerte das Selbstverständnis einer europaweiten Polizei[122]. Selbst wenn man TREVI schlicht als Vorstufe zur be-

---

114 Vgl. dazu *Wenzel*, DP 1993, 5 (6); lesenswert auch *Schreiber* in *Kube/ Störzer/ Timm*, Bd. 2, 317 (318 ff.).

115 Zum Inhalt dieses Aktionsprogrammes konkret *Siegerle* in *Morié/ Murck/ Schulte*, 132 (135 ff.).

116 Auch das von TREVI 92 erarbeitete Aktionsprogramm entfaltete keine Rechtswirkung, vgl. insofern *Siegerle* in *Morié/ Murck/ Schulte*, 132 (138); *Rupprecht/ Hellenthal*, S. 151.

117 *Wenzel*, DP 1993, 5 (6).

118 Zu denken sei an eine feste Institutionalisierung und die Einrichtung eines ständigen Sekretariats, das die Arbeitsgruppensitzungen vor- und nachbereitet; angesprochen bei *Seiters*, DP 1993, 1 (3) und *Wenzel*, DP 1993, 5 (6).

119 Wegen der Nichtbeteiligung des Europäischen Parlaments wird auch ein Demokratiedefizit bei TREVI bemängelt, vgl. *Brübach*, S. 11.

120 Vgl. *Gleß/ Lüke*, Jura 1998, 70 (72).

121 Kritisch zu den von TREVI bislang erreichten Ergebnissen *Krüger*, Krim 1994, 773 (774).

122 Ähnlich *Brübach*, S. 11.

absichtigten Einrichtung von Europol ansieht[123], stellte diese Kooperationsform schon insoweit einen Meilenstein dar, als sich hier zum ersten Mal die generelle Bereitschaft der EG-Staaten zum gemeinsamen polizeilichen Wirken[124] äußerte und auf den Weg gebracht wurde.

II. GAM '92[125], CELAD[126], Koordinatorengruppe Freizügigkeit, Ad-hoc-Gruppe „Einwanderung"

Mitte der 80er Jahre wurde die polizeiliche Zusammenarbeit im Rahmen der EG-Mitgliedsstaaten erweitert. Zu den Initiativen der EG im thematisierten Bereich gehörten die schon erwähnte 1986 ins Leben gerufene Ad-hoc-Gruppe „Einwanderung", die hauptsächlich der gemeinsamen ministeriellen Beratung aller Probleme mit Einwanderungs- und Asylbezug dienen sollte[127]. Ferner ist in diesem Zusammenhang die GAM '92 zu nennen, deren Zweck die Erarbeitung von Möglichkeiten zur Verbesserung der Zusammenarbeit und des Informationsaustauschs zwischen den EG-Zolldienststellen sowie das Entwickeln geeigneter Maßnahmen zur Verstärkung der Kontrolle an den Außengrenzen der EG (Schmuggelproblem) war[128]. Im Jahre 1989 wurde vom Europäischen Rat der Ausschuß für Drogenbekämpfung CELAD ins Leben gerufen[129], dem die Aufgabe der Koordinierung zwischen der EG, den Mitgliedsstaaten, Drittstaaten und anderen - immer zahlreicher werdenden - Organisationen im Bereich Rauschgiftbekämpfung zukommen sollte[130]. Um diese unterschiedlichen Aktivitäten auf Gemeinschaftsebene sowie im Rahmen der zwischenstaatlichen Zusammenarbeit besser aufeinander abstimmen zu können, bildete der Europäische Rat

123 So jedenfalls *Bleckmann*, Europarecht, Rn. 134.

124 Ähnlich *Brübach*, S. 10.

125 Kurzform für die Arbeitsgruppe „Gegenseitige Amtshilfe '92".

126 Kurzform für „Comité Européen de Lutte Antidrogue".

127 Näher dazu *Rupprecht/ Hellenthal*, S. 154.

128 Vgl. *Akmann*, JA 1994, 49 (51); mit Verweis auf *Rupprecht/ Hellenthal*, S. 161; ferner *Wittkämper/ Krevert/ Kohl*, S. 135 f.

129 Ausführlich zu Organisation und Aufgabenbereich von CELAD vgl. *Degen* in *von der Groeben/ Thiesing/ Ehlermann*, Vorbemerkungen zu den Art. K bis K.9 EUV, Rn. 15; zu aktuellen Fragen vgl. ferner den Bericht in Der Spiegel 14/ 1998 v. 06. 04. 1998, S. 45.

130 Vgl. dazu nur *Rupprecht/ Hellenthal*, S. 161 sowie *Rupprecht*, DP 1991, 293 (293).

schon 1988 die Koordinatorengruppe „Freizügigkeit". Anlaß dafür war vor allem das Ziel, Mehrfach- und Doppelarbeit zu vermeiden[131].

III. Europol

1. Überblick

Insbesondere auch vor dem Hintergrund des Schengener Abkommens, das die Öffnung der Grenzen innerhalb weiter Teile Europas vorsah, wuchs zu Ende der 80er Jahre immer mehr das Bewußtsein, daß auf Dauer eine zusätzliche staatenübergreifende Europapolizei unabdingbar werden würde[132]. So unterstrichen 1989 die Innen- und Justizminister ihren Willen zur Initiative, indem sie sich auf die Einrichtung einer zentralen europäischen Intelligence-Dienststelle für die Rauschgiftbekämpfung festlegten. Aufgabe dieser Kooperation sollte die konkrete Unterstützung polizeilicher Ermittlungen durch Datenaustausch sowie die Erstellung von Lagebildern und Analysen speziell im Drogenbereich sein[133], wobei man diese Institution zunächst als Teil der TREVI-Kooperation vorgesehen hatte[134].

1991 wurde schließlich auf deutsche Initiative hin[135] die Einrichtung von Europol durch die EU-Staats- und Regierungschefs beschlossen. Auch hier sollte das Ziel insbesondere ein vereinfachter Informations- und Erfahrungsaustausch in den Bereichen Internationaler Drogenhandel und Internationale Organisierte Kriminalität sein[136].

---

131 *Bleckmann*, Europarecht, Rn. 134.

132 Vgl. *Schreiber*, FS für Lerche, 529 (529); *Zachert*, Politische Studien 3/ 4 1989, 166 (178); *Knemeyer*, Rn. 126.

133 Vgl. *Storbeck*, Krim 1996, 17 (18).

134 *Zachert*, Krim 1992, 7 (8); *Brübach*, S. 176.

135 Der deutsche Bundeskanzler a.D. Helmut Kohl schlug den konkreten Aufbau eines Europäischen Polizeiamtes bei einem Treffen des Europäischen Rates in Luxemburg im Juni 1991 vor; vgl. *Benyon/ Turnbull/ Willis/ Woodward/ Beck*, S. 158.

136 Vgl. *Seiters*, DP 1993, 1 (4); ferner *Schmidt-Nothen* in *Kube/ Störzer/ Timm*, 287 (300) sowie auch *Storbeck*, Krim 1994, 201 (201).

2. Die „European Drug Unit“ (EDU) – Vorläufer von Europol

Nachdem im Dezember 1991 die Errichtung der EDU als erster Baustein von Europol durch den Europäischen Rat festgelegt[137] sowie der Einsatz einer diesbezüglichen Projektgruppe[138] gebilligt worden war, begann im September 1992 ein Stab von ca. 30 Mitarbeitern in Straßburg mit der Aufbauarbeit[139] für die EDU/ Europol.

Aus TREVI III wurde jetzt die sogenannte EDU (European Drugs Unit)[140], die als Drogeninformationsstelle der EU-Staaten mit Sitz in Den Haag fungieren sollte. Zunächst sollte für die EDU eine Ministervereinbarung vom Juni 1993[141] als Rechtsgrundlage dienen[142]. Im März 1995 ging daraus eine Gemeinsame Maßnahme[143] der Staats- und Regierungschefs hervor[144]. Jedoch bleibt festzuhalten, daß sowohl die Ministervereinbarung als auch die Gemeinsame Maßnahme keine echte Ermächtigungsgrundlage darstellten, da sie für den Informationsaustausch auf jeweilige nationale Gesetze und Regelungen verwiesen[145]. Ferner wurde für den Informationsaustausch auf verschiedene UN-Konventionen wie z. B. die Wiener Konvention von 1988 zur Bekämpfung der Drogenkriminalität, Konventionen des Europarats wie das Europäische Rechtshilfeübereinkommen und bilaterale Verträge zwischen den einzelnen Mitgliedsstaaten verwiesen[146]. Da aber auch diese Regelwerke keine Ermächtigungsgrundlagen im rechtsstaatlichen Sinne darstellten, mußte man insbesondere auf den zentralen Datenaustausch verzichten[147]. Ferner fehlte es an einer rechtlichen

---

137 Vgl. Bull. EG 12-1991, S. 9, Ziff. I.8.

138 Vgl. Bull. EG 6-1992, S. 13, Ziff. I-12.

139 Vgl. *Storbeck*, Krim 1994, 201 (201).

140 Näher *Storbeck*, Krim 1994, 201 (201 f.); ferner *Wittkämper/ Krevert/ Kohl*, S. 144.

141 Inhaltlich skizziert bei *Wittkämper/ Krevert/ Kohl*, S. 145.

142 Vgl. dazu *Storbeck* in *Theobald*, 107 (111); *Schreckenberger* VA 1997, 389 (409); kritisch dazu *Ostendorf*, NJW 1997, 3418 (3419) und auch *Hirsch*, ZRP 1998, 10 (10 f.).

143 Abl. der EG Nr. L 62/ 1 vom 20. 03. 1995, mit vollem Titel „*Gemeinsame Maßnahme vom 10. 03. 1995 bezüglich der Europol Drogenstelle, vom Rat aufgrund von Art. K. 3 des Vertrages über die Europäische Union beschlossen*“.

144 Vgl. *Möbius*, Das Parlament Nr. 11 v. 12. 03. 1993, 12 (12).

145 Vgl. *Storbeck* in *Theobald*, 107 (111); *ders.*, Krim 1994, 201 (202).

146 Vgl. *Schreckenberger*, VA 1997, 389 (409); ferner *Storbeck* in *Hailbronner*, 81 (84).

147 Vgl. *Storbeck*, Krim 1996, 17 (19).

Identität und einem einheitlichen Datenschutzrecht[148]. Insofern konnten immer nur die bestehenden nationalen Gesetzeswerke der beteiligten Staaten herangezogen werden. Diese teilweise unklaren oder zumindest umständlichen rechtlichen Herleitungen wurden auch von Kritikern als noch tolerierbar angesehen, da sie nur für die Übergangsphase, die „vorkonventionelle" Zeit der EDU bzw. Europols, nötig waren.

Anfang 1994 nahm die EDU ihre Arbeit auf[149]. Die Tätigkeit der EDU bestand vor allem darin, zunächst nur im Bereich der Rauschgiftkriminalität und der damit verbundenen Geldwäsche einen Informationsaustausch einschließlich personenbezogener Daten zwischen den verschiedenen beteiligten nationalen Polizeibehörden zu ermöglichen. Die EDU – nunmehr schon ein erster Baustein von der fest geplanten Polizeibehörde Europol – unterstützte fortan internationale Ermittlungen durch Informationsbeschaffung und -analyse[150].

Im März 1995 kamen die EU-Staats- und Regierungschefs überein, daß die Arbeit der EDU/ Europol – wie im EU-Vertrag vorgesehen – auf weitere Formen der Organisierten Kriminalität ausgeweitet werden sollte[151]. Insbesondere der Kampf gegen den illegalen Handel mit radioaktiven und nuklearen Materialien, gegen die Schleuserkriminalität, gegen die Verschiebung von Kraftfahrzeugen sowie gegen die mit diesen Kriminalitätsformen zusammenhängende Geldwäsche wurde nunmehr in die EDU/ Europol-Arbeit einbezogen[152]. Somit kam es schon vor der eigentlichen Entstehung der Europol sowie der Ratifizierung der Europol-Konvention im Mai 1995 zur ersehnten[153] Erweiterung der EDU/ Europol-Zuständigkeiten. Bei ihrer Tätigkeit mußten die in die EDU-Zentrale von allen Mitgliedsstaaten entsandten Verbindungsbeamten allerdings immer die jeweils einschlägigen nationalen Datenschutzbestimmungen beachten[154], da

148 Vgl. Interview mit Jürgen Storbeck in der Süddeutschen Zeitung v. 10. 10. 1997 anläßlich der anstehenden Ratifizierung der Europol-Konvention im Deutschen Bundestag.

149 *Storbeck*, Krim 1994, 201 (204).

150 Vgl. näher *Schelter*, Aus Politik und Zeitgeschichte 1/ 2 1996, 19 (23); *Storbeck*, Krim 1994, 201 (204).

151 Vgl. *Rupprecht/ Hellenthal*, S. 172 ff.; ferner *Storbeck*, Krim 1994, 201 (201); sowie *Wittkämper/ Krevert/ Kohl*, S. 144.

152 Vgl. Abl. der EG Nr. L 62/ 1 vom 20. 03. 1995.

153 So jedenfalls *Storbeck*, Krim 1994, 201 (203).

154 Dazu auch *Brübach*, S. 177 f.

es ein europäisches Datenschutzrecht noch nicht gab, was zu den schon angesprochenen Problemen führte.

3. Europol[155] und die Europol-Konvention

Die auf der Tagung des Europäischen Rates in Luxemburg im Juni 1991 ins Auge gefaßte Ausweitung der bloß multilateralen Zusammenarbeit (insbesondere im Rahmen von TREVI) durch die Errichtung einer „Europäischen Kriminalpolizeilichen Zentralstelle“[156] sollte, um ein Tätigwerden schnell zu ermöglichen, durch die Schaffung einer Rechtsgrundlage konkretisiert werden.

Bei den Verhandlungen über die Verträge von Maastricht plädierte die deutsche Seite dafür, eine völkerrechtliche Regelung in den EU-Vertrag aufzunehmen und so Europol zu einer echten Institution der Gemeinschaft zu machen[157]. Da sich hierfür allerdings keine Mehrheit ergab, beschloß der Europäische Rat, Europol auf der Basis intergouvernementaler Zusammenarbeit in der sog. „Dritten Säule“ der Union zu errichten. Damit stand fest, daß verbindliches Recht für die Behörde Europol, die vor allem personenbezogene Daten sammeln, analysieren und übermitteln sollte[158], nur durch jeweils in nationales Recht transformierte Übereinkommen und Maßnahmen geschaffen werden konnte[159]. Neben der raschen – wenn auch provisorischen – Installierung der EDU strebten die Mitgliedsstaaten der EU jetzt also die Schaffung einer echten Rechtsgrundlage für Europol – der Europol-Konvention – an. Das politische Tauziehen um den Inhalt der Europol-Konvention endete nach schwierigen Verhandlungen und unter Eingehung von - insbesondere für die ambitionierte deutsche Seite[160] - nicht immer zufriedenstellenden Kompromissen erst im Juni 1995[161]. Einen Monat später, im Juli 1995 wurde die erstellte Konvention[162] durch die EU-Botschafter in Brüssel unterzeichnet. Schon vor der zunächst noch anstehenden Ratifizie-

155 Der Aufbau der Organisation und die genaue Tätigkeit der Europol-Beamten wird unten in § 8 Abschnitt III Ziffer 2 dargestellt.

156 Vgl. *Nicolaus*, NVwZ 1996, 40 (42).

157 Vgl. *Storbeck* in *Hailbronner*, 81 (83)-

158 Vgl. *Wittkämper/ Krevert/ Kohl*, S. 145.

159 Angesprochen auch bei *Baldus*, ZRP 1997, 286 (288).

160 Vgl. *Storbeck* in *Hailbronner*, 81 (84).

161 Dazu auch *Pitschas*, NVwZ 1994, 625 (627); *Nicolaus*, NVwZ 1996, 40 (42); ähnlich *Sturm*, Krim 1997, 99 (103).

162 Abl. der EG Nr. C 316/ 1 vom 27. 11. 1995.

rung der Europol-Konvention[163] durch die nationalen Parlamente der Mitgliedsstaaten nahm Europol im Rahmen der EDU die Arbeit auf, Grundlage war hier die schon angesprochene Gemeinsame Maßnahme aus März 1995.

In Deutschland wurde die Europol-Konvention am 10. 10. 1997 vom Bundestag ratifiziert und damit in nationales Recht transformiert. Knapp ein Jahr später, am 01. 10. 1998, trat die Europol-Konvention in Kraft, nachdem im Juni 1998 der letzte Mitgliedsstaat der Europäischen Union die Konvention ratifiziert hatte. Die von Anfang an als unzureichend bezeichnete und bis dahin als notdürftig zur Rechtfertigung dienende Gemeinsame Maßnahme aus März 1995 mußte damit nicht mehr als Rechtsgrundlage herhalten.

Mit der Europol-Konvention wurde insbesondere ein einheitliches Datenschutzrecht eingeführt. Europol erhielt eine eigene Rechtspersönlichkeit und das Zentralspeichern wurde ermöglicht. Ferner wurde durch die Konvention das Tätigkeitsfeld der Organisation über die schon genannten Kriminalitätsfelder hinaus beispielsweise auf Organisierte Kriminalität, Waffenhandel, Umweltkriminalität und Terrorismus erweitert[164]. Hervorzuheben bleibt, daß in dieser Konvention keinerlei exekutive Tätigkeiten für Europol-Beamte vorgesehen sind. Die tatsächliche Arbeitsaufnahme von Europol aufgrund der Konvention erfolgte im übrigen erst am 01. 07. 1999, nachdem noch zahlreiche Durchführungsbestimmungen und Rechtsakte vom Personalstatut über Dateirichtlinien bis hin zum Immunitätenprotokoll verabschiedet worden waren[165].

Die Organisation soll nunmehr nationale Kriminalpolizeien und Sicherheitsbehörden unterstützen, Dateien aufbauen und den EU-Vertragsstaaten zur Verfügung stellen, nationale Präventivprogramme sammeln und analysieren und Aufgaben in den Bereichen Ausbildung, Fortbildung, Forschung und Kriminaltechnik übernehmen[166].

Das Handeln Europols läßt sich bis heute am ehesten mit der Intelligence-Arbeit von Interpol vergleichen. Ein möglichst dichtes Daten- und Informationsnetz

---

163 Diese sollte sich noch bis Juni 1998 hinziehen.

164 Vgl. etwa *Schreckenberger*, VA 1997, 389 (410 f.); näher *Storbeck*, Krim 1996, 17 (20 f.).

165 Vgl. *Schneider*, Kriminalpolizei 1999, 203 (205); ferner *Kalk*, DuD 1999, 442 (442 ff.).

166 Vgl. dazu *Wittkämper/ Krevert/ Kohl*, S. 146; ferner *Rupprecht/ Hellenthal*, S. 172 f.

soll mit Unterstützung von Verbindungsbeamten alle Formen internationaler Ermittlungen innerhalb der Europäischen Union erleichtern. Die Ausweitung der Aufgaben auf eigenständige Ermittlungen und Exekutivbefugnisse stehen derzeit nicht zu erwarten[167], da der dafür erforderliche Konsens der Mitgliedsstaaten fehlt.

4. Immunitätenprotokoll

Art. 45 IV EuropolKonv sieht vor, daß Europol seine Tätigkeit nach den Bestimmungen dieses Übereinkommens erst aufnimmt, wenn bestimmte Ausführungsrechtsakte in Kraft getreten sind[168]. Besonders bedeutend und rechtlich brisant ist insoweit das gem. Art. 41 EuropolKonv vorgesehene Immunitätenprotokoll[169]. Nach zähen Verhandlungen unterzeichnete der Rat am 19. 07. 1997 das Immunitätenprotokoll zur Europol-Konvention[170]. Das Immunitätenprotokoll ist am 19. 05. 1998 vom Deutschen Bundestag in bundesdeutsches Recht transformiert worden[171]. Pünktlich zur offiziellen Arbeitsaufnahme Europols trat das entsprechende Gesetz zum Immunitätenprotokoll am 01. 07. 1999 in Kraft.

Das Immunitätenprotokoll hat die Regelung von Vorrechten[172] und Immunitäten für Europol und seine Mitarbeiter zum Gegenstand, die sich an Immunitätsregelungen anderer internationaler Organisationen[173] orientieren[174]. Zunächst sollen Archive (Art. 3 ImmPr), amtliche Papiere, Schriftstücke und sonstiges amtli-

167 Dazu *Kersten*, DP 1997, 337 (338); *Storbeck*, Krim 1994, 201 (203); *Schreckenberger*, VA 1997, 389 (410); *Schreiber*, FS für Lerche 1993, 529 (541).

168 Insgesamt gibt es 9 Durchführungsübereinkommen zur Europol-Konvention.

169 Art. 41 EuropolKonv sieht vor, daß neben Europol auch die Mitarbeiter von Europol „die zur Erfüllung ihrer Aufgaben erforderlichen Vorrechte und Immunitäten nach Maßgabe eines Protokolls, das die in allen Mitgliedsstaaten anzuwendenden Regelungen enthält", genießen.

170 *Protokoll aufgrund von Artikel. K.3 des Vertrages über die Europäische Union und von Artikel 41 Absatz 3 des Europol-Übereinkommens über die Vorrechte und Immunitäten für Europol, die Mitglieder der Organe, die stellvertretenden Direktoren und die Bediensteten von Europol*, ABl. der EG Nr. C 221/ 1 vom 19. 07. 1997.

171 Vgl. BGBl. 1998 II, 974.

172 Etwa die Befreiung von Steuern und Abgaben, vgl. *Harings*, S. 134.

173 Vgl. etwa das Übereinkommen über die Vorrechte und Immunitäten der Vereinten Nationen aus dem Jahre 1946, BGBl. 1980 II, 941; ferner das Allgemeine Abkommen über die Vorrechte und Befreiungen des Europarates vom 02. 09. 1949, BGBl. 1954 II, 494.

174 Vgl. *Röben* in *Grabitz/ Hilf*, Band 1, Art. 30 EUV, Rn. 15.

ches Material Europols (Art. 8 I lit. b ImmPr) unverletzlich sein, des weiteren sind Vermögensgegenstände, Liegenschaften und Guthaben von Europol jedwedem staatlichen Zugriff wie Durchsuchungen oder Beschlagnahme entzogen (Art. 2 II ImmPr). Ferner sieht Art. 5 ImmPr vor, daß Kontrollen, Regelungen und Notifizierungspflichten hinsichtlich der finanziellen Transaktionen Europols kategorisch ausgeschlossen sein sollen. Besondere Bedeutung hat Art. 8 I lit. a ImmPr Danach genießen Personal und Organmitglieder Europols für alle in Ausübung ihres Amtes vorgenommenen Äußerungen und Handlungen absolute Immunität. Mit dieser Vorschrift werden die genannten Personen bis auf ganz wenige Ausnahmen[175] praktisch straffrei gestellt.

Diese Regelung führte zu heftigen Diskussionen[176] und massiver Kritik[177]. Die Immunitätsregelung sei insbesondere deshalb bedenklich, weil Europol-Beamte - im Gegensatz zu ansonsten typischerweise Immunität genießenden Diplomaten - als Polizeibeamte ständig in einer für die Ausübung staatlicher Hoheitsrechte charakteristischen Weise im grundrechtsrelevanten Bereich agieren[178]. Eine Immunität sei insofern nicht verantwortbar. Andererseits wird argumentiert, daß eine solche Immunitätenregelung für internationale Organisationen völlig üblich[179] sei und effektive Arbeit Europols ansonsten wegen Lahmlegung der ganzen Behörde mittels unberechtigter Strafanzeigen nicht zu erwarten sei[180].

---

175 So stellt Art. 12 I ImmPr ausdrücklich klar, daß die den Europol-Bediensteten und Mitgliedern der Organe gewährten Vorrechte und Immunitäten nicht in deren persönlichem Interesse, sondern im Interesse der Organisation gewährt werden. Die weitgehende Immunität der Europol-Bediensteten hat der Direktor deshalb „in allen Fällen aufzuheben, in denen die Immunität verhindern würde, daß der Gerechtigkeit Genüge geschieht“, wenn durch die Aufhebung die Interessen Europols nicht geschädigt werden (Art. 12 II ImmPr), vgl. insoweit *Harings*, S. 135 f.

176 Zur Kontroverse im Innenausschuß des Deutschen Bundestags bezüglich des Entwurfs eines Europol-Immunitätenprotokolls am 20. 01. 1998 vgl. die Zusammenfassung in DRiZ 1998, 140 (140 ff.).

177 Vgl. etwa *Ostendorf*, NJW 1997, 3418 (3419 f.); *Hirsch*, ZRP 1998,10 (10 ff.); *Bull*, DRiZ 1998, 32 (40); *Prantl*, DRiZ 1997, 234 (235); a.A. *Herzog*, ZRP 1998, 371 (371); *Hailbronner*, JZ 1998, 283 (289); *Schelter*, Frankfurter Rundschau vom 03. 11. 1997; *Storbeck*, Süddeutsche Zeitung vom 10. 10. 1997.

178 Sehr kritisch insoweit *Nachbaur*, KritJ 1998, 231 (234 ff.); einschränkend *Hailbronner*, JZ 1998, 283 (287).

179 Vgl. etwa *Herzog*, ZRP 1998, 371 (371); *Hailbronner*, JZ 1998, 283 (285).

180 So jedenfalls *Storbeck*, Süddeutsche Zeitung vom 10. 10. 1997.

IV. Der Vertrag von Maastricht (1992)[181]

Mit dem Vertrag von Maastricht im Jahre 1992 schließlich sollte für die polizeiliche Zusammenarbeit eine neue Zeitrechnung beginnen. Hier wurde festgelegt, daß die TREVI-Kooperation durch die in Art. K EUV a.F. erstmals angestrebte institutionalisierte Form der Zusammenarbeit ersetzt werden sollte[182]. Die Errichtung von Europol wurde ausdrücklich als Zielvorgabe im Vertrag erwähnt.

Aber auch, wenn nunmehr eine allgemeine Einbindung in die Gemeinschaftsstrukturen[183] anvisiert war, so änderte sich doch an der klassischen Form der nur intergouvernementalen Zusammenarbeit im Kern überhaupt nichts[184]. Rechtssetzungsmöglichkeiten wurden im EU-Vertrag für die Zusammenarbeit in den Bereichen Justiz und Inneres (ZBJI) nicht vorgesehen, da die meisten EG-Staaten nicht bereit waren, Kernelemente ihrer staatlichen Souveränität aufzugeben[185].

Die im Maastrichter Vertrag innerhalb der „Dritten Säule"[186] geregelte Justiz- und Innenpolitik und damit auch die polizeiliche Zusammenarbeit entbehrte daher weiterhin einer echten Gemeinschaftszuständigkeit[187]. Es handelt sich bei den Rechtsbereichen der Dritten Säule lediglich um Angelegenheiten von gemeinsamem Interesse, deren Gestaltung im EU-Vertrag nur in Form von Absichtserklärungen umschrieben wird. Außerdem kennzeichnet sich die für die Dritte Säule der Europäischen Union vorgesehene intergouvernementale Zusammenarbeit dadurch, daß Vereinbarungen auf diesem Gebiet nur mit Einstimmigkeit innerhalb des Europäischen Rates getroffen werden können[188]. Für die Weiterentwicklung der polizeilichen Zusammenarbeit innerhalb der Europäischen Union bedeutete das die Aussicht auf nur schwerfälligen Fortschritt, da man sich in Anbetracht der schon erwähnten Ressentiments einiger Mitgliedsstaaten auf recht kleine gemeinsame Nenner beschränken mußte. Auch der in Art. K.3 EUV angesteuerte Aufbau von Europol täuscht darüber nicht hinweg,

---

181 Vertrag über die Europäische Union vom 02. 02. 1992, BGBl. 1992 II, 1253.

182 vgl. *Schreiber* in *Kube/ Störzer/ Timm*, Bd. 2, 317 (323).

183 Vgl. *Seiters*, DP 1993, 1 (3).

184 *Bleckmann*, Europarecht, Rn. 134 mit Verweis auf *Stauffenberg/ Langenfeld*, ZRP 1992, 254 (254 ff.).

185 Vgl. *Schelter*, Europäische Gespräche 1/ 2 1996, 29 (32); ferner *Akmann*, JA 1994, 49 (53).

186 Vgl. insofern oben § 1 Abschnitt I Ziffer 3.

187 Vgl. *Schelter*, Europäische Gespräche 1/ 2 1996, 29 (32).

188 Vgl. *Wachholz*, Krim 1995, 715 (716).

da jede Festlegung in diesem Bereich den dargestellten mühsamen Weg zu durchlaufen hat.

Man kann bei dem EU-Vertrag von Maastricht insofern lediglich von rechtlichen Rahmenbedingungen sprechen. Denn tatsächlich konkrete Regelungen mit Eingriffsbefugnissen können sich - besonders im Hinblick auf die intergouvernementale Zusammenarbeit in den Bereichen Justiz und Inneres - nur aus Übereinkommen und Verträgen ergeben, die durch Transformation und Ratifizierung in jeweiliges nationales Recht umgesetzt worden sind. Die Vorgaben im Maastrichter Vertrag selbst aber stellten daher für die Entwicklung der polizeilichen Zusammenarbeit in Europa - bis auf die erstmalige Erwähnung Europols - keine unmittelbare Innovation dar.

V. Der Vertrag von Amsterdam (1997)[189]

Auch die Vorgaben des Amsterdamer Vertrages zur Verbesserung der Zusammenarbeit in den Bereichen Justiz und Inneres lassen kaum die Erwartung zu, daß die polizeiliche Zusammenarbeit im Rahmen der Europäischen Union bedeutende Fortschritte erfahren könnte[190].

Selbst wenn im neugefaßten Art. 30 II EUV vom ehrgeizigen Ziel der Befugniserweiterung auf operative Tätigkeiten für Europol in den nächsten fünf Jahren die Rede ist, muß gleichzeitig berücksichtigt werden, daß die konkreten Beschlußverfahren und Rechtssetzungsinstrumentarien im EU-Vertrag ausgerechnet bei der polizeilichen Zusammenarbeit fast keine Vereinfachungen erfahren hat[191]. So wurde das Einstimmigkeitsprinzip bis auf bestimmte Durchführungsbeschlüsse[192] hier beibehalten[193]. Jeder Beschluß in diesem Bereich entbehrt der

---

189 Amsterdamer Vertrag vom 02. 10. 1997, der eine Komplettierung der beiden früheren großen Vertragsreformen (*Abschluß der Einheitlichen Europäischen Akte 1986* zur Vollendung des gemeinsamen Binnenmarktes sowie *Vertrag von Maastricht 1992* mit dem Beschluß über die Wirtschafts- und Währungsunion) darstellt; siehe Abl. der EG Nr. C 340/ 1 vom 10. 11. 1997.

190 Zu den Änderungen im Amsterdamer Vertrag hinsichtlich der Zusammenarbeit im Bereich Justiz und Inneres vgl. *Aschmann*, S. 199 ff.; insgesamt zu den Änderungen *Koenig/ Pechstein*, EuR 1998, 130 (130 ff.).

191 *Schönfelder/ Silberberg*, Internationale Politik 11/ 1997, 18 (19).

192 Sogenannte „Rahmenbeschlüsse", die die Beschlußform der „Gemeinsamen Maßnahme" teilweise ersetzen, vgl. *Streinz*, Jura 1998, 57 (64).

unmittelbaren Wirksamkeit in den jeweiligen Staaten, da nach wie vor nur eine intergouvernementale Zusammenarbeit praktiziert werden soll. Das Instrumentarium im Bereich der polizeilichen Zusammenarbeit wurde daher mit den Amsterdamer Verträgen auch nicht wesentlich erweitert[194]. Damit ist das wohl entscheidende Hemmnis auf dem Weg zu einer intensiveren Form der polizeilichen Zusammenarbeit innerhalb der Europäischen Union immer noch nicht aus dem Weg geräumt worden.

VI. Bilaterale Kooperationsformen der Bundesrepublik Deutschland[195]

In den 90er Jahren bemühte sich Deutschland, insbesondere wegen der Öffnung des Eisernen Vorhangs, um bilaterale Abkommen zur polizeilichen Zusammenarbeit mit seinen östlichen[196] Nachbarn[197]. Die direkt an Polen und Tschechien angrenzenden Regionen in Deutschland wurden von einem Kriminalitätseinbruch aus dem Osten überrollt, so daß gerade hier dringender Handlungsbedarf bestand[198]. In entsprechenden Vereinbarungen mit den östlichen Nachbarn der Bundesrepublik Deutschland ging es hauptsächlich um nicht-operative Tätigkeiten wie Konsultationen und technische Fragen der Zusammenarbeit, so zum Beispiel die Entsendung von Verbindungsbeamten, die Erleichterung des Telefon- und Telefaxverkehrs sowie die Verbesserung von Sprachkenntnissen[199].

Insgesamt ist aber die Bemühung von deutscher Seite zu erkennen, auch operative Tätigkeiten zum Gegenstand der bilateralen Vereinbarungen hinsichtlich der grenzüberschreitenden Zusammenarbeit zu machen[200]. Fortschrittlich ist insoweit der Staatsvertrag zwischen der Bundesrepublik Deutschland und der Schweiz vom 27. 04. 1999, der nahezu unbegrenzte polizeiliche Rechtshilfebe-

---

193 vgl. *Karpenstein*, DVBl 1998, 942 (945).

194 So *Karpenstein*, DVBl 1998, 942 (945) m.w.N.

195 Vgl. dazu auch *Brübach*, S. 174 ff. m.w.N.

196 Zur Verbesserung der polizeilichen Zusammenarbeit mit westeuropäischen Staaten (hier mit Frankreich aus der Sicht des Bundeslandes Baden-Württemberg) vgl. *Schäuble*, DP 1998, 309.

197 Es wurden u.a. Vereinbarungen mit den Staaten Tschechien, Polen, Bulgarien und Ungarn getroffen, vgl. dazu *Wittkämper/ Krevert/ Kohl*, S. 125 ff.

198 Lesenswert in diesem Zusammenhang *Bornmann* in *Baldus/ Soiné*, 157 (157 ff.).

199 Vgl. dazu *Harings*, S. 40.

200 Auch mit Polen sollen operative Befugnisse zum Gegenstand der Vereinbarungen über die grenzüberschreitenden polizeilichen Zusammenarbeit gemacht werden.

fugnisse für die Beamten des Partnerstaats vorsieht. Auch mit der Tschechischen Republik traf die Bundesrepublik Deutschland am 19. 09. 2000 ein Abkommen, das der effektiveren Bekämpfung der grenzüberschreitenden Organisierten Kriminalität dienen soll. Es ist auch mit Österreich ein entsprechendes Abkommen vorgesehen[201].

Im Rahmen bilateraler Kooperationsformen der Bundesrepublik Deutschland ist ferner der in der Praxis sehr bedeutende „Kleine polizeiliche Grenzverkehr" zu erwähnen. Diese formlose – völkerrechtlich unverbindliche[202] – Zusammenarbeit der Polizeibehörden europäischer Nachbarstaaten gehört zum polizeilichen Alltag und wird von Seiten der Praxis sehr begrüßt. Den Bundesländern, die im Rahmen dieser Zusammenarbeit federführend sind, wird teilweise allerdings vorgeworfen[203], sie betrieben dabei eine unzulässige Form der „Polizei-Außenpolitik"[204].

VII. Zusammenfassung zu § 4

Der Vorteil gegenüber den Frühformen der polizeilichen Zusammenarbeit ist hier zunächst, daß eine feststehende, relativ geringe Zahl von Staaten die Kooperation auf ein überschaubares geographisches Gebiet zu beschränken versucht. Während bei den Kooperationsformen von TREVI, GAM '92, CLAD der Ad-hoc-Gruppe „Einwanderung" und der Koordinatorengruppe Freizügigkeit auch das alte Problem der fehlenden Institutionalisierung bestand, zeigte sich besonders mit den Verträgen von Maastricht und Amsterdam sowie der Errichtung von Europol, daß ein neuer, intensiverer und damit wohl auch effektiverer Weg der Zusammenarbeit eingeschlagen werden soll[205].

201 Vgl. dazu *Schuster*, Krim 2000, 74 (80).
202 Vgl. *Mokros* in *Lisken/ Denninger*, Kapitel N, Rn. 20.
203 Vgl. *Krause*, Krim 1998, 12 (12).
204 Näher dazu *Aschmann*, S, 82 f. m.w.N.
205 Ohne Zweifel ist dieser Trend im übrigen auch bei den von der Bundesrepublik Deutschland angestrebten bilateralen Vereinbarungen mit den osteuropäischen Nachbarn zu beobachten, vgl. *Harings*, S. 41.

§ 5 Die Entwicklung der Polizeikooperation im Rahmen von Schengen[206]

Die wohl wichtigsten und auch nachhaltigsten Entwicklungen der polizeilichen Zusammenarbeit der letzten Jahre haben sich im Zusammenhang mit dem Schengener Durchführungsübereinkommen (SDÜ, Schengen II) ergeben. Das Übereinkommen wird insbesondere als sicherheitswahrende Kompensation zu dem im Schengener Abkommen von 1985 vereinbarten Abbau der Binnengrenzen betrachtet[207]. Das Übereinkommen vom 19. 06. 1990[208] sollte insbesondere ein einheitlich hohes Niveau der Kontrollen an den Außengrenzen sicherstellen, ferner visierte man die Einrichtung eines computergestützten Erfassungs- und Abfragesystems zur Personen- und Sachfahndung[209] sowie die polizeiliche Zusammenarbeit der beteiligten Staaten an[210].

I. Entstehung des Schengener Durchführungsübereinkommens sowie des entsprechenden bundesdeutschen Gesetzes

Da die Schengen-Staaten – wie die Mitgliedstaaten der Europäischen Union innerhalb des Bereichs der „Dritten Säule" – keine direkte Rechtssetzungsbefugnis hatten[211], war im zweiten Schritt die erwähnte Transformation in das jeweilige nationale Recht der Schengen-Staaten nötig[212]. Dieser Prozeß zog sich bis Mitte

206 Eine historische Darstellung des schrittweisen Entwicklungsprozesses von den ersten vorsichtigen Bemühungen im Rahmen der Pariser Gipfelkonferenz 1974 bis zum Inkraftsetzen des Schengener Durchführungsübereinkommen 1995 findet sich bei *Taschner*, Rn. 8 ff.

207 Vgl. nur *Seiters*, DP 1993, 1 (2); *Akmann*, JA 1994, 49 (52).

208 Beteiligt waren ursprünglich Frankreich, Deutschland, Belgien, die Niederlande und Luxemburg, es folgten Italien, Spanien, Portugal, Griechenland und Österreich sowie Dänemark, Schweden und Finnland. Norwegen und Island als Nichtmitglieder der EU haben ein Kooperationsabkommen unterzeichnet, vgl. dazu auch oben § 1 Abschnitt I Ziffer 2.

209 Es handelt sich hierbei um das sog. „Schengener Informationssystem" (SIS); näher dazu *Hemesath*, Krim 1995, 721 m.w. N.

210 Eine detaillierte Vorstellung und Analyse der Ausgleichsmaßnahmen nach dem Schengener Durchführungsübereinkommen findet sich bei *Wolters*, Krim 1995, 172 (172 ff.).

211 Vgl. oben § 2 Abschnitt II.

212 In Deutschland erfolgte diese Umsetzung durch das *Gesetz zu dem Schengener Übereinkommen vom 19. Juni 1990 betreffend den schrittweisen Abbau der Kontrollen an den gemeinsamen Grenzen* (15. Juli 1993), BGBl. 1993 II, 1010.

1993 hin, so daß das Schengener Durchführungsübereinkommen erst am 1. September 1993 in Kraft trat[213].

Die tatsächliche Umsetzungspflicht und die rechtliche Anwendbarkeit indes ließ noch auf sich warten. Mit dem Inkrafttreten sollte nur der Eintritt der völkerrechtlichen Bindung der Vertragsstaaten an das Übereinkommen statuiert werden. Der Zeitpunkt hingegen, an dem die vorgesehenen Maßnahmen von den Schengener Staaten auch umgesetzt werden sollten, sollte noch so lange hinausgeschoben werden. Es galt zunächst eine „sicherheitstechnischen Lücke" zu vermeiden. Insofern mußte der Abbau der Binnengrenzkontrollen mit der praktischen Realisierbarkeit der Ausgleichsmaßnahmen im Gleichschritt gehen. Es wurde hier rechtstechnisch noch zwischen „Inkrafttreten" und „Inkraftsetzen" differenziert[214].

Erst als davon ausgegangen werden konnte, daß die Vertragsstaaten ihren im Schengener Durchführungsübereinkommen festgelegten Aufgaben entsprechen würden, kam es am 26. März 1995 entsprechend Abs. 2 der gemeinsamen Erklärung in der Schlußakte zu Art. 139 SDÜ schließlich zur „Inkraftsetzung"[215] dieses völkerrechtlichen Vertrages[216]. Die praktische Effektivität des Regelungswerkes ist jedoch derzeit noch durch eine große Anzahl von nationalen Zusätzen und Vorbehalten in bestimmten Bereichen behindert[217].

II. Einbeziehung in den Rechtsrahmen der Europäischen Union[218]

Der gesamte Schengen-Besitzstand wurde 1997 durch die Amsterdamer Verträge in den Rechtsrahmen der Europäischen Union aufgenommen. Eine rechtliche Ausweitung auf neue Staaten ist dadurch jedoch nicht automatisch erfolgt, da es den EU-Staaten, die nicht an Schengen beteiligt waren, vorbehalten wird, eine Entscheidung über die Zugehörigkeit in dieser Hinsicht autonom zu fällen[219].

213 Vgl. die Bekanntmachung vom 20. April 1994, BGBl. 1994 II, 631.

214 Vgl. dazu *Taschner*, Rn. 37 ff.; *Beinhofer*, BayVBl. 1995, 193 (194).

215 Vgl. *Sturm*, Krim 1995, 162 (162).

216 Vgl. *Würz*, Rn. 18.

217 Vgl. *Wolters*, Krim 1997, 86 (88 f.).

218 Vgl. insoweit eingehend *Hailbronner/ Thiery*, EuR 1998, 583 (602 ff.).

219 Vgl. dazu *Art. C des Protokolls zur Einbeziehung des Schengen-Besitzstands in den Rahmen der Europäischen Union*, das den Amsterdamer Verträgen angefügt wurde, BT-Drs. 13/ 9339 vom 03. 12. 1997, S. 47 ff.

Das Vereinigte Königreich und Irland sind durch die Einbeziehung des Schengen-Besitzstandes nicht gebunden, können zu ihm aber auf Antrag ganz oder teilweise zugelassen werden (vgl. Art. 4 Schengen-Protokoll)[220]. Die Vorschriften des Schengener Durchführungsübereinkommens, die sich mit polizeilicher Zusammenarbeit befassen, wurden durch Ratsbeschluß dem Titel VI des EU-Vertrages[221] zugeordnet[222]. Damit gehört die Polizeizusammenarbeit nach dem Schengener Durchführungsübereinkommen zu den intergouvernementalen Angelegenheiten von gemeinsamem Interesse. Konkrete Rechtlich Folge dessen war insbesondere, daß die polizeiliche Zusammenarbeit nach dem Schengener Durchführungsübereinkommen von diesem Zeitpunkt an durch die Europäische Union – und zwar dort durch den Rat – modifiziert und rechtlich ausgebaut werden konnte. Die polizeiliche Zusammenarbeit im Rahmen der Europäischen Union erfuhr durch diese Einbeziehung mit einem Male einen immensen Qualitätsanstieg.

III. Regelungen zur polizeilichen Zusammenarbeit im Schengener Durchführungsübereinkommen

Die polizeiliche Zusammenarbeit thematisiert das Schengener Durchführungsübereinkommen in erster Linie im Teil III (Art. 39 ff. SDÜ). Die hierzu getroffenen Regelungen gehen im Gegensatz zum EU-Recht vergleichsweise weit in den Sicherheitsbereich der beteiligten Staaten hinein und stellen konkrete Normierungen für gemeinsames polizeiliches Handeln dar[223].

Auch wenn die Schengen-Vereinbarungen wegen ihrer nur intergouvernementalen völkerrechtlichen Vertragsnatur wie die EU-Beschlüsse im Bereich der polizeilichen Zusammenarbeit einer Transformation im jeweiligen nationalen Bereich bedürfen[224], sind hier beachtlichere inhaltliche Fortschritte zu verzeichnen. Grund für diesen Umstand ist, daß sich bei den Schengen-Staaten eine

220 Vgl. *Geiger*, EUV/ EGV, Art. 29 EUV, Rn. 12.

221 Hierbei handelt es sich um die in der „Dritten Säule“ der EU angeordneten Bestimmungen über die polizeiliche und justitielle Zusammenarbeit in Strafsachen.

222 Vgl. *Geiger*, EUV/ EGV, Art. 29 EUV, Rn. 14; ferner *Röber* in *Grabitz/ Hilf*, Band 1, Vor Art. 29 EUV, Rn. 48.

223 *Schreckenberger*, VA 1997, 389 (398).

224 Zur innerstaatlichen Umsetzung völkerrechtlicher Verträge und zum Verhältnis des Schengener Durchführungsübereinkommen zum nationalen Recht vgl. *Würz*, Rn. 20.

Gruppe zusammengefunden hat, die – im Gegensatz zur Gesamtheit aller EU-Staaten – grundsätzlich bereit war, nationale Souveränitätsrechte zu Gunsten einer effektiveren polizeilichen Zusammenarbeit innerhalb Europas zurückzustellen.

Während viele Regelungen des SDÜ im wesentlichen bereits in bi- und multilateralen Verträgen bestehende Absprachen bestätigen, stellten die Schengener Regelung der polizeilichen Zusammenarbeit sowie auch das Schengener Informationssystem (SIS)[225] eine Neuerung dar[226]. Die Zusammenarbeit erstreckt sich insbesondere auf die gegenseitige Hilfeleistung der nationalen Polizeien (Art. 39 SDÜ), grenzüberschreitende Observation (Art. 40 SDÜ) und Nacheile (Art. 41 SDÜ), den Aufbau direkter Telefon-, Fax- und Funkverbindungen zwischen den benachbarten Polizeidienststellen (Art. 44 SDÜ) sowie den Austausch von Verbindungsbeamten (Art. 47 SDÜ). Darüber hinaus wird in den Art. 92 ff. SDÜ die Einrichtung des Schengener Informationssystems (SIS) geregelt, das als Kernstück[227] des Übereinkommens angesehen wird. Dabei handelt es sich um ein gemeinsames Informationssystem der Vertragsparteien, durch das Ausschreibungen, die der konkreten Suche nach Personen und Sachen dienen, den Polizeivollzugsbehörden aller Vertragsstaaten bei polizeilichen Kontrollen und Überprüfungen an den Außengrenzen und im Inland zum Abruf im automatischen Verfahren bereitgehalten werden. Das SIS besteht dabei aus einem Zentralrechner in Straßburg und aus dezentralen nationalen Rechnern in den Vertragsstaaten[228]. Das mittlerweile in der polizeilichen Zusammenarbeit der Schengen-Staaten nicht mehr wegzudenkende SIS hat schon einige beachtliche Erfolge[229] vorzuweisen.

Die im Schengener Durchführungsübereinkommen vorgesehene polizeiliche Zusammenarbeit ist damit die derzeit umfassendste Kooperationsform innerhalb Europas.

---

225 Zum Schengener Informationssystem vgl. insbesondere *Wilkesmann*, NStZ 1999, 68 (68 ff.); ferner *Schreckenberger*, VA 1997, 400 (404 ff.) sowie *Hemesath*, Krim 1995, 169 (169 ff.).

226 Vgl. *Gleß/ Lüke*, Jura 1998, 70 (73).

227 So *Werner*, CR 1997, 34 (34); *Schreckenberger*, VA 1997, 389 (404); *Martínez Soria*, VA 1998, 400 (411 f.).

228 Vgl. *Seiters*, DP 1993, 1 (2).

229 Konkret dazu *Krause*, Krim 1998, 12 (15).

IV. Umsetzungsprobleme

Gleichwohl kann noch nicht gesagt werden, daß die polizeiliche Zusammenarbeit durch das Schengener Durchführungsübereinkommen einer neuen Dimension zugeführt wurde. Auch hier ist eine kritische Beobachtung angebracht. Zum Teil werden die vorgesehenen Maßnahmen nicht als ausreichend angesehen. Nach Ansicht von Kritikern fallen der hohe Anspruch und die ernüchternde Wirklichkeit weiterhin auseinander[230]. Problematisch erscheint insbesondere der Umstand, daß die beteiligten Schengen-Staaten ohnehin schon zum Teil praxisfremde Vorschriften[231] des Schengener Durchführungsübereinkommens durch Zusatzerklärungen zur Ausübung der vorgesehenen Maßnahmen soweit national modifiziert haben, daß von einer wirkungsvollen Zusammenarbeit kaum gesprochen werden kann[232]. Die ambitionierten Vorgaben des Schengener Durchführungsübereinkommens laufen somit jedenfalls zum Teil bislang ins Leere. Dieser unbefriedigende Zustand – besonders deutlich erkennbar im Hinblick auf Bestimmungen des Schengener Durchführungsübereinkommens betreffend die grenzüberschreitende Nacheile und Observation[233] – stellt in dieser Form ein nicht zu unterschätzendes Hindernis bei der effektiven Verbrechensbekämpfung im einheitlichen Binnenmarkt dar[234].

Die sich dahinter verbergende Problematik ergibt sich aus dem Umstand, daß sich selbst einige der - grundsätzlich kooperationsbereiten - Schengen-Staaten nur schwer mit dem Gedanken anfreunden können, nationale Interessen zugunsten einer schlagkräftigen europaweiten polizeilichen Zusammenarbeit aufzuge-

---

230 Vgl. insoweit nur *Schübel*, NStZ 1997, 105 (108), die von „halbherzigen Lösungen" spricht; ähnlich auch *Hertweck*, Krim 1995, 721(721 ff.).

231 So jedenfalls *Krüger*, Krim 1994, 773 (775), der dies insbesondere an den Regelungen (Art. 40, 41 SDÜ) zu den für die polizeiliche Zusammenarbeit bedeutsamen Instituten der grenzüberschreitenden Nacheile und Observation festmacht; bei *Wolters*, Krim 1997, 86 (88) findet sich ähnliche Kritik hinsichtlich des polizeilichen Rechtshilfeverkehrs nach Art. 39 SDÜ.

232 Vgl. dazu *Sturm*, Krim 1997, 99 (101).

233 Dazu eingehend unten § 9 Abschnitt IV Ziffer 1 und 2.

234 Ähnlich *Di Fabio*, DÖV 1997, 89, 94, der insbesondere darauf hinweist, daß eingeschränkte und uneinheitliche Regelungen den Rechtsanwender verunsichern und ihn dazu veranlassen, lieber ganz Abstand von ihnen zu nehmen, um sich keinen Rechtsverstoß vorhalten lassen zu müssen.

ben[235]. Die Kompromißregeln im Schengener Durchführungsübereinkommen werden mithin vor dem Hintergrund nationaler Vorbehalte der Mitgliedsstaaten von vielen Seiten als nachbesserungsbedürftig[236] eingestuft, damit sie ihre angestrebte Effektivität tatsächlich erhalten.

Aber nicht nur übersteigerte Nationalismen führen dazu, daß selbst die Schengen-Staaten höchst vorsichtig bei der verbindlichen Festsetzung von Regelungen zur europaweiten polizeilichen Zusammenarbeit vorgingen. Auch das Bewußtsein, daß in den Nachbarstaaten abweichende Vorstellungen vom nationalen Sicherheitsverständnis bestehen[237], führt zu Mißtrauen und Angst vor Einbußen hinsichtlich nationaler Sicherheitsstandards[238]. Auch wenn sich die europäischen Staaten in ihrer sozialen und kulturellen Struktur sehr ähneln, darf nicht darüber hinweggesehen werden, daß die Mentalitäten der verschiedenen Völker bisweilen auseinandergehen und die Entwicklung der Polizeien unterschiedliche Wege gegangen ist[239]. Was das Vertrauen in die Polizei anbelangt, so gilt hier - auch für die deutsche Seite - die Regel „Alt und bewährt geht vor."

V. Bedeutung für die polizeiliche Zusammenarbeit in Europa

Letztlich muß auch bezüglich des Schengener Durchführungsübereinkommens festgestellt werden, daß die Entwicklung des polizeilichen Miteinander in Europa durch dieses Vertragswerk nicht in einem Maße beeinflußt und verbessert

---

235 Insbesondere Frankreich tut sich hier schwer, vgl. z.B. die Übersicht bei *Wolters*, Krim 1995, 172 (176); lesenswert auch die Beispiele zur Zusammenarbeit Baden-Württemberg/ Frankreich bei *Hertweck*, Krim 1995, 721 (721 ff.).

236 Vgl. *Krüger*, Krim 1994, 773 (775) m.w.N.

237 So *Wolters*, Krim 1995, 172 (172); ähnlich *Pitschas*, NVwZ 1994, 625 (625), der in den europäischen Ländern völlig unterschiedliche „Philosophien" der Reichweite und Durchsetzung des Polizeirechts festgestellt.

238 Zu denken sei in diesem Zusammenhang nur an die von Mißtrauen geprägten Vorbehalte der bayerischen Landesregierung gegenüber dem geplanten Wegfall sämtlicher Grenzkontrollen zwischen Italien, Österreich und Deutschland, vgl. dazu den Beitrag in der Süddeutschen Zeitung v. 19./ 20. 07. 1997, S. 1 und 2.

239 Diese Problematik wird erläutert bei *Goldsmith* in *Morié/ Murck/ Schulte*, 199 (206 f.) und *Storbeck* in *Morié/ Murck/ Schulte*, 220 (223 f.); *Schreckenberger*, VA 1997, 389 (393) beruft sich insbesondere auf die Sorge vor Machteinbußen und die Angst vor nationalen Selbstverlusten, insbesondere sei der drohende Verlust an nationaler Selbständigkeit derzeit noch nicht durch eine adäquate Identifizierung mit dem Gebilde „Europa" ausgleichbar.

wurde, wie zunächst erwartet. Immerhin wird der Zusammenarbeit im Rahmen des Schengener Durchführungsübereinkommens eine entscheidende „Pilotfunktion“[240] zugesprochen, denn die Erfahrungen, die hier bereits gesammelt werden, dürften als Fundus für eine umfassende Zusammenarbeit aller EU-Staaten eine nicht zu verachtende Bedeutung haben. Man wird die polizeiliche Zusammenarbeit innerhalb der Schengen-Staaten wohl als eine Kooperationsform von vorübergehendem Charakter ansehen müssen. Sowohl Schengen I als auch Schengen II verstehen sich als Antizipation von Gemeinschaftsrecht[241].

Insoweit stellt zumindest die Signalwirkung, welche von dieser Demonstration eines gesteigerten Zusammenarbeitswillens der beteiligten Schengen-Staaten ausgeht, ein impulsives Moment für die Entwicklung der polizeilichen Zusammenarbeit in Europa dar. Rein praktisch gesehen sollte man jedoch berücksichtigen, daß die Schengen-Staaten faktisch kaum weiter sind als der Kreis der gesamten Europäischen Union.

Die im Oktober 1997 durch den Vertrag von Amsterdam erfolgte Einbeziehung des Schengen-Besitzstands in den rechtlichen Rahmen der Europäischen Union[242] wird indes unterschiedlich bewertet. Während einerseits ein Fortschritt für die Polizeizusammenarbeit innerhalb der Europäischen Union erwartet wird[243], befürchten andere, daß diese Einbeziehung zu früh erfolgt sei und die Schengen-Entwicklung nunmehr seine Dynamik verliere[244]. Diese Vermutung scheint nicht unbegründet, da eine Effizienzsteigerung innerhalb der schon angedeuteten EU-Strukturen aufgrund der aufgezeigten Konsensschwierigkeiten nur schwer möglich sein wird. Ein Erlahmen der Entwicklung innerhalb der weitaus reformfreudigeren Schengen-Gruppe wäre jedenfalls unwahrscheinlicher. Somit ist die Entwicklung der polizeilichen Zusammenarbeit nach dem Schengener Durchführungsübereinkommen im Rahmen der EU-Strukturen nicht abzusehen.

---

240 Vgl. *Akmann*, JA 1994, 49 (52); ähnlich *Röben* in *Grabitz/ Hilf*, Band 1, Art. 30 EUV, Rn. 26.

241 *Schreckenberger*, VA 1997, 389 (400).

242 Fast alle Mitglieder der Europäischen Union haben sich mit der Geltung der Schengen-Regeln einverstanden erklärt, lediglich Großbritannien und Irland können weiter frei über ihre Teilnahme entscheiden, sog. „opting-in“-Modell, auch Dänemark hat seine besondere Position durch einen entsprechenden Vorbehalt abgesichert.

243 Positiv äußert sich insoweit *Rogalla* in *Morié/ Murck/ Schulte*, 64 (70), der vor allem die damit mögliche Inanspruchnahme eines gemeinsamen Gerichts - etwa des EuGH - unterstreicht.

244 Kritisch insoweit *Sturm*, Krim 1997, 99 (104).

§ 6 Polizeiliche Zusammenarbeit in Europa aus deutscher Sicht

I. Überblick

Abschließend sollen - nicht zuletzt, weil die Untersuchung der polizeilichen Zusammenarbeit aus dem innerstaatlichen Blickwinkel vorgenommen wird - die Aktivitäten der Bundesrepublik Deutschland zur Schaffung rechtlicher Rahmenbedingungen für eine polizeiliche Zusammenarbeit in Europa dargestellt werden. Auch das soll der Klärung der Beziehung zwischen den völkerrechtlichen Abmachungen der Staaten und deren Bedeutung für den einzelnen Staat dienen.

Vorab sei angemerkt, daß Aktivitäten im Hinblick auf eine internationale Zusammenarbeit selbstverständlich nicht ohne das indirekte Mitwirken anderer Staaten möglich ist. Somit beschränken sich die Aktivitäten der einzelnen Staaten in diesem Bereich neben Engagement und Initiativgeist[245] letztlich auf die Ermöglichung und Unterstützung der international vereinbarten Ziele.

II. Transformation völkerrechtlicher Verträge

Sofern also völkerrechtlich bindende Vereinbarungen getroffen werden, ist die Bundesrepublik gehalten, die Geltung auf nationaler Ebene durch Ratifikation, d. h. durch Umsetzung in nationales Recht zu ermöglichen[246]. Dementsprechend wurden durch den Bundestag beispielsweise Gesetze geschaffen, die die innerstaatliche Geltung des Schengener Durchführungsübereinkommens[247] sowie die

---

245 Gerade Vertreter der Bundesrepublik Deutschland haben sich bei Fragen der internationalen polizeilichen Zusammenarbeit allenthalben als sehr innovativ und reformfreudig erwiesen, vgl. nur *Wolters*, Krim 1997, 86 (87 ff.); *Schreckenberger*, VA 1997, 389, 396; ferner *Storbeck*, Krim 1994, 201 (201); ferner *Akmann*, JA 1994, 49 (53) mit Verweis auf Bundesjustizminister a.D. *Kinkel*, Protokoll Nr. 27 Rechtsausschuß Deutscher Bundestag v. 28. 11. 1991, S. 7 u. 11.

246 Die Umsetzung erfolgt durch das in Art. 59 II GG vorgesehene Verfahren.

247 *Gesetz zu dem Schengener Übereinkommen vom 19. Juni 1990 betreffend den schrittweisen Abbau der Kontrollen an den gemeinsamen Grenzen vom 15. Juli 1993;* BGBl. 1993 II, 1010.

des Europol-Übereinkommens[248] festlegen. Ferner hat die Bundesrepublik Deutschland für die entsprechende Ratifizierung von Zusatzprotokollen im Hinblick auf die beiden Vertragswerke gesorgt[249].

III. Vorgaben durch die bundesdeutsche Verfassung

Jedoch beschränkt sich das Tätigwerden der Bundesrepublik nicht auf die Transformation solcher Gesetze. Auch im Grundgesetz wurden allgemeine Rahmenbedingungen für die Ermöglichung polizeilicher Zusammenarbeit auf internationalem Sektor gesetzt[250]. In Art. 73 Nr. 10 GG spricht die Verfassung dem Bund die ausschließliche Gesetzgebung über die Einrichtung eines Bundeskriminalpolizeiamtes und die internationale Verbrechensbekämpfung zu.

Damit wird auch in der Verfassung eine allgemeine Grundlage für eine internationale polizeiliche Zusammenarbeit[251] für die Bundesrepublik angeboten. Der Bund wird mit Art. 73 Nr. 10 GG also befugt, Gesetze zu erlassen, die sich mit der Materie „Internationale Verbrechensbekämpfung" befassen. Von der ratio constitutionis her bezieht sich diese Kompetenz allerdings nicht unmittelbar auf die Straftatverhütung und Straftatverfolgung im internationalen Bereich, sondern gemeint ist vielmehr die Regelung der internationalen Zusammenarbeit, also der Kooperation mit ausländischen - nationalen, zwischenstaatlichen oder interna-

---

248 *Gesetz zu dem Übereinkommen vom 26. 07. 1995 auf Grund von Art. K. 3 EUV über die Errichtung eines europäischen Polizeiamtes (Europol-Gesetz),* BGBl. 1997 II, 2150.

249 Zu denken ist hier etwa an die Gesetze zu den Übereinkommen zum Beitritt der Staaten Italien, Spanien, Portugal (BGBl. 1993 II, 1902), Griechenland (BGBl. 1996 II, 2542) und Österreich (BGBl. 1997 II, 966) zum Schengener Durchführungsübereinkommen. Bezüglich Europol sind das *Gesetz zu dem Protokoll vom 24. Juli 1996 auf Grund von K.3 des Vertrags über die Europäische Union betreffend die Auslegung des Übereinkommens über die Errichtung eines Europäischen Polizeiamtes durch den Gerichtshof der Europäischen Gemeinschaften im Wege der Vorabentscheidung* (BGBl. 1997 II, 2170) sowie das *Gesetz zu dem Protokoll vom 19. Juni 1997 auf Grund von Artikel K.3 des Vertrages über die Europäische Union und von Artikel 41 Absatz 3 des Europol-Übereinkommens über die Vorrechte und Immunitäten für Europol, die Mitglieder der Organe, die stellvertretenden Direktoren und die Bediensteten von Europol* (BGBl. 1998 II, 974) zu erwähnen.

250 Anders als die Vorschriften innerhalb der „Dritten Säule" des EU-Vertrages haben die grundgesetzlichen Regelungen sehr wohl rechtlich bindende Wirkung und können deshalb zweifelsohne als unmittelbare Rahmenbedingungen angesehen werden.

251 Vgl. von *Mangoldt/ Klein/ Pestalozza*, Art. 73 GG, Rn. 687.

tionalen - Dienststellen bei der Bekämpfung von Straftaten mit internationaler Bedeutung[252].

Der Verfassungsgeber gibt hier eindeutig zu erkennen, daß eine internationale Bekämpfung für erforderlich gehalten wird[253]. Als Regelungsmaterie kommen insofern der Nachrichtenaustausch mit ausländischen Polizeidienststellen, Amtshilfe gegenüber ausländischen Behörden sowie die Koordinierung gemeinsamer Aktionen in Betracht[254].

In Verbindung mit Art. 32 GG, der die auswärtigen Beziehungen der Bundesrepublik Deutschland – gerade auch für Vertragsabschlüsse mit anderen Staaten[255] – generell dem Bund zuspricht, stellt Art. 73 Nr. 10 GG die vom Grundgesetzgeber eingerichtete Basis für eine internationale Kooperation bei der polizeilichen Zusammenarbeit dar. Die Normen geben aber auch gleichzeitig die strengen Grenzen der vorgesehenen Möglichkeiten vor, die nicht überschritten werden dürfen.

IV. Einfachgesetzliche Aktivitäten des Bundes – das BKAG[256]

Konsequenterweise hat der Bund von der ihm in Art. 73 Nr. 10 GG zugesprochenen Gesetzgebungsbefugnis Gebrauch gemacht. Nicht nur, daß überhaupt ein Gesetz über das Bundeskriminalamt[257] erlassen wurde. In den §§ 3, 14, 15 BKAG wird die internationale Zusammenarbeit des Bundeskriminalamtes mit ausländischen Stellen konkretisiert. In diesen Vorschriften wird insbesondere festgehalten, daß das Bundeskriminalamt als Nationales Zentralbüro der Interpol

---

252 Vgl. *Schreiber*, NJW 1997, 2137 (2140); ähnlich *Evers* in Bonner Kommentar, Art. 73 Nr. 10 GG, Rn. 27 sowie *von Mangoldt/ Klein/ Pestalozza,* Art. 73 GG, Rn. 689.

253 Vgl. *Kunig* in *von Münch/ Kunig*, Art. 73 GG, Rn. 42.

254 Vgl. dazu *Lerche* in *Maunz/ Dürig*, Art. 87 GG, Rn. 134; *Kunig* in *von Münch/ Kunig*, Art. 73 GG, Rn. 42; *Pieroth* in *Jarass/ Pieroth*, Art. 73 GG, Rn. 25.

255 Vgl. *Müller/ Model*, Art. 32 GG, Rn. 1.

256 Ausführlich zum neuen BKAG *Schreiber*, NJW 1997, 2137 (2137 ff.) sowie *Riegel*, NJW 1997, 3408 (3408 ff.).

257 Mit vollem Titel neuerdings *Gesetz über das Bundeskriminalamt und die Zusammenarbeit des Bundes und der Länder in kriminalpolizeilichen Angelegenheiten (Bundeskriminalamtgesetz - BKAG) vom 07. Juli 1997*, BGBl. 1997 I, 1650; das Gesetz wurde komplett neu gefaßt.

dient. Ferner wird der Datenaustausch sowie internationale Ausschreibungsmöglichkeiten geregelt.

V. Zusammenfassung zu § 6

Wichtigster Beitrag der einzelnen Staaten zur Verbesserung der polizeilichen Zusammenarbeit in Europa ist das möglichst rasche und vorbehaltlose Umsetzen der auf völkerrechtlicher Basis vereinbarten Verträge. Ferner zählen zu den Aufgaben der einzelnen Staaten auch die Bereitstellung der auf nationaler Ebene erforderlichen Einrichtungen. Die Staaten haben hierfür insbesondere auch autonom die notwendigen Gesetze zu schaffen.

§ 7 Zusammenfassung zu Teil 1

Daß es eines Zusammenwirkens der nationalen Polizeien unbestritten bedarf, erkannten die europäischen Staaten schon recht früh. An Engagement fehlt es hierbei grundsätzlich nicht. Problematisch erscheint jedoch immer noch die Tatsache, daß die einzelnen europäischen Staaten teilweise bei der polizeilichen Zusammenarbeit mit zweierlei Maß messen. Wenn es um die Inanspruchnahme der anderen Staaten bei eigenem polizeilichen Tätigwerden geht, sind die meisten beteiligten Staaten an möglichst weitreichenden Praktiken und Regelungen interessiert. Anders verhält es sich jedoch, wenn die Staaten selber um Mithilfe gebeten werden und dafür auf Souveränitätsrechte verzichten sollen. An dieser Stelle divergiert das Engagement der beteiligten Staaten häufig. Damit erklärt sich vielleicht auch, warum die polizeiliche Zusammenarbeit bislang nicht über die althergebrachte Intelligence-Arbeit – nunmehr verpackt im High-Tech-Gewand – hinausgegangen ist. Das Denken in europäischen Dimensionen scheint sich noch nicht so weit entwickelt zu haben, daß nicht mehr von einzelstaatlicher Souveränität, sondern von einem einzigen europäischen Souverän gesprochen werden könnte.

Selbst einzelne Projekte, die über den Austausch von Daten hinausgehen (z. B. der Austausch von Verbindungsbeamten), haben immer nur den unverbindlichen Charakter von freiwilligen Modellversuchen, festlegen möchte sich hingegen keiner der beteiligten Staaten. Wann der Schritt zur Einräumung von effektiven Exekutivbefugnissen auf fremden Hoheitsgebieten getan wird, ist noch nicht feststellbar. Aber es muß wohl konstatiert werden, daß von der Bereitschaft aller europäischen Staaten zu diesem Schritt die Durchschlagskraft polizeilicher Zusammenarbeit in Europa in hohem Maße abhängt.

Bei der Schaffung rechtlicher Rahmenbedingungen für die polizeiliche Zusammenarbeit in Europa liegt der Schwerpunkt des Handelns schon von der Natur der Sache her auf der internationalen Ebene. Maßgeblich sind die Vereinbarungen, die hier getroffen werden. Sie bestimmen letztlich, welches Handwerkszeug den Polizeibeamten zur Verfügung gestellt werden soll. Auch wenn diese internationalen Vereinbarungen wegen der nur intergouvernemental ausgestalteten Zusammenarbeit der Staaten im Bereich Innere Sicherheit zunächst keine innerstaatliche Wirkung haben, muß berücksichtigt werden, daß der Transformationsakt, der den einzelnen Staaten vorbehalten bleibt, letztlich nur ein formaler Vorgang ohne die Möglichkeit zu gravierender inhaltlicher Einflußnahme für das jeweils ratifizierende nationale Parlament ist[258]. Die aktiv gestaltende Rolle hingegen sollte die Staatengemeinschaft übernehmen, die die Vereinbarung schließt.

Die für die zukünftige Entwicklung erfolgversprechendsten Vertragswerke, die eine Ausformung des zuvor erwähnten Trends zur konkreten rechtlichen Umsetzung in Europa darstellen und mit denen die internationale polizeiliche Zusammenarbeit einer neuen Qualität zugeführt werden sollte[259], sind zweifelsohne das Schengener Durchführungsübereinkommen sowie die Europol-Konvention.

Es ist festzuhalten, daß sich bei der Schaffung rechtlicher Rahmenbedingungen auf dem internationalen europäischen Sektor zumindest der Ansatz zu Fortschritten konstatieren läßt. Während die klassischen Interpol-Statuten tatsächlich nur unverbindliche Vorgaben machen, zu denen sich die beteiligten Staaten ähnlich einem *Gentlemen's Agreement* verpflichten, versuchen auf der anderen Seite das Europol-Übereinkommen und in besonderer Weise auch das Schengener Durchführungsübereinkommen, ganz konkrete Befugnisnormen[260] für die tätigwerdenden Beamten zu schaffen und ihnen einen klar umzogenen Handlungsrahmen zu setzen. Daß nach wie vor eine Umsetzung in den nationalen Parlamenten der beteiligten Staaten erforderlich ist, ändert nichts an der Tatsache, daß bestimmte Befugnisse aufgrund einheitlicher Normengefüge demnächst auf Dauer bestehen sollen. Das ist in diesem Zusammenhang schon als Fortschritt zu werten.

---

258 Zu den Problemen, die sich aus diesem Umstand für ein nationales Parlament ergeben können vgl. *Ostendorf*, NJW 1997, 3418 (3419), namentlich war hier das „Dilemma" um die Ratifizierung der Europol-Konvention benannt.

259 Vgl. *Wenzel*, DP 1993, 5 (8 f.); ferner *Seiters*, DP 1993, 1 (5).

260 Dazu näher unten in § 9.

Teil 2

Die thematisierten Kooperationsformen unter Berücksichtigung der einschlägigen Rechtsgrundlagen sowie die Akteure auf nationalem und internationalem Feld

Im nachfolgenden Teil geht es zunächst um die Darstellung der nationalen und EU-weiten Organisationen und Behörden, die von den noch zu untersuchenden Zusammenarbeitsformen direkt betroffen sind. Im Anschluß daran werden die konkreten polizeilichen Kooperationsformen innerhalb der Europäischen Union vorgestellt, mit denen sich die genannten Akteure auseinanderzusetzen haben. Diese ergeben sich aus den maßgeblichen Rechtsgrundlagen, also der Europol-Konvention und dem Schengener Durchführungsübereinkommen[261].

---

[261] Zusätzlich werden die beabsichtigten Tätigkeitserweiterungen für Europol nach den Amsterdamer Verträgen vorgestellt.

§ 8 Die betroffenen Institutionen und Behörden

Bevor die konkret zu untersuchenden Kooperationsformen behandelt werden, sollen zunächst alle an diesen möglicherweise beteiligten nationalen und internationalen Behörden und Organisationen vorgestellt werden. Die nähere Beleuchtung umfaßt jeweils Punkte wie Aufbau, Organisation, Ressourcenumfang, Tätigkeitsbereiche und Bedeutung für die Europäische Union.

I. Überblick

Bei den Akteuren der hier untersuchten Formen polizeilicher Zusammenarbeit in der Europäischen Union bietet sich aus dem bundesdeutschen Blickwinkel zunächst eine Einteilung nach nationalen und europaweiten Behörden, Organisationen und Institutionen an.

Während die nationalen Behörden in der Regel den Unterbau darstellen, durch den die internationale bzw. EU-weite polizeiliche Kooperation ihre exekutive Komponente erhält, dienen die übergeordneten Institutionen und Einrichtungen der tatsächlichen Koordination und der Realisierung einer effektiven Zusammenarbeit in der Praxis. Dieser status quo ist durchaus kein unumstößliches Faktum, wie der neugefaßte Art. K (jetzt Art. 30) der Amsterdamer Verträge zeigt[262]. Wie aber schon vorausgehend erklärt, ist der Weg zu einer einschneidenden Veränderung dieser Rollenverteilung noch sehr weit und im Moment schon aus politischen Gründen kaum begehbar. Dies gilt insbesondere für die Aufgaben der Europol, innerhalb derer die gegenwärtigen Kooperationsformen wohl zukünftig zusammenlaufen werden.

II. Nationale Behörden

Die wichtigsten nationalen Polizeibehörden, die auf Bundesebene existieren, sind das Bundeskriminalamt (BKA) und der Bundesgrenzschutz (BGS)[263]. Diese

---

262 Vgl. Abl. der EG Nr. C 340/1 vom 10. 11. 1997.

263 Vgl. dazu auch *Friauf* in *Schmidt-Aßmann*, 2. Abschnitt, Rn. 17; *Götz*, Rn. 487; *Tettinger*, Rn. 434 ff.

beiden Behörden werden als allgemeine Vollzugspolizeien des Bundes[264] bezeichnet. Das Bundesamt für Verfassungsschutz stellt zwar auch eine Bundesbehörde dar, die polizeiliche Aufgaben wahrnimmt[265], soll aber nicht näher untersucht werden, da es keine polizeilichen Vollzugsbefugnisse hat[266]. Daneben bestehen als besondere Vollzugspolizeien des Bundes noch die Schiffahrts- und Strompolizei, der Polizeivollzugsdienst des Deutschen Bundestages, sowie das Zollkriminalamt und der Zollgrenzdienst[267]. Hauptbetroffene bei der europaweiten polizeilichen Zusammenarbeit aus nationaler Sicht sind in Deutschland in erster Linie lediglich das Bundeskriminalamt sowie mit Abstrichen auf Länderebene auch die jeweiligen Landeskriminalämter[268]. Der Bundesgrenzschutz soll hier nicht thematisiert werden, da diese Behörde nur am Rande[269] mit den EU-weiten Kooperationsformen Europol und Schengen in Berührung kommt.

1. Das Bundeskriminalamt (BKA)

a. Gesetzliche Grundlagen

Das Bundeskriminalamt führt seine Existenz auf das erst vor einigen Jahren (Juli 1997) völlig neugefaßte Gesetz über das Bundeskriminalamt und die Zusammenarbeit des Bundes und der Länder in kriminalpolizeilichen Angelegenheiten (BKAG)[270] zurück. Das Gesetz ist aufgrund des Art. 73 Nr. 10 GG erlassen worden[271], der dem Bund insoweit die Gesetzgebungskompetenz zuspricht.

---

264 Vgl. *Becker*, DVBl 1977, 945 (946).

265 Vgl. z. B. *Drews/ Wacke/Vogel/ Martens*, S. 91 ff. m.w.N.

266 Vgl. *Gusy*, Rn. 34; *Scholler/ Schloer*, § 3 I 6.

267 Vgl. dazu *Riegel*, BGSNeuRegG, Einleitung Rn. 79 ff.; *Knemeyer*, Rn.17 ff., *Becker*, DVBl 1977, 945 (946 ff.).

268 Vgl. *Wachholz*, Krim 1995, 715 (718).

269 Zwar ist der Bundesgrenzschutz für die Sicherung der Außengrenzen des Schengen-Verbundes nach dem Schengener Durchführungsübereinkommen verantwortlich. Diese Tätigkeit wirft allerdings keine der hier thematisierten rechtliche Probleme auf, weil sie keine Zusammenarbeit mit anderen Polizeibehörden zum Inhalt hat. Insofern wird der Bundesgrenzschutz hier nicht näher vorgestellt.

270 Vgl. BGBl. 1997 I, 1650.

271 Vorher BKAG v. 08. 03. 1951 (BGBl. 1951 I, 165); BKAG v. 19. 09. 1969 (BGBl. 1969 I, 1717) ; BKAG v. 28. 06. 1973 (BGBl. 1973 I, 701).

b. Behördliche Einstufung

Das Bundeskriminalamt ist eine dem Bundesminister des Innern als Zentralstelle unmittelbar nachgeordnete Behörde[272]. Im einzelnen gehen die Meinungen darüber auseinander, ob es sich dabei um eine Bundesoberbehörde handelt, ob diese selbständig oder unselbständig ist und ob es sich überhaupt um eine Zentralstelle im Sinne des Art. 87 I 2 GG handelt[273]. Auf diesen Streit muß hier aber nicht näher eingegangen werden.

c. Aufbau

Das im Jahre 1951 gegründete Bundeskriminalamt[274], das seinen Hauptsitz in Wiesbaden hat, steht unter der Leitung eines Präsidenten (z. Zt.Ulrich Kersten). Der Amtsleitung mit den dazugehörigen Stabsstellen unterstehen Abteilungen, Referate und Fachgebiete[275]. Ende 1998 waren beim Bundeskriminalamt 4.357 Personen[276] beschäftigt. Davon sind rund die Hälfte Kriminalbeamte, die die Anforderungen des gehobenen und höheren Dienstes erfüllen müssen. Insofern wird auch von einer qualifizierten Kriminalpolizeibehörde gesprochen[277].

d. Tätigkeitsbereiche

Die Aufgabenbereiche des Bundeskriminalamtes lassen sich unterteilen in die Informations- und Koordinationsfunktionen einerseits sowie die Exekutivfunktionen andererseits[278]. Zu den wohl unstreitig anerkannten[279] Informations- und

---

272 Vgl. *Becker*, DVBl 1977, 945 (946).

273 Vgl. dazu etwa *Gusy*, DVBl 1993, 1117 (1120 f.); *Becker*, DÖV 1978, 551 (551 ff.); *Niggemeyer*, DÖV 1960, 97 (98).

274 Zur Entstehungsgeschichte des Bundeskriminalamtes vgl. *Riegel*, DVBl 1982, 720 (720 ff.).

275 Zum Aufbau und zur Organisation des Bundeskriminalamtes ausführlich *Ahlf*, S. 404 ff.; ferner *Niggemeyer*, DÖV 1960, 97 (98 ff.).

276 Vgl. insofern die Statistiken in der vom Bundeskriminalamt herausgegebenen Internet-Seite unter der Adresse http://www.bka.de.

277 Vgl. *Becker*, DVBl 1977, 945 (946).

278 Vgl. dazu insgesamt *Ahlf*, S. 10 ff.

279 Vgl. *Habermehl*, Rn. 52; *Lisken*, NWVBl. 1995, 281 (283); *Kern*, DVBl. 1950, 257 (259); *Ahlf*, S. 11 m.w.N.

Koordinationstätigkeiten zählt das Erteilen von Auskünften an die Basisdienststellen, kriminaltechnische Untersuchungen für dieselben[280], Datenverarbeitung, das Zuordnen von Straftaten zu bekannten Tätern, das Erkennen von Tatzusammenhängen oder parallel laufender Ermittlungen sowie das Abstimmen und Zuordnen von Schwerpunktmaßnahmen bei der Kriminalitätsbekämpfung.

Die Exekutivfunktionen umfassen im wesentlichen die Direktermittlung auf Sondergebieten sowie die Unterstützung von Basiseinheiten bei konkreten Ermittlungen. Insbesondere im Hinblick auf die originären Ermittlungstätigkeiten des Bundeskriminalamtes, die im Laufe der Jahre stetig ausgeweitet wurden[281], wird immer wieder die Verfassungsmäßigkeit angezweifelt[282]. Kritiker weisen in diesem Zusammenhang insbesondere auf die grundsätzliche Polizeihoheit der Länder hin, die nach und nach ausgehöhlt werde. Die allgemeine Duldung dieser - zu Lasten der eigentlich primär zuständigen Länder gehenden - Aufgabenerweiterung des Bundeskriminalamtes begründet sich schlicht mit der Überlastung der Länderpolizeien und deren leeren Kassen[283].

Auf internationalem - und damit auf europäischem - Sektor ist das Bundeskriminalamt jeweils als deutsche Nationale Stelle Teil der Organisationsstruktur des Schengener Informationssystems[284] und zukünftig auch Europols[285]. Die Bedeutung des Bundeskriminalamtes für die Europäische Union ist damit beachtlich, da es zusammen mit den anderen Nationalen Stellen der beteiligten EU-Staaten den primären Unterbau der internationalen Polizeikooperation im Rahmen der Europäischen Union darstellt.

---

280 Z. B. das sog. „Profiling", dabei handelt es sich um die psychologisch-kriminaltechnische Ermittlung des Täterprofils zur Eingrenzung des Verdächtigenkreises.

281 Vgl. *Götz*, Rn. 355.

282 Insbesondere *Lisken*, ZRP 1994, 264 (265) m.w.N.; *Lisken*, NWVBl. 1995, 281 (281 ff.); *Lisken* in *Lisken/ Denninger*, Kapitel C, Rn. 41 ff.; zumindest kritisch *Pieroth* in *Jarass/ Pieroth*, Art. 87 GG, Rn. 6 und *Evers* in Bonner Kommentar, Art. 73 Nr. 10 GG, Rn. 25; a.A. *Schreiber*, NJW 1997, 2137 (2138), *Riegel*, NJW 1997, 3408 (3408 ff.) sowie *Maunz* in *Maunz/ Dürig*, Art. 87 GG, Rn. 137.

283 Vgl. *Lisken*, NWVBl. 1995, 281 (283); ähnlich *Gusy*, DVBl. 1993, 1117 (1117 ff.).

284 Vgl. *Mokros* in *Lisken/ Denninger*, Kapitel N, Rn. 96.

285 Vgl. *Kersten*, DP 1997, 337 (338); *Wolters*, Krim 1995, 715 (718).

2. Die Landeskriminalämter

a. Behördliche Einordnung, Gesetzesgrundlagen

Gerade wegen der föderativen Struktur der Polizeien in Deutschland spielen auch die Landeskriminalämter eine nicht zu unterschätzende Rolle bei der polizeilichen Zusammenarbeit innerhalb der Europäischen Union. Nach dem BKAG ist jedes Bundesland zur Errichtung einer zentralen Dienststelle der Kriminalpolizei verpflichtet. Dementsprechend existieren für alle Bundesländer Landeskriminalämter als obere Landesbehörde unter der Dienst- und Fachaufsicht der Innenminister oder als diesem unmittelbar nachgeordnete Dienststellen[286]. Diese zentralen Dienststellen sind überwiegend institutionell verselbständigt[287], können aber gleichwohl als Unterbau des Bundeskriminalamtes insofern bezeichnet werden, als sie vor allem zum Aufbau und Betrieb zentraler Informations- und Auskunftssysteme verpflichtet sind. Neben der primären Verfolgungszuständigkeit hinsichtlich besonders schwerer oder organisiert auftretender Kriminalität ist das die Hauptaufgabe der Landeskriminalämter[288].

b. Aufbau

Der Aufbau eines Landeskriminalamtes soll exemplarisch am Beispiel des Landeskriminalamtes Düsseldorf veranschaulicht werden. Die Leitung obliegt dem Direktor und seinem Ständigen Vertreter. Nachgeordnet sind ihnen neben der Zentralabteilung sechs fachspezifische Abteilungen (Ermittlungen, Staatsschutz, Auswertung/ Erkennungsdienst, Einsatzunterstützung, Naturwissenschaftliche Kriminalistik, Ermittlungsunterstützung). Diesen Abteilungen gehören jeweils drei bis vier Dezernate an, insgesamt gibt es 64 Dezernate im Landeskriminalamt Düsseldorf.

---

[286] Vgl. *Götz*, Rn. 341.

[287] Vgl. *Habermehl*, Rn. 426.

[288] Zu nennen sind in diesem Zusammenhang Nachrichten- und Datensammlungssysteme wie SPUDOK (Spurendokumentations-System) und ISVB (Informationssystem für die Verbrechensbekämpfung sowie auf nationaler Ebene PIOS, INPOL und NADIS; vgl. *Habermehl*, Rn. 428.

c. Bedeutung für die Zusammenarbeit im internationalen Bereich

Die Bedeutung der Landeskriminalämter für die europaweite Polizeikooperation ist aus Sicht der anderen EU-Staaten eher gering[289], da jeder Staat nur eine Nationale Stelle berufen darf, die als innerstaatlicher Knotenpunkt der Ansprechpartner für die anderen Staaten ist. Diese Rolle füllt schon das Bundeskriminalamt aus. Gleichwohl legt vor dem Hintergrund der föderativen Grundstruktur der Bundesrepublik Deutschland das Grundgesetz durch die Art. 30, 70 und 83 fest, daß die Gesetzgebungs- und Verwaltungskompetenz im Hinblick auf die klassische Kernmaterie „Polizeirecht" hauptsächlich bei den Bundesländern liegt.

Auf dieses Recht berufen sich die Bundesländer insbesondere bei der im Aufbau befindlichen Polizeikooperation innerhalb der Europäischen Union[290]. In welcher Art und Weise die Landeskriminalämter in Zukunft mit den europäischen Behörden in Kontakt treten werden, kann noch nicht abschließend festgestellt werden[291]. Ohne Zweifel befinden sich die Länder in einer schwächeren Position und müssen sich mit den europäischen Vereinbarungen arrangieren[292].

3. Örtliche Polizeidienststellen[293]

Nicht zuletzt sind als ausführende Organe der polizeilichen Zusammenarbeit innerhalb Europas an vielen Stellen die einfachen ortsansässigen Polizeidienststellen zu nennen. Auch diese können mit staatenübergreifenden Aufgaben – sei es schengenweit oder EU-weit – konfrontiert werden. Zu denken ist in diesem Zusammenhang lediglich an eine internationale Fahndungsausschreibung oder an die Verfolgung eines Flüchtigen, der das eigene Staatsgebiet verläßt. Den einzelnen Polizeibeamten, die direkt vor Ort tätig werden, kommen in diesem

---

289 Zum Verhältnis der Europäischen Union zu den Bundesländern und den föderativen Grundsätzen der Bundesrepublik im allgemeinen vgl. *Konow*, DÖV 1996, 845 (848).

290 Vgl. z.B. den Beschluß des Bundesrates im Hinblick auf die Europol-Konvention, BR-Drs. 909/ 1994 vom 17. 02. 1995. die Einbindung der Länder bei der polizeilichen Zusammenarbeit in Europa fordert auch der BKA-Präsident *Kersten*, DP 1997, 337 (343).

291 Vgl. zu der Problematik *Wachholz*, Krim 1995, 715 (715).

292 Vgl. *DiFabio*, DÖV 1997, 89 (100).

293 Zum Aufbau der Länderpolizeien in Deutschland vgl. *Gusy*, Rn. 56; ferner *Götz*, Rn. 475.

Zusammenhang Aufgaben zu, die als Umsetzung der von hoher Stelle vereinbarten internationalen polizeilichen Zusammenarbeit einzustufen sind.

III. Behörden und Organisationen der Europäischen Union

1. Überblick

Im folgenden Abschnitt werden die Behörden und Organisationen der polizeilichen Zusammenarbeit innerhalb der Europäischen Union beleuchtet, die zentraler Untersuchungsgegenstand der Arbeit sind. Das ist letztlich insbesondere Europol, denn es ist zu erwarten, daß weite Teile der verschiedenen Formen der Zusammenarbeit in Zukunft hier institutionalisiert werden und die unionsweite Polizeikooperation daher hier ihren Schwerpunkt hat[294]. Aber auch der in seiner Art weltweit einmalige Fahndungsverbund[295] des Schengener Informationssystems (SIS) - nach dem Vertrag von Amsterdam in den Rechtsrahmen der Europäischen Union einbezogen - wird an dieser Stelle vorgestellt.

2. Europol

a. Rechtliche Einordnung

Bei Europol handelte es sich ursprünglich lediglich um eine intergouvernementale Organisation (IGO)[296] und mithin um ein Völkerrechtssubjekt, das nunmehr

---

294 Vgl. *Storbeck*, Krim 1996, 17 (17); angedeutet auch bei *DiFabio*, DÖV 1997, 89 (96 f.) und *Scheller*, S. 38; *Kersten*, DP 1997, 337 (338) bezeichnet Europol neben Schengen und Interpol als bedeutende Säule der internationalen polizeilichen Zusammenarbeit.

295 Vgl. *Kersten*, DP 1997, 337 (338 f.).

296 Zur rechtlichen Einordnung der Internationalen Organisation im Sinne des Völkerrechts vgl. *Seidl-Hohenveldern*, Rn. 800.

nach seiner Konvention[297] als juristische Person des Privatrechts auch rechtsfähig ist[298].

b. Aufbau und Verwaltungsstruktur

Der Aufbau von Europol setzt sich auf der Führungsebene in erster Linie zusammen aus dem Verwaltungsrat, dem Direktor, dem Finanzkontrolleur sowie dem Haushaltsausschuß[299]. Dem Personal von Europol gehören der Direktor, die stellvertretenden Direktoren sowie die Bediensteten an. In der Zentralstelle in Den Haag werden neben den Bediensteten Verbindungsbeamte der Mitgliedsstaaten beschäftigt. Der Zentralstelle arbeiten die verschiedenen Nationalen Stellen der beteiligten Staaten zu. Die Mitarbeiter Europols sind im Verhältnis zu Staatsregierungen, Behörden, Organisationen und sonstigen nicht Europol angehörenden Personen weisungsunabhängig[300], was teilweise zu Bedenken im Hinblick auf das Demokratieprinzip führt[301].

Der Verwaltungsrat ist nach seiner Aufgabenstellung[302] das wichtigste Organ Europols nach dem Direktor[303], das die Arbeit von Europol genau festlegt und bestimmte Vorschriften konkretisiert. Der Verwaltungsrat bestimmt beispielsweise über die Zahl der Verbindungsbeamten, legt den Haushaltsplan fest und sorgt für die Ausarbeitung verschiedener Durchführungsbestimmungen. Weiterhin stehen ihm bestimmte Mitwirkungsrechte bei verschiedenen Entscheidungen[304] zu. So wirkt der Verwaltungsrat unter anderem bei der Erweiterung der Ziele Europols, bei etwaigen Änderungen der Europol-Konvention und bei der

---

297 Vgl. Art. 1, 26 I EuropolKonv.

298 Vgl. *Petri*, KritV 1998, 441 (441); teilweise wird Europol auch nach Inkrafttreten der Europol-Konvention als bloßes Instrument der intergouvernementalen Zusammenarbeit angesehen, vgl. *Zieschang*, ZRP 1996, 427 (427).

299 Gem. Art. 27 EuropolKonv sind das die Organe Europols.

300 Vgl. Art. 30 I EuropolKonv.

301 Vgl. etwa *Waechter*, ZRP 1996, 167 (167); a.A. aber *Bull*, DRiZ 1998, 32 (36) sowie *Baldus*, ZRP 1997, 286 (289 f.). Diese Problematik wird in Teil 3 der Untersuchungen ausführlich dargestellt.

302 Vgl. Art. 28 EuropolKonv.

303 Vgl. *Kalk*, DuD 1999, 442 (442 f.).

304 Inwieweit der Verwaltungsrat auch die Amtsführung des Direktors beeinflussen kann, ist noch nicht abschließend zu beurteilen und wird sich erst anhand der künftigen Amtspraxis zeigen, vgl. *Kalk*, DuD 1999, 442 (442 f.).

Ernennung und Entlassung des Europol-Direktors mit. Der Verwaltungsrat setzt sich zusammen aus jeweils einem Vertreter jedes Mitgliedsstaates und kommt zweimal im Jahr zusammen. Den Vorsitz führt immer derjenige Vertreter, dessen Staatsregierung gerade den Vorsitz im Europarat hat[305].

Leiter von Europol selber ist der Direktor. Als gesetzlicher Vertreter von Europol[306] ist er insbesondere für die Erfüllung der Europol übertragenen Aufgaben, die Verwaltung, die sachgerechte Ausarbeitung und Durchführung der vom Verwaltungsrat gefaßten Beschlüsse sowie die Aufstellung der Entwürfe eines Haushaltsplans verantwortlich. Der Direktor ist Vorgesetzter der stellvertretenden Direktoren und des Personals von Europol. Der ehemalige Leitende Kriminaldirektor des Bundeskriminalamtes Jürgen Storbeck hat diese Position seit der Gründung Europols inne.

In der Europolzentrale arbeiten derzeit 248 Personen, davon sind 205 Europol-Bedienstete[307]. Diese beschäftigen sich mit der Analyse und Sammlung der von den Nationalen Stellen eingegangene Daten. Ferner sind sie für die Weiterleitung angeforderter Daten an die Nationalen Stellen verantwortlich. Bis 2003 soll die Zahl der Europol-Bediensteten auf 380 Personen steigen. Zur Unterstützung der Bediensteten entsendet jeder Mitgliedsstaat mindestens einen Verbindungsbeamten (sog. „Europol-Liaison-Officers, kurz ELOs) in die Europolzentrale, der bei der Kommunikation mit der ihn entsendenden Nationalen Stelle behilflich ist. Derzeit arbeiten 43 Verbindungsbeamte bei Europol, unter ihnen 6 Deutsche.

c. Tätigkeitsbereiche

Die Tätigkeitsfelder der Europol wurden im Laufe der Zeit stetig ausgeweitet. Bis 1995 war die European Drug Unit (EDU) als erster Baustein von Europol auf dem Gebiet der Rauschgiftbekämpfung tätig[308]. Durch die Gemeinsame

---

305 Näher zum Verwaltungsrat *Schreckenberger*, VA 1997, 389 (411).

306 Vgl. Art. 29 V EuropolKonv.

307 Siehe dazu die Internet-Seite http://www.bka.de/framer/text/international/default.htm (vom Bundeskriminalamt unterhalten).

308 Vgl. *Mokros* in *Lisken/ Denninger*, Kapitel N, Rn. 141; *Gleß/ Lüke*, Jura 1998, 70 (75 f.); *Schelter*, Europäische Gespräche 1/ 1996, 29 (32).

Maßnahme des Rates zu Europol vom 10. 03. 1995 vereinbarten die Staats- und Regierungschefs, daß neben der Rauschgiftkriminalität nun auch der Handel mit Nuklearmaterial, die Schleuserkriminalität, die Kfz-Verschiebung sowie die daran beteiligten kriminellen Vereinigungen und die damit verbundene Geldwäsche zu Aufgabenfeldern von EDU und Europol werden sollten[309]. Nach Inkrafttreten der Europol-Konvention werden nunmehr die Aufgabenbereiche schrittweise auf praktisch alle Bereiche bedeutsamer Organisierter Kriminalität und des Terrorismus ausgedehnt[310].

d. Aufgaben Europols[311]

Die Aufgaben Europols[312] beschränken sich in diesen Kriminalitätsfeldern derzeit fast ausschließlich auf das Sammeln, Bereitstellen und Analysieren von Daten. Auch nach Verabschiedung der Europol-Konvention hat die Organisation keine eigenen Ermittlungskompetenzen[313]. Dies ist ein Ausfluss der in Art. K.2 II EUV gewährleisteten Vollzugszuständigkeit der Mitgliedsstaaten[314]. Vielmehr werden die zuständigen nationalen Polizeibehörden durch Einrichtung und Betrieb eines Informationssystems unterstützt[315]. Dabei wird insbesondere das Sammeln, Zusammenstellen und Analysieren von personenbezogenen Daten durch Europol-Bedienstete und nationale Verbindungsbeamte und die damit verknüpfte Weitergabe der daraus gewonnenen Erkenntnisse an die Mitgliedsstaaten als vielversprechende Neuerung angepriesen, da den nationalen Behörden somit Konzepte zur Bekämpfung grenzüberschreitender Kriminalität zur Verfügung gestellt werden können[316].

---

309 Vgl. Art. 2 II der Gemeinsamen Maßnahme, Abl. der EG Nr. L 62/ 1 vom 20. 03.1995.

310 Vgl. *Schneider*, Kriminalpolizei 1999, 203 (203); *Zeiger*, Krim 1998, 313 (313); *Kersten*, DP 1997, 337 (338).

311 An dieser Stelle soll ein Überblick verschafft werden, die speziellen Tätigkeiten Europols, die im Anschluß einer verfassungsrechtlichen Überprüfung unterzogen werden sollen, werden in § 9 unter Abschnitt II dargestellt.

312 Dazu *Schneider*, Kriminalpolizei 1999, 203 (205 f.); eingehend auch *Martínez Soria*, VA 1998, 400 (421 ff.).

313 Vgl. *Martínez Soria*, VA 1998, 400 (421) m.w.N.

314 Vgl. *Degen* in *von der Groeben/ Thiesing, Ehlermann*, Art. K.2 EUV, Rn. 4.

315 *Mokros* in *Lisken/ Denninger*, Kapitel N, Rn. 147.

316 Vgl. *Gleß/ Lüke*, Jura 1998, 70 (77).

Ferner erweitert die Datenspeicherung im unionsweiten Datenpool den für die einzelnen Mitgliedsstaaten gültigen status quo in einem erheblichen Maß[317]. Hervorzuheben ist, daß Europol ein reines Informationssystem ist und derzeit über keine Fahndungskompetenzen verfügt[318]. Das operative und damit exekutive Tätigwerden von Europol-Bediensteten ist momentan noch fern[319] - hauptsächlich aufgrund des Beharrens einiger Staaten auf der absoluten nationalen Souveränität[320], aber auch wegen des fehlenden einheitlichen oder zumindest harmonisierten Straf- und Strafverfahrensrechts in der Europäischen Union[321].

Gleichwohl ist zu berücksichtigen, daß im Amsterdamer Vertrag von 1997 in Art. 30 II EUV n.F. unter anderem zumindest vereinbart wurde, daß Europol innerhalb von fünf Jahren in unterstützender Funktion an operativen Maßnahmen gemeinsam mit Vertretern der Mitgliedsstaaten teilnehmen kann[322].

e. Die Rolle Europols im Rahmen einer Zusammenarbeit der Polizei innerhalb der EU

Die Bedeutung der Organisation Europol für die polizeiliche Zusammenarbeit der Mitgliedsstaaten der Europäischen Union ist immens. Schon durch die Tatsache, daß mit Europol erstmalig eine fest institutionalisierte, ständig arbeitende Organisation ins Leben gerufen wurde, überragt der derzeitige Aufbau von Europol zumindest in organisatorischer Hinsicht alle anderen europaweiten Aktivitäten auf dem Gebiet der inneren Sicherheit[323]. Die hohen Erwartungen, die

---

317 Vgl. *Gleß/ Lüke*, Jura 1998, 70 (77).

318 Vgl. *Schreckenberger*, VA 1997, 389 (410); zur Abgrenzung zwischen Informationssystem und Fahndungssystem näher *Mokros* in *Lisken/ Denninger*, Kapitel N, Rn. 147 sowie *Storbeck*, Krim 1994, 201 (202).

319 Teilweise wird aber auch prognostiziert, es sei von der Errichtung einer solchen zentralen Polizeibehörde nur ein logischer Schritt und eine Frage der Zeit bis zur Einräumung eigener Ermittlungsbefugnisse, vgl. insoweit *Harings*, S. 119 mit Verweis auf *Schreiber*, FS für Lerche, 529 (541), ferner *Pitschas*, NVwZ 1994, 625 (626) und *Di-Fabio*, DÖV 1997, 89 (96).

320 Vgl. nur *Akmann*, JA 1994, 49 (54) m.w.N.

321 Vgl. *Kersten*, DP 1997, 337 (338).

322 *Gleß/ Lüke*, Jura 1998, 70 (77) gehen gleichwohl davon aus, daß der Schwerpunkt der Arbeit von Europol wegen vieler Unklarheiten über die konkrete Ausgestaltung dieser Zusammenarbeit weiterhin im Datenverarbeitungsbereich liegen wird.

323 Vgl. *DiFabio*, DÖV 1997, 89 (92); zum hohen Grad der Institutionalisierung von Europol vgl. auch *Schreckenberger*, VA 1997, 389 (410 f.).

von allen Mitgliedsstaaten in Europol gesetzt werden, resultieren aber auch aus dem Umstand, daß mit Europol eine Organisation aufgebaut werden soll, die mit dem ständig steigenden Niveau der international organisierten Kriminalitäts- und Verbrechensausübung Schritt zu halten verspricht[324].

3. Schengener Informationssystem (SIS)

a. Überblick

Den zweiten großen Komplex der neueren Aktivitäten auf dem Gebiet der polizeilichen Zusammenarbeit in Europa bzw. in der Europäischen Union stellt neben Europol der sogenannte Schengen-Besitzstand dar. Nach der Einbeziehung in den Rechtsrahmen der Europäischen Union[325] durch den Amsterdamer Vertrag von 1997 können die Aktivitäten der Schengen-Staaten als die zweite tragende Säule der zukünftigen Polizeikooperation innerhalb der Europäischen Union bezeichnet werden[326].

Der Unterschied zwischen Europol und dem Schengen-Besitzstand liegt darin, daß es im Rahmen von Schengen - und dabei natürlich insbesondere im Rahmen der Vorschriften des Schengener Durchführungsübereinkommens, die die polizeiliche Zusammenarbeit betreffen - anders als bei Europol grundsätzlich nicht um die Institutionalisierung einer staatenübergreifenden Behörde geht[327]. Das bedeutet beispielsweise, daß es kaum Schengen-Bedienstete in dem Sinne von Europol-Bediensteten gibt. Vielmehr sollen durch die Vereinbarungen des Schengener Durchführungsübereinkommens fast ausschließlich die bereits vorhandenen Strukturen genutzt werden. Hauptziel ist insoweit eine Intensivierung der Zusammenarbeit auf der Grundlage des schon vorgefundenen Potentials durch den schon angesprochenen Katalog von Ausgleichsmaßnahmen.

---

324 Vgl. *Storbeck*, Krim 1996, 17 (17); *Sturm*, Krim 1997, 99 (103) fordert, daß Europol die Zusammenarbeit innerhalb der Europäischen Union gerade bei der Kriminalitätsanalyse qualitativ auf eine neue Stufe heben müsse.

325 Zur Bedeutung der Schengen-Abkommen vor der Einbeziehung vgl. *DiFabio*, DÖV 1997, 89 (92).

326 Vgl. insoweit nur *Kersten*, DP 1997, 337 (338); *Schreckenberger*, VA 1997, 389 (413); *Sturm*, Krim 1997, 99 (99); *Nicolaus*, NVwZ 1996, 40 (40 ff.).

327 Zweifelnd insoweit *Dörr*, DÖV 1993, 696 (698).

Im Zentrum dieser Ausgleichsmaßnahmen steht das Schengener Informationssystem (SIS), das als Kernstück des Schengener Durchführungsübereinkommens bezeichnet wird[328]. Auf lange Sicht soll das Schengener Informationssystem zu einem Europäischen Informationssystem (EIS) erweitert werden[329]. Titel IV des Schengener Durchführungsübereinkommens (Art. 92 ff. SDÜ) widmet sich ausführlich dem Schengener Informationssystem. Der als polizeiliches Fahndungssystem[330] eingerichtete Datenverbund ist eine selbständige Organisationsstruktur zur EDV-gesteuerten europaweiten Suche nach Personen und Sachen[331].

Das Schengener Informationssystem hat insoweit zumindest organisations-oder institutionsähnlichen Charakter[332] und wird deshalb unter diesem Abschnitt vorgestellt. Das Schengener Informationssystem ist die einzige Einrichtung im Rahmen der Schengener Ausgleichsmaßnahmen, die über eine zentrale Einheit[333] organisiert wird.

b. Organisationsstruktur[334]

Das Schengener Informationssystem setzt sich zusammen aus den jeweils dezentral eingerichteten nationalen Verbindungseinheiten (N.SIS) sowie der in Straßburg eingerichteten zentralen technischen Unterstützungseinheit (C.SIS), für deren Betrieb Frankreich zuständig ist[335]. Gleichwohl steht diese Zentrale in gemeinsamer Verantwortung der beteiligten Schengen-Staaten und wird auch von ihnen gemeinsam unterhalten[336].

---

328 Vgl. z. B. *Nicolaus*, NVwZ 1996, 40 (41); *Schreckenberger*, VA 1997, 398 (404); *Seiters*, DP 1993, 1 (2).

329 Vgl. *Martínez Soria*, VA 1998, 400 (422).

330 D.h. es dürfen nur Daten von gesuchten Personen oder Sachen gespeichert werden, vgl. *Mokros* in *Lisken/ Denninger*, Kapitel N, Rn. 98.

331 Vgl. *Scheller*. S.19.

332 Ähnlich *Schreckenberger*, VA 1997, 389 (405); a.A. *Harings*, S. 71 und *Martínez Soria*, VA 1998, 400 (411), der den dezentralen Charakter des Schengener Informationssystem betont.

333 Vgl. *Gleß/ Lüke*, Jura 1998, 70 (74).

334 Zum konkreten Ablauf der Fahndung über das Schengener Informationssystem vergleiche unten § 9 Abschnitt III.

335 Vgl. *Martínez Soria*, VA 1998, 400 (411); *Schreckenberger*, VA 1997, 389 (405).

336 Vgl. *Taschner*, Rn.63.

c. Tätigkeitsfelder

Das SIS stellt vor allem ein staatenübergreifendes Fahndungssystem dar, allerdings dient es auch sonstigen polizeilichen und zollrechtlichen Überprüfungen, insbesondere im Bereich des Ausländerwesens. Das SIS ist damit nicht nur zu Zwecken der Strafverfolgung, sondern auch zu solchen der Gefahrenabwehr eingerichtet worden[337].

Das Schengener Informationssystem ist nicht auf bestimmte Kriminalitätsbereiche spezialisiert. Sowohl im C.SIS als auch in den angeschlossenen N.SIS sind die gesamten Fahndungsinformationen[338] im Rahmen sowohl von Sach- als auch Personenfahndung aller Vertragsstaaten verfügbar[339]. Im Rahmen der Personenfahndung umfaßt das alle Daten von Personen zum Zwecke der Festnahme, Ingewahrsamnahme, Aufenthaltsermittlung, verdeckten Registrierung, gezielten Kontrolle sowie zur Einreiseverweigerung ausgeschriebener Drittausländer an den Außengrenzen der Vertragsstaaten bzw. zur Festnahme und Abschiebung dieser Drittausländer bei Antreffen im Staatsgebiet eines Vertragsstaates.[340]

d. Bedeutung für die Europäische Union

Das Schengener Informationssystem ist als Teil der durch das Schengener Durchführungsübereinkommen initiierten Maßnahmen mit Abschluß der Verträge von Amsterdam in den Rechtsrahmen der Europäischen Union eingegliedert worden. Seine Effektivität auf dem Bereich des Datenaustauschs ist unbestritten[341]. Das läßt sich nicht zuletzt daran erkennen, daß innerhalb der Schengen-Staaten mittlerweile eine internationale Fahndung grundsätzlich nicht mehr über Interpol, sondern über das SIS zu erfolgen hat[342]. Da das SIS sich mittlerweile etabliert hat, ist davon auszugehen, daß dieses Informationssystem langfristig gesehen auch EU-weit eingesetzt wird.

---

337 Vgl. *Martínez Soria*, VA 1998 (89), 400 (411).

338 Umfassend hierzu *Mokros* in *Lisken/ Denninger*, Kapitel N, Rn. 105 ff.

339 Vgl. *Wilkesmann*, NStZ 1999, 68 (68).

340 Vgl. *Hemesath*, Krim 1995, 169 (169).

341 Vgl. nur *Krause*, Krim 1998, 12 (15); ferner die Statistiken bei *Gusy/ Gimbal* in *Baldus/ Soiné*, 124 (127 ff.).

342 Vgl. *Wilkesmann*, NStZ 1999, 68 (69).

§ 9 Konkrete Formen polizeilicher Zusammenarbeit innerhalb der EU

Nachfolgend werden die konkreten Tätigkeiten der oben benannten Akteure auf dem Gebiet der polizeilichen Zusammenarbeit innerhalb der Europäischen Union dargestellt, die in Teil 3 der Untersuchungen auf ihre verfassungsmäßige Haltbarkeit aus deutscher Sicht überprüft werden sollen.

I. Überblick

Die polizeiliche Zusammenarbeit innerhalb der Europäischen Union wird in erster Linie über Europol sowie die im Schengener Durchführungsübereinkommen festgelegten Institutionen realisiert. Die Errichtung von Europol und das Schengener Durchführungsübereinkommen stellen die herausragenden praktisch wirksamen Ergebnisse der europäischen Politik der letzten 10 Jahre auf dem Gebiet Inneres zur Kriminalitätsbekämpfung dar[343].

Neben der „Intelligence"-Arbeit im Rahmen von Europol und des Schengener Informationssystems sind hier insbesondere auch solche polizeilichen Tätigkeiten von Interesse, die exekutives Handeln von Beamten in anderen Staaten zum Gegenstand haben, etwa die grenzüberschreitende Observation oder die Nacheile. Gerade diese beiden Institutionen stellen im Rahmen der polizeilichen Zusammenarbeit innerhalb Europas ein absolutes Novum dar[344], denn erstmals erklären sich hier Staaten im Rahmen eines rechtlich zumindest indirekt verbindlichen multilateralen Vertragswerkes bereit, bestimmte Hoheitsrechte auf andere Vertragsstaaten zu übertragen.

II. Informationsaustausch über Europol

Die hier zu überprüfenden Tätigkeiten Europols erstrecken sich in erster Linie auf die in Art. 3 EuropolKonv genannten zentralen Aufgaben der Erleichterung des Informationsaustausches sowie der Unterhaltung einer automatisierten Informationssammlung. Art. 6 EuropolKonv gibt vor, was die automatisierte In-

---

343 So jedenfalls *Schneider*, Kriminalpolizei 1999, 204 (205); ferner *Schuster*, Krim 2000, 74 (79).

344 Ähnlich *Gleß/ Lüke*, Jura 1998, 70 (73).

formationssammlung[345] von Europol enthält. Es gibt zum einen ein Informationssystem (Art. 7 ff. EuropolKonv), weiterhin gibt es Arbeitsdateien zu Analysezwecken (Art. 10 EuropolKonv) sowie ein Indexsystem (Art. 11 EuropolKonv)[346].

Nach Art. 14 EuropolKonv sind die beteiligten Mitgliedsstaaten verpflichtet, spätestens bis zum Zeitpunkt des Inkrafttretens der Konvention in ihrem jeweiligen nationalen Recht hinsichtlich der Verwendung personenbezogener Daten die erforderlichen Maßnahmen zur Gewährleistung eines Mindestschutzstandards, der sich aus dem Abkommen des Europarats vom 28. 01. 1981[347] und der Empfehlung des Ministerkomitees des Europarats vom 17. 09. 1987[348] ergibt, zu treffen. Damit soll erreicht werden, daß das rechtliche Datenschutzniveau zumindest auf einem niedrigen Level innerhalb der beteiligten Mitgliedstaaten einheitlich ist. Die beteiligten Mitgliedstaaten haben diesem Erfordernis des Art. 14EuropolKonv weitestgehend entsprochen.

1. Informationssystem

Das in den Art. 7 ff. EuropolKonv geregelte Informationssystem wird in der Europol-Zentrale unterhalten. Die Daten werden von den Mitgliedsstaaten selber eingespeist[349] - entweder durch die Nationalen Stellen oder durch die bei Europol tätigen Verbindungsbeamten (vgl. Art. 9 I EuropolKonv). Auf die in dem Informationssystem gespeicherten Daten haben lediglich die Nationalen Stellen, die

---

345 Das dazu erarbeitet Computersystem TECS (The European Computer System) wird vorgestellt bei *Zeiger*, Krim 1998, 313 (313 ff.).

346 Dazu ausführlich *Aschmann*, S. 164 ff.

347 Im vollen Wortlaut „*Übereinkommen zum Schutz des Menschen bei der automatischen Verarbeitung personenbezogener Daten*“, abgedruckt bei *Dammann/ Simitis/ Mallmann/ Reh*, Abschnitt D, 3.3.; Vgl. auch BGBl. 1985 II, 539.

348 Empfehlung Nr. R (87) 15 vom 17. 09. 1987 (Polizei), abgedruckt bei *Würz*, Anhang 2, S. 225 ff.

349 Die Mitgliedsstaaten haben dabei ihre nationalen Vorschriften - insbesondere im Hinblick auf den Datenschutz - zu beachten. Allerdings führen unterschiedliche Datenschutzstandards in den einzelnen Mitgliedsstaaten beispielsweise dazu, daß bestimmte Daten, die ein Staat mit hohen Datenschutzanforderungen nicht hätte verarbeiten dürfen, von Staaten mit niedrigeren Standards in das System eingespeist werden können und dann für alle anderen Mitgliedsstaaten zur Verfügung stehen, kritisch dazu beispielsweise *Zieschang*, ZRP 1996, 427 (429).

Verbindungsbeamten, der Direktor, die stellvertretenden Direktoren sowie die dazu ermächtigten Europol-Bediensteten unmittelbaren Zugriff (vgl. Art. 7 I EuropolKonv)[350]. Eine „normale" nationale Polizeidienststelle kann also nicht direkt das Informationssystem abfragen[351]. Das hängt damit zusammen, daß das Informationssystem Europols derzeit nicht als Fahndungssystem vorgesehen ist[352], sondern als aktives Recherchesystem[353]. Wünscht eine örtliche Polizeidienststelle die Bereitstellung von Daten aus dem Europol-Informationssystem, hat es sich zunächst an das Landeskriminalamt[354] zu wenden, welches das Anliegen sodann über das Bundeskriminalamt an den nationalen Verbindungsbeamten bei Europol weiterleitet. Dieser stellt die Daten dem Landeskriminalamt zur Verfügung, wenn nationale Datenschutzbestimmungen nicht verletzt werden[355]. Beachtlich ist, daß nach Art. 18 EuropolKonv grundsätzlich auch Drittstaaten und Drittstellen die Möglichkeit haben, in besonderen Fällen das Informationssystem Europols in Anspruch zu nehmen[356].

Der Inhalt des Europol-Informationssystems ist durch Art. 8 EuropolKonv festgelegt. Nach Abs. 1 der Vorschrift werden dort Daten von Personen[357] erfasst, die einer Straftat verdächtig sind, für die Europol zuständig ist[358], oder die bereits wegen einer solchen Straftat gerichtlich verurteilt worden sind (Art. 8 I Nr. 1 EuropolKonv). Des weiteren umfasst das Informationssystem aber auch Daten über Personen, bei denen bestimmte schwerwiegende Tatsachen nach Maßgabe

---

350 Mithin sind in Deutschland auch die Bundesländer ausgeschlossen, den Widerstand gegen diese Regelung haben sie mittlerweile aufgegeben, vgl. dazu etwa *Bull*, DRiZ 1998, 32 (33).

351 Anders wird das beim Schengener Informationssystem gehandhabt, vgl. unten § 9 Abschnitt III.

352 Vgl. *Martínez Soria*, VA 1998 (89), 400 (421).

353 *Mokros* in *Lisken/ Denninger*, Kapitel N, Rn. 147.

354 Zum Direktverkehr zwischen den Bundesländern und Europol ausführlich *Aschmann*, S. 169.

355 Die direkte Einbindung der Landeskriminalämter ist in Deutschland zumindest innerstaatlich im Rahmen des Gesetzgebungsverfahrens zum Europol-Gesetz erreicht worden; auf internationaler Ebene konnte eine entsprechende „Föderalismusklausel" nicht erreicht werden; vgl. dazu *Wachholz*, Krim 1995, 715 (717 ff.).

356 Kritisch zu dieser „unüberschaubaren Internationalisierung der Daten zum Nachteil des Betroffenen" *Zieschang*, ZRP 1996, 427 (428).

357 Gespeichert werden können nach Art. 8 II EuropolKonv Name, Geburtsname, Vornamen, Aliasnamen, Geburtsdatum und Geburtsort, Staatsangehörigkeit, Geschlecht und andere zur Identitätsfeststellung geeignete Merkmale.

358 Die Zuständigkeit Europols bestimmt sich nach der Zugehörigkeit der Straftat zu einem der in Art. 2 EuropolKonv genannten Kriminalitätsfelder.

des nationalen Rechts die Annahme rechtfertigen, daß sie Straftaten begehen werden, für die Europol nach Art. 2 EuropolKonv zuständig ist (vgl. Art. 8 I Nr. 2 EuropolKonv). Damit ist nicht nur der Bereich der Strafverfolgung, sondern auch derjenige der Gefahrenabwehr und damit der Prävention umfasst[359].

Der Inhalt des Informationssystems wird mit Art. 8 III, IV EuropolKonv erheblich ausgeweitet. Dort wird festgelegt, daß neben den Daten, die die Person und die Straftat selber betreffen, beispielsweise auch Daten über vorausgegangene Verurteilungen und insbesondere auch „zusätzliche Informationen" übermittelt werden können, deren Art und Umfang nicht eingegrenzt werden[360].

2. Arbeitsdateien zu Analysezwecken

Gemäß der Vorgabe in Art. 3 I Nr. 2 EuropolKonv („.Aufgabe, Informationen und Erkenntnisse zusammenzustellen und zu analysieren,.") ist Europol jetzt auch in der Lage, die eingegangenen Daten durch die Erstellung von Lageberichten einer kriminalpolizeilichen Analyse zu unterziehen, um damit die Ermittlungen zu fördern[361]. Die im Informationssystem enthaltenen Daten werden also nicht nur gesammelt, sondern es werden mit ihrer Hilfe - etwa durch die Kombination verschiedener Daten - kriminalpolizeilich entscheidende Zusammenhänge erarbeitet. Zweck ist das frühzeitige Erkennen von Tatzusammenhängen und internationalen Verflechtungen, insbesondere im Bereich der Organisierten Kriminalität[362]. Der Inhalt der Analysedateien bei Europol besteht daher nicht primär aus justizförmig überprüften – sog. „harten" – Daten, sondern aus polizeilichen Bewertungen, den sog. „weichen" Daten[363]. Die Erkenntnisse, die sich aus solchen Analysen ergeben, sollen dann an die nationalen Verbindungsstellen weitergeleitet werden, in deren Land die Ermittlungen laufen.

Konkrete Regelungen für dieses Vorgehen enthält Art. 10 EuropolKonv. Nach Art. 10 II EuropolKonv werden Daten zum Zwecke der Analyse gesammelt, um

---

359 So auch *Zieschang*, ZRP 1996, 427 (428), Fn. 24.

360 Kritisch insoweit *Bull*, DRiZ 1998, 32 (33).

361 Diese Einrichtung wird als der eigentliche „Mehrwert" von Europol angesehen, vgl. *Martínez Soria*, VA 1998 (89), 400 (425) m.w.N.

362 *Mokros* in *Lisken/ Denninger*, Kapitel N, Rn. 147.

363 Vgl. *Werner*, CR 1997, 34 (37).

kriminalpolizeiliche Ermittlungen zu unterstützen. Dabei wird für jeden Fall, der eine Analyse erfordert, eine Analysegruppe gebildet. Diese setzt sich zusammen aus Analytikern und sonstigen Bediensteten von Europol, die von der Europol-Leitung bestimmt werden, sowie den Verbindungsbeamten und/ oder Sachverständigen, von denen die Informationen stammen. Das Zugriffsrecht auf die Analysedateien beschränkt sich auf die bei Europol beschäftigten Analytiker. Eine Weitergabe der in der Analysedatei enthaltenen Erkenntnisse an einen Mitgliedsstaat ist nur insoweit zulässig, als diese unmittelbar für Ermittlungen in dem Staat benötigt werden.

Nach Art. 10 I EuropolKonv dürfen in Analysedateien sehr weitreichende Datenprofile verarbeitet werden. So werden hier nicht nur persönliche Daten über Täter oder Beteiligte einer Straftat, sondern auch über mögliche Zeugen, potentielle oder tatsächliche Opfer, Kontakt- und Begleitpersonen oder Informanten verarbeitet. Ferner dürfen nach Art. 10 I EuropolKonv unter bestimmten Voraussetzungen auch Daten im Sinne des Art. 6 S. 1 der Europäischen Datenschutzkonvention[364] gespeichert werden. Dabei handelt es sich um höchst empfindliche persönliche Daten wie die Religionsangehörigkeit, die ethnische Herkunft, das Sexualleben oder die politische Meinung[365]. Auch hier müssen die übermittelnden Mitgliedsstaaten bei der Zurverfügungstellung solcher Daten ihr eigenes Datenschutzrecht berücksichtigen.

3. Indexsystem

Die dritte Säule der automatisierten Informationssammlung bei Europol ist das Indexsystem. Diese in Art. 11 EuropolKonv geregelte Einrichtung ist ein Fundstellensystem, das nur einem kleinen Personenkreis zugänglich ist, nämlich dem Direktor, seinen Stellvertretern, den ordnungsgemäß ermächtigten Europol-Bediensteten sowie den Verbindungsbeamten (vgl. Art. 11 II EuropolKonv). Das Indexsystem – mitunter als „Nebenprodukt“ der Analysearbeit bei Europol bezeichnet[366] – dient der Auffindung von bestimmten Dateiprofilen. Von Verbindungsbeamten, die keinen Zugang zur Analysedatei haben, kann es lediglich ge-

---

364 Übereinkommen des Europarats vom 28. 01. 1981, vgl. BGBl. 1985 II, 539.

365 Kritisch insoweit *Zieschang*, ZRP 1996, 427 (429); ferner *Martínez Soria*, VA 1998 (89), 400, 423 f.

366 Vgl. *Zeiger*, Krim 1998, 313 (314).

nutzt werden, um herauszufinden, ob die Analysedatei eventuell Daten beinhaltet, die für ihn von Bedeutung sind[367]. Es kann also nur festgestellt werden, ob eine Information gespeichert ist oder nicht, Verknüpfungen und Rückschlüsse in bezug auf den Inhalt der Dateien sind in derartigen Fällen nach Art. 11 II 2. Unterabsatz EuropolKonv ausdrücklich ausgeschlossen. Es handelt sich mithin nicht um ein Auskunftssystem, sondern nur um einen Index, der für die Europol-Bediensteten in erster Linie eine Arbeitserleichterung darstellt[368].

III. Computergesteuerte Fahndung durch das Schengener Informationssystem (SIS)

Einen klassischen Verwaltungsaufbau wie etwa Europol hat das Schengener Informationssystem nicht. Die Kooperation der Schengen-Staaten bei der Fahndung von Personen und Sachen spielt sich vielmehr auf drei maßgeblichen Ebenen ab. Zum einen ist die SIS-Zentrale – die zentrale Unterstützungseinheit (vgl. Art. 92 I SDÜ) – in Straßburg von Bedeutung (C.SIS)[369], zum anderen spielen die nationalen Verbindungsbüros der Schengenstaaten (N.SIS) – also die sog. nationalen Teile i.S.v. Art. 92 I SDÜ – eine tragende organisatorische Rolle. Auf einer weiteren, dritten Stufe folgen die ca. 40.000 an das Netz angeschlossenen Polizeidienststellen, die das Schengener Informationssystem jederzeit in Anspruch nehmen können.

Das Schengener Informationssystem wird in den Art. 92 - 119 SDÜ ausführlich geregelt. Die polizeiliche Tätigkeit im Rahmen des Schengener Informationssystems ist bestimmt durch das Sammeln und Austauschen von Fahndungsdaten. Das SIS verwaltet mittlerweile rund 4, 8 Millionen Datensätze.

Die Fahndung über das SIS hat den Vorteil, daß eine von irgendeinem Terminal der 40.000 Polizeidienststellen eingegebene Ausschreibung innerhalb von Sekunden schengenweit an allen anderen Datenstellen abrufbar ist. Die Zentrale in Straßburg hat dabei als Schnittstelle die Aufgabe zu gewährleisten, daß der Datenbestand sämtlicher nationalen Teile (N.SIS) identisch ist (vgl. Art. 92 III

---

367 Vgl. *Martínez Soria*, VA 1998 (89), 400 (426).

368 Vgl. etwa *Bull*, DRiZ 1998, 32 (34).

369 Die Unterstützungseinheit in Straßburg ist die einzige gemeinsame Einrichtung der Vertragsstaaten im Rahmen der Schengen-Kooperation.

SDÜ)[370]. Somit sind Fahndungslisten und -ergebnisse innerhalb der Schengen-Region aufeinander abgeglichen und ständig auf dem neuesten Stand.

Die jeweiligen Nationalen Stellen (N.SIS)[371] haben ständigen Zugriff auf den Datenbestand des C.SIS. Deren Datenbestand wiederum kann von den dazu besonders ausgestatteten örtlichen Polizeidienststellen[372] sowohl ergänzt als auch abgefragt werden[373]. Nach Art. 101 I SDÜ sind das sämtliche Stellen, die für Grenzkontrollen oder sonstige polizeiliche und zollrechtliche Überprüfungen sowie deren Koordinierung zuständig sind. Art. 101 II SDÜ sieht zusätzlich vor, daß Daten bezüglich Drittausländern, die zur Einreiseverweigerung ausgeschrieben sind (Art. 96 SDÜ), auch für die Stellen, die für Sichtvermerkserteilung und die Aufenthaltserteilung zuständig sind, zugänglich sind[374].

Ferner verfügt jeder Vertragsstaat über ein nationales Büro, in denen ergänzende Angaben über die zur Fahndung im SIS ausgeschriebenen Personen und Sachen abgefragt werden können und die darüber befinden, was im konkreten Einzelfall zu geschehen hat (vgl. Art. 108 I SDÜ). Dieses ergänzende System mit der Bezeichnung SIRENE (Supplementary Information Request on National Entries) [375] wird in der Bundesrepublik ebenfalls vom Bundeskriminalamt betrieben.

---

370 Vgl. *Martínez Soria*, VA 1998, 400 (411); *Scheller*, JZ 1992, 904 (905); *Wilkesmann*, NStZ 1999, 68 (68).

371 In der Bundesrepublik Deutschland handelt es sich dabei gem. Art. 1 Nr. 6 des Einführungsgesetzes zum Schengener Übereinkommen BGBl. II 1993, 1010 um das Bundeskriminalamt.

372 In der Bundesrepublik Deutschland sind das ca. 9000 Computerterminals, die monatlich etwa 4 Mio. mal den Datenbestand des Schengener Informationssystem abfragen, vgl. *Martínez Soria*, VA 1998, 400 (411 f.). Insgesamt haben ca. 40.000 Datenstationen Zugriff auf das Schengener Informationssystem, vgl. *Wilkesmann*, NStZ 1999, 68 (69).

373 Vgl. *Hemesath*, Krim 1995, 169 (169 f.).

374 In der Bundesrepublik Deutschland sind damit alle Polizeidienststellen des Bundes und der Länder, der Polizei- und Sicherungsdienst des Deutschen Bundestages, das ZKA und alle Zollfahndungsdienststellen, das Bundesverwaltungsamt sowie deutsche Auslandsvertretungen und Ausländerbehörden aufgabenbezogen eingabe- und abfrageberechtigt, vgl. *Hemesath*, Krim 1995, 169 (170).

375 Vgl. *Taschner*, Rn. 65; *Wilkesmann*, NStZ 1999, 68 (69); ferner *Hemesath*, Krim 1995, 169 (171).

Eine Ausschreibung erfolgt immer durch eine Nationale Stelle der Vertragsstaaten[376], die vorab zu prüfen hat, ob die Bedeutung des Falles eine Aufnahme in das SIS rechtfertigt (vgl. Art. 94 I SDÜ). Bei einer derartigen Ausschreibung ist zu berücksichtigen, daß nur bestimmte Fahndungskategorien[377] in das SIS eingestellt werden dürfen. So ist eine Ausschreibung grundsätzlich zulässig zur Festnahme mit dem Ziel der Auslieferung (vgl. Art. 95 SDÜ) für Justizbehörden, weiterhin zur Zurückweisung bei Einreiseverweigerungen ausgeschriebener Drittausländer (vgl. Art. 96 SDÜ), zur Ingewahrsamnahme oder Aufenthaltsermittlung Vermisster für Justiz- und Polizeibehörden (vgl. Art. 97 SDÜ), zur Aufenthaltsermittlung von Zeugen oder Beschuldigten, die vor Justizbehörden zu erscheinen haben (vgl. Art. 98 SDÜ), zur verdeckten Registrierung bzw. gezielten Kontrolle für Justiz- und Polizeibehörden (vgl. Art. 99 SDÜ) sowie in Fällen der Sachfahndung[378] zur Sicherstellung oder Beweissicherung im Strafverfahren (vgl. Art. 100 SDÜ).

Der Umfang der im SIS gespeicherten Daten, ist nach Art. 94 II SDÜ abschließend festgelegt. Das sogenannte „Datenprofil" richtet sich für Fälle der Personenfahndung nach Art. 94 III SDÜ[379]. Aus datenschutzrechtlichen Gründen sollen die Personenfahndungsdaten auf ein Minimum beschränkt bleiben. Bei der Sachfahndung werden die Datengrenzen durch die in Art. 100 SDÜ Sachen und die in Art. 99 SDÜ genannten Fahrzeuge gesetzt.

Insbesondere im datenschutzrechtlichen Bereich enthält das Schengener Durchführungsübereinkommen ausführliche Regelungen[380]. Bei der Arbeit mit dem

---

376 Zum technischen Ablauf der Ausschreibung vgl. *Hemesath*, Krim 1995, 169 (169 f.).

377 Zu den einzelnen Ausschreibungskategorien ausführlich *Mokros* in *Lisken/ Denninger*, Kapitel N, Rn. 105 ff. sowie *Gusy/ Gimbal* in *Baldus/ Soiné*, 124 (131 ff.).

378 Nach Art. 100 II SDÜ sind folgende Kategorien von Sachen in die zulässige Sachfahndung einbezogen: Kraftfahrzeuge, Anhänger und Wohnwagen, Feuerwaffen, Blankodokumente, ausgefüllte Identitätspapiere und Banknoten.

379 Danach dürfen nur folgende Angaben über Personen mitgeteilt und gespeichert werden: Name, Vorname, erster Buchstabe des zweiten Vornamens, ggf. der Aliasname (für den ein neuer Datensatz anzulegen ist), Geschlecht, Geburtsort und –datum, Staatsangehörigkeit, besondere unveränderliche physische Merkmale, die personengebundenen Hinweise „bewaffnet" und „gewalttätig", Ausschreibungsgrund und zu ergreifende Maßnahmen.

380 *Mokros* in *Lisken/ Denninger*, Kapitel N, Rn. 129 spricht von insgesamt „akzeptablen Regelungen"; ähnlich *Gusy/ Gimbal* in *Baldus/ Soiné*, 124 (143); *Scheller*, JZ 1992, 904 (910) hält die datenschutzrechtlichen Vorschriften im Schengener Durchführungsübereinkommen indes für einen „Meilenstein in der Entwicklung des internationalen

SIS ist von den Anwendern bei einer Ausschreibung das jeweilige nationale Datenschutzrecht zu beachten, soweit nicht das Schengener Durchführungsübereinkommen strengere Anforderungen aufstellt (vgl. Art. 104 SDÜ). Die nationalen Datenschutzregeln haben mithin im Verhältnis zum Schengener Durchführungsübereinkommen subsidiären Charakter[381]. Im übrigen stellt das Schengener Durchführungsübereinkommen schon recht strenge Datenschutzmaßstäbe auf. So muß beispielsweise jeder Vertragsstaat eine unabhängige Kontrollinstanz benennen, welche die Rechtmäßigkeit der Datenverarbeitung innerhalb der Nationalen Stelle (N.SIS) überwacht (vgl. Art. 114 I SDÜ)[382]. Die technische Unterstützungseinheit (C.SIS) wird von einer gemeinsamen Kontrollinstanz überwacht, der jeweils zwei Vertreter eines jeden Vertragsstaates angehören (vgl. Art. 115 SDÜ). Damit wurde erstmalig in einen internationalen völkerrechtlichen Vertrag die Unterhaltung einer internationalen datenschutzrechtlichen Kontrollinstanz vereinbart[383]. Für den einzelnen Bürger werden Rechte auf Auskunft (Art. 109 SDÜ), Berichtigung falscher und Löschung unrechtmäßiger Daten (Art. 110 SDÜ) sowie Schadensersatz (Art. 111 SDÜ) im Schengener Durchführungsübereinkommen manifestiert[384].

Um eine weitgehende Harmonisierung der Datenschutzstandards in den verschiedenen Vertragsstaaten zu erreichen, sieht Art. 117 I SDÜ vor, daß jede Vertragspartei nationale Datenschutzbestimmungen erlässt, die einen Standard gewährleisten, der mindestens der Konvention des Europarats über den Schutz des Menschen bei der automatischen Verarbeitung personenbezogener Daten vom 28. 01. 1981[385] entspricht und die Empfehlung des Ministerrats des Europarats über die Nutzung personenbezogener Daten im Polizeibereich beachtet.

Datenschutzrechts"; eher kritisch *Weichert*, CR 1990, 62 (66), der für internationale System – wie das Schengener Informationssystem – ein eigenes Datenschutzrecht fordert, welches insbesondere verfahrensrechtliche aber auch organisatorische und technische Sicherungen der Zweckbindung und ein geeignetes Verfahren zur Wahrnehmung der individuellen Rechte garantieren müsse.

381 Vgl. *Würz*, Rn. 272.

382 In der Bundesrepublik Deutschland ist für diese Aufgabe der Bundesbeauftragte für den Datenschutz berufen worden.

383 Dazu auch *Dix*, Jura 1993, 571 (577).

384 Ausführlich *Würz*, Rn. 287 ff.; ferner *Gusy/ Gimbal* in *Baldus/ Soiné*, 124 (141 ff.).

385 BGBl. II 1985, 538.

IV. Weitere Arten polizeilicher Zusammenarbeit nach den Art. 39 ff. SDÜ

Das Schengener Durchführungsübereinkommen ist das erste staatenübergreifende Vertragswerk, das in gewissen Grenzen ein hoheitliches Handeln auf dem Gebiet eines anderen Vertragsstaates ermöglicht. Im Mittelpunkt der mit dem Schengener Durchführungsübereinkommen eingeführten Neuerungen stehen insoweit zweifelsohne die Institute der grenzüberschreitenden Observation (Art. 40 SDÜ) sowie der grenzüberschreitenden Nacheile (Art. 41 SDÜ).

1. Grenzüberschreitende Observation[386]

Nach Art. 40 SDÜ wird die Fortsetzung einer Observation im Rahmen eines Ermittlungsverfahrens auf dem Hoheitsgebiet eines anderen Vertragsstaates unter bestimmten Voraussetzungen ermöglicht. Das bedeutet, daß es beispielsweise einem bundesdeutschen Polizeibeamten grundsätzlich erlaubt sein soll, eine Observation, die er im Inland begonnen hat, in einem anderen Vertragsstaat – etwa Frankreich – fortzusetzen, sofern die überwachte Person sich dorthin abgesetzt hat. Im Gegensatz zur vorherigen Handhabung – die Observation konnte auf Antrag in Form eines Rechtshilfeersuchens nur von Beamten des Gebietsstaates übernommen werden[387] – können die observierenden Beamten nunmehr bei Vorliegen der Voraussetzungen des Art. 40 SDÜ selber die Grenze überschreiten.

Natürlich ist dieser Grundsatz in vielerlei Hinsicht eingeschränkt. So muß es sich nach Art. 40 I SDÜ beispielsweise immer um eine auslieferungsfähige Straftat handeln[388], derentwegen die Observation durchgeführt werden soll. Des weiteren ist es erforderlich, daß der Staat, auf dessen Hoheitsgebiet die Observation erfol-

---

386 Der Begriff der Observation entspricht in Deutschland der „Polizeilichen Beobachtung" i.S.v. § 163 e StPO sowie der einschlägigen Normen der Polizeigesetze der Länder, vgl. *Gleß/ Lüke*, Jura 1998, 70 (73).

387 Vgl. etwa *Wolters*, Krim 1995, 172 (173).

388 Maßstab ist hier das Europäische Auslieferungsübereinkommen vom 13. 09. 1957 (BGBl. 1976 II, 1778), das gem. Art. 63 i.V.m. Art 59 I SDÜ Anwendung findet, was bedeutet, daß gem. Art. 2 EuAlUbk strafbare Handlungen umfasst sind, „die sowohl nach dem Recht des ersuchenden als auch nach dem des ersuchten Staates mit einer Freiheitsstrafe oder die Freiheit beschränkenden Maßregel der Sicherung und Besserung im Höchstmaß von mindestens einem Jahr oder mit einer schwereren Strafe bedroht sind"; vgl. insoweit auch *Mokros* in *Lisken/ Denninger*, Kapitel N, Rn. 76.

gen soll, im Wege eines Rechtshilfeersuchens um die Zustimmung zur Observation gebeten werden und diese Zustimmung auch erteilt haben muß[389]. Die Zustimmung kann auch mit Auflagen verbunden werden. Selbstverständlich unterliegen die observierenden Beamten während ihrer Tätigkeit auf fremdem Hoheitsgebiet dem jeweiligen nationalen Recht des betreffenden Staates, in dem sie sich gerade befinden (Art. 40 III lit. a. SDÜ), auch müssen sie sich immer in ihrer amtlichen Funktion ausweisen können (Art. 40 III lit. c. SDÜ) und einen Nachweis über die Zustimmung des Gebietsstaates zur Observation auf seinem Territorial bei sich führen (Art. 40 III lit. b. SDÜ). Wohnungen[390] oder öffentlich nicht zugängliche Gebäude dürfen nicht betreten werden, die observierte Person darf weder angehalten noch festgenommen werden (Art. 40 III lit. e. und f. SDÜ)[391]. Das Mitführen der Dienstwaffe ist für die Beamten auf fremdem Hoheitsgebiet erlaubt, allerdings ist der Einsatz nur zu Zwecken der Notwehr[392] zulässig (Art. 40 III lit. d. SDÜ).

Nur in besonderen Ermittlungsverfahren, denen die Verfolgung schwerer Straftaten zugrunde liegt[393], kann bei besonderer Dringlichkeit eine Observation auf fremdem Vertragsstaatsgebiet auch ohne vorherige Zustimmung fortgesetzt werden, wobei allerdings der Grenzübertritt umgehend dem Vertragsstaat anzuzeigen ist, auf dessen Hoheitsgebiet die Fortsetzung der Observation momentan erfolgt (Art. 40 II lit. a. SDÜ). Außerdem ist die nachträgliche Zustimmung in Form eines Rechtshilfeersuchens unverzüglich zu beantragen (Art. 40 II lit. b. SDÜ). Ist der betroffene Vertragsstaat nicht mit der Observation auf seinem Gebiet einverstanden, ist diese sofort einzustellen. Sofern die nachträgliche Zu-

389 Kritisch zu dieser „praxisfremden Handhabung“ *Schübel,* NStZ 1997, 105 (108); ferner *Krüger*, Krim 1994, 773 (775).

390 Problematisch auch, daß der Wohnungsbegriff in den Vertragsstaaten teilweise völlig unterschiedlich definiert wird, vgl. dazu *Würz*, Rn. 113.

391 Insbesondere weil die örtlichen Gegebenheiten selten gut bekannt seien, hält *Krüger*, Krim 1994, 773 (775) eine Observation unter solchen Vorgaben für einen „kalkulierbaren Mißerfolg“.

392 Auch die Voraussetzungen der Notwehr sind in den einzelnen Vertragsstaaten unterschiedlich, vgl. *Würz*, Rn. 115.

393 Erforderlich ist hier der Tatverdacht wegen einer Katalogtat des Art. 40 VII SDÜ. Im einzelnen zählen zu den Katalogtaten: Mord, Totschlag, Vergewaltigung, Vorsätzliche Brandstiftung, Falschmünzerei, Schwerer Diebstahl, Hehlerei, Raub, Erpressung, Entführung, Geiselnahme, Menschenhandel, Unerlaubter Verkehr mit Betäubungsmitteln, Verstoß gegen die gesetzlichen Vorschriften über Waffen und Sprengstoffe, Vernichtung durch Sprengstoffe sowie unerlaubter Verkehr mit giftigen und schädlichen Abfällen.

stimmung nicht binnen 5 Stunden nach Grenzübertritt erfolgt, muß die Observation ebenfalls eingestellt werden.

Wichtig ist ferner, daß die observierenden Beamten vollständig den Weisungen der Behörden des gewährenden Vertragsstaates unterstehen, in dem sie tätig werden[394]. Große Bedeutung für das Institut der grenzüberschreitenden Observation hat der Art. 40 VI SDÜ. Diese Vorschrift erlaubt es den Vertragsstaaten, im Wege bilateraler Vereinbarungen den Anwendungsbereich des Art. 40 SDÜ zu erweitern und zusätzliche Regelung zu seiner Durchführung zu treffen.

Das bedeutet zum einen, daß sich die Vertragsstaaten durch derartige Zusatzvereinbarungen gegenseitig mehr Befugnisse bei der Observation auf dem Hoheitsgebiet des anderen Vertragsstaates einräumen können. Zum anderen - und das spielt bei den Vorbehalten und Ängsten einiger Vertragsstaaten eine weitaus größere Rolle - ermöglicht diese Regelung aber auch eine weitere Beschränkung und Eingrenzung der in Art. 40 SDÜ geregelten Befugnisse[395].

Davon unabhängig haben zudem die einzelnen Vertragsstaaten unterschiedliche Erklärungen zur Ausübung der grenzüberschreitenden Observation (und Nacheile) abgegeben[396]. Die Umsetzung des – ohnehin sehr kompliziert formulierten[397] – Art. 40 SDÜ in der Praxis bereitet den Polizeibeamten der Vertragsstaaten daher bisweilen erhebliche Schwierigkeiten.

2. Grenzüberschreitende Nacheile[398]

Die Regelung der grenzüberschreitende Nacheile[399] im Schengener Durchführungsübereinkommen - einer der zentralen Diskussionspunkte[400] - gehörte zu den schwierigsten Teilen bei den Vertragsverhandlungen über das Schengener

---

394 Vgl. *Martínez Soria*, VA 1998, 400 (410).

395 Zu dieser Problematik ausführlich *Wolters*, Krim 1997, 86 (88 ff.).

396 Vgl. *Sturm*, Krim 1997, 99 (101).

397 So auch *Wolters*, Krim 1995, 172 (174).

398 „Nacheile“ ist die Verfolgung einer flüchtigen Person, die sich der Festnahme entziehen will, vgl. *Mokros* in *Lisken/ Denninger*, Kapitel N, Rn. 81.

399 Innerhalb der Bundesrepublik Deutschland regelt § 167 GVG die Nacheile über Ländergrenzen hinaus.

400 Vgl. *Gleß/ Lüke*, Jura 1998, 70 (74); ferner *Schreckenberger*, VA 1997, 389 (404).

Durchführungsübereinkommen, bisweilen lag hier die Kooperationsbereitschaft der Schengen-Staaten so weit auseinander, daß eine Gefährdung der Verhandlungen über die Ausgleichsmaßnahmen insgesamt eintrat[401]. Infolgedessen sind die Regelungen zur grenzüberschreitenden Nacheile nicht so weitgehend wie die zur grenzüberschreitenden Observation. Aus politischen Gründen war ein Konsens der Vertragsstaaten nur auf sehr niedrigem Niveau möglich[402]. Dabei erwies sich die Bundesrepublik Deutschland erneut am kooperativsten, wohingegen Frankreich einmal mehr seine restriktive Haltung gegenüber der Einräumung von Hoheitsrechten zugunsten staatenfremder Beamter auf dem eigenen Gebiet zeigte[403].

Nach Art. 41 I SDÜ ist es für Beamte eines Vertragsstaates grundsätzlich möglich, die Verfolgung einer Person, die auf frischer Tat[404] von oder der Teilnahme an einer Straftat betroffen wird oder aus der Haft entflohen ist, auf dem Hoheitsgebiet eines anderen Vertragsstaates ohne vorherige Zustimmung fortzusetzen.

Dieser Grundsatz der Zulässigkeit der grenzüberschreitenden Nacheile wird allerdings in vielfacher Weise eingeschränkt. So ist sie nur als ultima ratio[405] zulässig. Weiterhin müssen die zuständigen Behörden des Gebietsstaates spätestens bei Grenzübertritt informiert werden (vgl. Art. 41 I SDÜ). Ferner ist die Nacheile nur bei bestimmten Straftaten erlaubt. Hierzu können die einzelnen Vertragsstaaten gesonderte Erklärungen abgeben. Dabei beziehen sie sich wahlweise auf die in Art. 41 IV lit. a. SDÜ aufgeführten Katalogtaten[406] oder gemäß Art. 41

---

401 Vgl. etwa *Martínez Soria*, VA 1998, 400 (410 f.) sowie *Wolters*, Krim 1995, 172 (175); *Würz*, Rn. 124; *Taschner*, Rn. 59.

402 Kritisch zu den Regelungen über die grenzüberschreitende Nacheile *Schübel*, NStZ 1997, 105 (108); *Seiters*, DP 1993, 1 (3); *Taschner*, Rn. 59.

403 Vgl. *Taschner*, Rn. 59.

404 Hier gilt nicht ohne weiteres der Maßstab des § 127 I StPO, denn der deutsche Gesetzestext stellt lediglich eine Übersetzung aus dem französischen Text dar, bei der der französische Wortlaut frei übersetzt wurde, ohne daß entsprechende juristische Fachbegriffe, wie sie in der deutschen Rechtswissenschaft gebräuchlich sind, benutzt wurden. Zu den daraus resultierenden Auslegungsschwierigkeiten *Würz*, Rn. 130.

405 So *Wolters*, Krim 1995, 172 (175).

406 Das sind im einzelnen Mord, Totschlag, Vergewaltigung, Vorsätzliche Brandstiftung, Falschmünzerei, Schwerer Diebstahl, Hehlerei, Raub, Erpressung, Entführung, Geiselnahme, Menschenhandel, Unerlaubter Verkehr mit Betäubungsmitteln, Verstoß gegen die gesetzlichen Vorschriften über Waffen und Sprengstoffe, Vernichtung durch Sprengstoffe, unerlaubter Verkehr mit giftigen und schädlichen Abfällen sowie unerlaubtes Entfernen nach einem Unfall mit schwerer Körperverletzung oder Todesfolge.

IV lit. b. SDÜ auf die auslieferungsfähigen Straftaten (vgl. Art. 41 IX SDÜ)[407]. Wie bei der grenzüberschreitenden Observation ist es auch bei der grenzüberschreitenden Nacheile nicht zulässig, Wohnungen oder öffentlich nicht zugängliche Gebäude zu betreten (vgl. Art. 41 V lit. c. SDÜ). Des weiteren müssen die nacheilenden Beamten als solche eindeutig erkennbar sein[408] – beispielsweise durch das Tragen einer Uniform oder zumindest einer Armbinde[409] – und sie müssen jederzeit in der Lage sein, ihre amtliche Funktion nachzuweisen (vgl. Art. 41 V lit. d. SDÜ). Auch der Gebrauch der Dienstwaffe, die grundsätzlich mitgeführt werden darf, ist nur im Falle der Notwehr zulässig (vgl. Art. 41 V lit. e. SDÜ). Wie bei der grenzüberschreitenden Observation sind die nacheilenden Beamten jederzeit an die Weisungen der örtlich zuständigen Polizeidienststellen gebunden (vgl. Art. 41 V lit. a. SDÜ), im Extremfall müssen sie die Nacheile sofort abbrechen (vgl. Art. 41 I SDÜ).

Daß die Vertragsstaaten in vielen Punkten keinen Konsens erzielen konnten, ist daran zu erkennen, daß die entscheidenden Modalitäten der grenzüberschreitenden Nacheile optional durch Zusatzerklärungen der Vertragsstaaten festgelegt werden können[410]. So steht es nach Art. 41 II SDÜ beispielsweise den Vertragsstaaten frei, durch eine Zusatzerklärung ein Festhalterecht auszuschließen[411] oder aber ein solches einzuräumen, bis die Beamten des Gebietsstaates die Identitätsfeststellung oder die Festnahme vornehmen[412]. Ähnlich verhält es sich mit der Möglichkeit, die Nacheile zeitlich und räumlich zu begrenzen oder nicht. Nach Art. 41 III SDÜ können die Vertragsstaaten ebenfalls durch eine Zusatzerklä-

---

407 Die Bundesrepublik Deutschland hat sich für die erste Alternative (Katalogtaten) entschieden, vgl. Bundesanzeiger vom 23. 11. 1990, Nr. 217 a, S. 26, abgedruckt in BGBl. 1993 II, 1093.

408 Das gilt im übrigen auch für die von ihnen benutzten Fahrzeuge. Bei Zivilfahrzeugen bedarf es wenigstens einer Magnettafel mit der Aufschrift „Polizei" und/ oder eines aufmontierten Rundumlichtes, vgl. *Mokros* in *Lisken/ Denninger*, Kapitel N, Rn. 85.

409 Vgl. *Mokros* in *Lisken/ Denninger*, Kapitel N, Rn. 85.

410 Eine Übersicht der Rechte deutscher Beamter bei grenzüberschreitender Nacheile in den Schengener Nachbarstaaten findet sich bei *Würz*, Rn 151 und bei *Wolters*, Krim 1995, 172 (176).

411 Kritisch zu dieser Möglichkeit *Krüger*, Krim 1994, 773 (775), da damit das eigentliche Ziel der Nacheile - die Ergreifung der Person - nicht mehr möglich sei.

412 Die Bundesrepublik Deutschland räumt den Beamten der anderen Vertragsstaaten ein Festhalterecht auf ihrem Hoheitsgebiet ein, vgl. Bundesanzeiger vom 23. 11. 1990, Nr. 17 a, S. 26 f., abgedruckt bei BGBl. 1993 II, 1093; Frankreich schließt ein solches aufgrund seiner restriktiven Haltung in Souveränitätsfragen von vornherein aus, Belgien erlaubt das Festhalten nur in einem Zeitraum von 30 Minuten nach Grenzübertritt.

rung die Nacheile auf ein bestimmtes Gebiet und auf einen bestimmten Zeitraum nach Grenzübertritt beschränken oder die Nacheile unbegrenzt zulassen[413].

Nur durch die Einräumung der Möglichkeit der Vertragsstaaten, individuelle Erklärungen über die Modalitäten der grenzüberschreitenden Nacheile abzugeben, konnte diese überhaupt noch in das Schengener Durchführungsübereinkommen einbezogen werden[414].Eine anschließende Haft der festgenommenen Person darf sich gem. Art. 41 VI SDÜ nicht über 6 Stunden hinausziehen[415], es sei denn, es liegt schon ein Auslieferungsersuchen vor oder die Person ist Staatsangehöriger des Staates, in dem sie sich in Haft befindet[416].

Natürlich bleibt es den Vertragsstaaten gem. Art. 41 X SDÜ vorbehalten, im Wege bilateraler Vereinbarungen die im Schengener Durchführungsübereinkommen vorgesehenen Modalitäten der grenzüberschreitenden Nacheile beliebig zu erweitern. Von dieser Möglichkeit wird von den Vertragsstaaten allerdings nur sehr restriktiv Gebrauch gemacht.

3. Sonstige Kooperationsformen nach den Art. 39 I, 44, 47 SDÜ

Geringere Bedeutung haben die übrigen nach den Art. 39 ff. SDÜ vorgesehenen polizeilichen Kooperationsformen. Sie seien daher nur der Vollständigkeit halber erwähnt. Zwar manifestiert Art. 39 I SDÜ erstmals in der Geschichte der internationalen polizeilichen Beziehungen eine Verpflichtung zur Zusammenarbeit[417]. Jedoch sind bis auf die Institute der grenzüberschreitenden Nacheile und Observation nur wenig konkrete Formen der Kooperation in den Art. 39 ff. SDÜ festgehalten[418]. Die Verpflichtung zur gegenseitigen Hilfeleistung der Polizeidienste (Art. 39 I SDÜ) beispielsweise ist wenig konkret und gleicht eher einer

413 Auch hier hat die Bundesrepublik Deutschland sich für die großzügige Alternative entschieden, nacheilende Beamte können zeitlich und räumlich unbegrenzt auf deutschem Hoheitsgebiet tätig sein, vgl. Bundesanzeiger vom 23. 1. 1990, Nr. 17 a, abgedruckt bei BGBl. 1993 II, 1093.

414 Vgl. *Wolters*, Krim 1995, 172 (175).

415 Kritisch zu dieser Handhabung *Hertweck*, Krim 1995, 721 (724).

416 Grund für diese Zeitschranke seien nach *Gleß/ Lüke*, Jura 1998, 70 (74), Fn. 79 die unterschiedlich langen Haftzeiten in den Mitgliedsstaaten, wobei dies zu „Inländerdiskriminierungen" führen könne.

417 Vgl. *Wolters*, Krim 1997, 86 (88); *Mokros* in *Lisken/ Denninger*, Kapitel N, Rn. 60.

418 A.A. wohl *Schreckenberger*, VA 1997, 389 (402 f.).

Präambel als einer Pflicht zu bestimmten, den Polizeidienst eines anderen Vertragsstaates unterstützenden Tätigkeiten. Art. 39 I SDÜ hält zumindest fest, daß Hilfeleistungen sowohl im präventiven als auch im repressiven Bereich möglich sind. Mithin wird Art. 39 I SDÜ als eine Rechtshilfeverpflichtung zwischen Polizeibehörden angesehen[419]. Diese Verpflichtung gilt allerdings nur nach Maßgabe des jeweiligen nationalen Rechts und der jeweiligen örtlichen und sachlichen Zuständigkeit[420]. Daher steht dieser polizeilichen Kooperationsform - insbesondere auch in der Bundesrepublik Deutschland - entgegen, daß nach dem jeweiligen nationalen Recht die meisten Ersuchen auf dem Gebiet der Rechtshilfe nur von Justizbehörden gestellt werden können[421].

Im übrigen dürften weitere Formen der von Art. 39 I SDÜ erfassten Hilfeleistung bislang schon im Wege des – ungeregelten – kleinen Grenzverkehrs[422] praktiziert worden sein[423]. Nach Art. 39 V SDÜ ist eine weitergehende Zusammenarbeit aufgrund bilateraler Vereinbarungen von Nachbarstaaten innerhalb des Schengen-Verbundes weiterhin möglich.

Durch Art. 44 I SDÜ verpflichten die Vertragsstaaten sich, insbesondere in den Grenzregionen direkte Telefon-, Funk- und Telefaxverbindungen zum Zwecke der Erleichterung der polizeilichen und zollrechtlichen Zusammenarbeit zu errichten. Diese sollen vornehmlich der Informationsübermittlung im Zusammenhang mit der grenzüberschreitenden Observation und Nacheile dienen[424].

Mit Art. 47 I SDÜ wird die Möglichkeit der befristeten oder unbefristeten Entsendung von Verbindungsbeamten einer Vertragspartei zu Polizeidienststellen einer anderen Vertragspartei statuiert. Ziel solcher Entsendungen soll nach Absatz 2 der Vorschrift die Verbesserung der Zusammenarbeit zwischen den Vertragsparteien sein, wobei die Verbindungsbeamten beratend und unterstützend

---

419 Vgl. *Scheller*, JZ 1992, 904 (904).

420 Vgl. *Würz*, Rn. 65.

421 Vgl. *Mokros* in *Lisken/ Denninger*, Kapitel N, Rn. 12; allgemein zu dieser Problematik bei internationaler polizeilicher Zusammenarbeit *Wilkitzki*, ZStW 105 (1993), 821 (829 f.).

422 Vgl. dazu nur *Mokros* in *Lisken/ Denninger*, Kapitel N, Rn. 19 ff.

423 Vgl. *Gleß/ Lüke*, JA 1998, 70 (73), Fn. 55.

424 Ferner sollen die Vertragsparteien nach Art. 44 II SDÜ weitere entsprechende Möglichkeiten prüfen, etwa den Austausch von Material oder die Entsendung von Verbindungsbeamten, außerdem die Anpassung der benutzten Kommunikationssysteme.

tätig werden können. Gleichwohl bleibt hier festzuhalten, daß allen Vertragsstaaten vorbehalten bleibt, ob sie von derartigen Möglichkeiten auch Gebrauch machen. Das erklärt die vergleichsweise geringe Bedeutung im Verhältnis zu der grenzüberschreitenden Observation oder Nacheile.

V. Tätigkeitserweiterungen für Europol nach den Amsterdamer Verträgen[425]

Die neugefaßten Art. 30 EUV ff. regeln die polizeiliche Zusammenarbeit – dabei insbesondere Europol – deutlich präziser als der frühere Art. K.3 Nr. 9 EUV[426]. Dort werden die in der Zukunft vorgesehenen Befugnisse von Europol in konkreter Form angesprochen[427]. Demnach soll der Rat innerhalb von 5 Jahren Europol ermöglichen, zusammen mit den Behörden der Mitgliedsstaaten in operativen Teams an spezifischen Ermittlungsmaßnahmen in unterstützender Funktion teilzunehmen und sich an die Behörden der Mitgliedsstaaten mit der Bitte um Ermittlungen zu wenden[428]. Das bedeutet, daß Europol operative Aufgaben erhalten soll, jedoch weiterhin keine vollziehenden Befugnisse haben soll[429]. In Art. 30 EUV fallen Begriffe wie „operativen Zusammenarbeit" sowie „operative Aktionen gemeinsamer Teams mit Vertretern Europols". Die Vermutung, es handele sich hierbei um Wendungen, die möglicherweise über eine Unterstützung der internationalen Zusammenarbeit durch Europol hinausweisen und dieser eine eigenständige Rolle einräumen[430], liegt durchaus nicht fern.

Abgesehen von der Tatsache, daß die polizeiliche Zusammenarbeit eines der letzten Felder innerhalb der Bereiche Justiz und Inneres ist, die noch nicht vergemeinschaftet wurden[431], lassen die Vorgaben in Art. 30 EUV n.F. für den Fall ihrer bindend-rechtlichen Umsetzung einige deutliche Veränderungen und Er-

---

425 Zu den Amsterdamer Verträgen vgl. auch oben § 4 Abschnitt V.

426 Vgl. *Degen* in *von der Groeben/ Thiesing/ Ehlermann,* Vorbemerkungen zu den Artikeln K bis K.9 EUV, Rn. 33.

427 Vgl. dazu auch *Schneider*, Kriminalpolizei 1999, 203 (207).

428 Verfassungsrechtliche Bedenken für den Fall der gesetzlichen Umsetzung dieser Vorgaben äußert insbesondere *Pechstein*, DÖV 1998, 569 (575 f.).

429 Vgl. *Degen* in *von der Groeben/ Thiesing/ Ehlermann,* Vorbemerkungen zu den Artikeln K bis K.9 EUV, Rn. 33.

430 So jedenfalls *Bull* in DRiZ 1998, 32 (35).

431 Mithin gilt hier weiterhin das schwerfällige Einstimmigkeitsprinzip, vgl. *Karpenstein*, DVBl. 1998, 942 (945); ferner *Schönfelder/ Silberberg*, Internationale Politik 1997, 18 (18), Fn. 3.

weiterungen für die Polizeikooperation erwarten. Dabei ist allerdings zu beachten, daß der Amsterdamer Vertrag in diesem Bereich höchstens Absichtserklärungen der Mitgliedsstaaten manifestieren kann[432]. Mit den Bestimmungen innerhalb des VI. Titels des EU-Vertrags werden also noch keine neuen Befugnisse oder Tätigkeitserweiterungen festgelegt. Hier ist lediglich vorgesehen, daß innerhalb eines bestimmten Zeitraums die beabsichtigten Veränderungen durch den Rat (Einstimmigkeitsprinzip) umgesetzt werden[433].

VI. Rechtsquellen

Abschließend sollen die Rechtsquellen für die angesprochenen polizeilichen Tätigkeiten noch einmal zusammengefasst werden. Diese sind schließlich die Grundlage für eine verfassungsrechtliche Prüfung, die im nachfolgenden Teil 3 vorgenommen wird. Grundsätzlich ist zu betonen, daß als Rechtsgrundlagen für polizeiliches Tätigwerden aufgrund des Vorbehalts des Gesetzes ausschließlich nationales Recht herangezogen werden kann.

Die Europol-Konvention ist ein multilaterales Abkommen, das den verfassungsrechtlichen Ansprüchen insoweit für sich allein noch nicht Rechnung trägt. Die Normen der Europol-Konvention, die ermächtigungsgrundlagengleichen Charakter haben, können für deutsche Europolbeamte erst seit der Transformation der Konvention in deutsches Recht herangezogen werden. Das geschah durch die Verabschiedung des Europol-Gesetzes[434] durch den Deutschen Bundestag am 10. 10. 1997.

Auch das aus Rechtsschutzgründen umstrittene Immunitätsprotokoll, das die Rechtsverhältnisse des Bürgers gegenüber Europol und seinen Beamten regelt, kann nur nach entsprechender parlamentarischer Transformation in ein deutsches Gesetz innerstaatliche Bedeutung erlangen. Diese erfolgte im Mai 1998[435].

---

432 Ähnlich *Aschmann*, S. 200.

433 Vgl. dazu *Pechstein*, DÖV 1998, 569 (575 ff.), der den Weg von den unverbindlichen Vorgaben des Art. K.2 EUV (Art. 30 EUV n.F.) bis zum grundrechtsrelevanten deutschen Zustimmungsgesetz beschreibt.

434 Im Wortlaut *Gesetz zu dem Übereinkommen vom 26. Juli 1995 auf Grund von Art. K. 3 EUV über die Errichtung eines europäischen Polizeiamtes*, BGBl. 1997 II, 2150.

435 Vgl. oben § 4, Abschnitt III, Ziffer 4.

Entsprechend verhält es sich bei den Tätigkeiten deutscher Beamter nach dem Schengener Durchführungsübereinkommen. Diese können sich erst auf das Schengener Durchführungsübereinkommen als Ermächtigungsgrundlage[436] berufen, seitdem der Bundestag auch dieses Gesetz transformiert hat. Das *Gesetz zu dem Schengener Übereinkommen vom 19. Juni 1990 betreffend den schrittweisen Abbau der Kontrollen an den gemeinsamen Grenzen*[437] wurde dort am 15. 07. 1993 verabschiedet.

Die in den Amsterdamer Verträgen beabsichtigten Kooperationsformen[438] sind nur Vorläufer eines entsprechenden völkerrechtlichen Vertrages durch den Rat, der zu einer Umsetzungspflicht in nationales Recht führen würde. Für eine wirksame Rechtsgrundlage wäre insofern also noch der völkerrechtliche Vertrag – beispielsweise in Form einer Ergänzung zur Europol-Konvention – und dann in einem weiteren Schritt auf nationaler Ebene eine Ratifikation in Form eines Zustimmungsgesetzes erforderlich. Bisher ist der Rat noch nicht in dieser Hinsicht tätig geworden, mithin gibt es auch noch keine entsprechende bundesdeutsche Ermächtigungsgrundlage für die innerhalb der nächsten fünf Jahre vorgesehenen Tätigkeitserweiterungen Europols.

---

436 Streng dogmatisch gesehen ist die Ermächtigungsgrundlage das Transformationsgesetz, das sich auf das Schengener Durchführungsübereinkommen bezieht, vgl. insoweit *Herzog* in *Maunz/ Dürig*, Art. 59, Rn. 22.

437 BGBl. 1993 II, S. 1010.

438 Vgl. oben § 9 Abschnitt V sowie unten § 14.

§ 10 Zusammenfassung zu Teil 2

Es bleibt festzuhalten, daß sich die derzeitige und zukünftige polizeiliche Zusammenarbeit in Europa über die beiden zentralen völkerrechtlichen Verträge in diesem Bereich, das Schengener Durchführungsübereinkommen sowie die Europol-Konvention, definiert. Die Akteure, die – über entsprechenden nationalen Transformationsgesetze – diese Vorschriften anwenden müssen, sind zahlreich. Was die Vorschriften zu Europol angeht, so sind diese nur für den relativ kleinen Kreis der Europol-Bediensten sowie der Verbindungsbeamten maßgeblich. Anders verhält es sich beim Schengener Durchführungsübereinkommen. Die dort enthaltenen Regelungen über die polizeiliche Zusammenarbeit setzen letztlich für jeden einzelnen Polizisten innerhalb des Schengen-Verbundes neue, zusätzliche Maßstäbe. Hier ist also, anders als bei Europol, das allgemeine Polizeiwesen erfasst. Europol hingegen arbeitet noch abgetrennt von den normalen Polizeidienststellen und mit separater Rechtsgrundlage.

Teil 3

Allgemeine verfassungsrechtliche Maßstäbe und verfassungsrechtliche Überprüfung im Hinblick auf die vorgestellten Formen polizeilicher Zusammenarbeit

Teil 3 der Untersuchungen hat die eigentliche verfassungsrechtliche Überprüfung der soeben vorgestellten polizeilichen Kooperationsformen zum Gegenstand. Dabei werden in einem ersten Schritt alle verfassungsrechtlichen Normen und Prinzipien des Grundgesetzes zusammengetragen und umrissen, die hinsichtlich der in Teil 2 besprochenen Formen der Zusammenarbeit allgemein diskutiert werden oder sonst von Bedeutung sein könnten. Hiermit wird ein abstrakter Rahmen für die verfassungsrechtlichen Untersuchungen gesteckt. In einem zweiten Schritt erfolgt sodann die konkrete verfassungsrechtliche Überprüfung der thematisierten Kooperationsformen anhand der zuvor allgemein aufgestellten Maßstäbe.

§ 11 Abstrakte verfassungsrechtliche Maßstäbe für überstaatliche polizeiliche Kooperationsformen

I. Überblick

Polizeiliches Handeln ist in vielen Bereichen klassische Eingriffsverwaltung[439]. Gerade, wenn durch das Handeln in Grundrechte[440] des Bürgers eingegriffen werden soll, bedeutet dies, daß es für die polizeiliche Tätigkeit einer wirksamen gesetzlichen Ermächtigungsgrundlage bedarf. Das ergibt sich aus dem in Art. 20 III GG statuierten Vorbehalt des Gesetzes, der die vollziehende Gewalt an Recht und Gesetz bindet[441]. Das hat - in abgekürzter Form umschrieben - vor allem zur Folge, daß die Verwaltung nur aufgrund eines verfassungsmäßigen Gesetzes in Grundrechte des Bürgers eingreifen darf[442]. Aus diesem Grund sind die völkerrechtlichen Verträge Europol-Konvention und Schengener Durchführungsübereinkommen im Wege des Transformationsverfahrens vom Deutschen Bundestag in innerdeutsches Recht umgesetzt worden[443]. Die im Blickpunkt der Untersuchungen stehenden Formen internationaler polizeilicher Zusammenarbeit beruhen letztlich also - für die beteiligte deutsche Seite - auf deutschen Bundesgesetzen. Diese wiederum können aus deutscher Sicht nur dann wirksame Ermächtigungsgrundlagen sein, wenn sie mit der Verfassung in Einklang stehen. Der in Art. 20 III GG manifestierte Grundsatz vom Vorbehalt des Gesetzes findet damit

---

439 Vgl. etwa *Gusy*, Rn. 11.

440 Gemeint sind die in Abschnitt I (Art. 1 bis 19 GG) des Grundgesetzes verbrieften Rechte. Die Grundrechte des Grundgesetzes sind die die Ausübung der staatlichen Gewalt verfassungskräftig verpflichtenden subjektiven Rechte des Einzelnen, vgl. *Pieroth/ Schlink*, Rn. 56 m.w.N.

441 Einschränkend muß insoweit allerdings festgehalten werden, daß die Maßstäbe des Art. 20 III GG im Rahmen der Verwirklichung eines vereinten Europas gemäß Art. 23 I GG nur in Grundzügen zu berücksichtigen sind. Dieser Umstand kommt insbesondere bei Europol zum Tragen.

442 Zur klassischen Umschreibung dieses Verfassungsgrundsatzes vgl. BVerfGE 8, 156 (166 ff.) vom 06. 05. 1958; mittlerweile hat das Bundesverfassungsgericht diesen Grundsatz mit der sog. *Wesentlichkeitstheorie* dahingehend weiterentwickelt, daß der Gesetzgeber nur "in grundlegenden normativen Bereichen, zumal im Bereich der Grundrechtsausübung, soweit diese staatlicher Regelung zugänglich ist, alle wesentlichen Entscheidungen selbst treffen" muß, vgl. etwa BVerfGE 49, 89 (124 ff.) vom 08. 08. 1978 oder BVerfGE 80, 124 (132 ff.) vom 06. 06. 1089. Polizeiliche Eingriffsverwaltung fällt damit selbstverständlich noch unter den Gesetzesvorbehalt.

443 Vgl. dazu oben § 6 Abschnitt II.

seinen Ausdruck[444]. Durch diese Verfassungsnorm wird der einfache Gesetzgeber also an die verfassungsmäßige Ordnung gebunden[445]. Zwar binden die deutschen Grundrechte und Verfassungsprinzipien die überstaatlichen polizeilichen Kooperationsformen nicht unmittelbar, wenn keine deutsche öffentliche Gewalt ausgeübt wird[446]. Allerdings setzt nach Art. 23 I GG[447] die deutsche Beteiligung im Rahmen der Europäischen Union voraus, daß sie rechtsstaatlichen Grundsätzen verpflichtet und in ihr ein dem Grundgesetz im wesentlichen vergleichbarer Grundrechtsschutz gewährleistet ist[448].

Die im weiteren Verlauf zu überprüfenden Transformationsgesetze zur Europol-Konvention, zum entsprechenden Immunitätenprotokoll und zum Schengener Durchführungsübereinkommen müssen daher den Anforderungen der deutschen Verfassung in jeder Hinsicht Rechnung tragen. In keinem Fall darf sich ein staatlicher Akt zur Verfassung in Widerspruch setzen. Das gilt sowohl für die handelnde Exekutive als auch für gesetzesschaffende Legislative[449]. Daher müssen zum einen die Regelungen zu den thematisierten Kooperationsformen abstrakt mit den Grundrechten vereinbar sein, zum anderen ist aber auch die Vereinbarkeit mit den weiteren Verfassungsnormen sowie mit Verfassungsprinzipien erforderlich[450].

Gleichwohl muß bei den Untersuchungen das Korrektiv des Art. 23 I 1 GG beachtet werden, der für die Verwirklichung eines vereinten Europas sowie bei der Entwicklung der Europäischen Union "lediglich" die Gewährleistung eines dem Grundgesetz im wesentlichen vergleichbaren Grundrechtsschutzes einfordert[451]

---

444 Zur unterschiedlichen Herleitung des Grundsatzes des Gesetzesvorbehalts vgl. etwa *Jarass* in *Jarass/ Pieroth*, Art. 20 GG, Rn. 44 ff. m.w.N.; ferner *Brockmeyer* in *Schmidt-Bleibtreu/ Klein*, Art. 20 GG, Rn. 26.

445 Vgl. *Schnapp* in *von Münch/ Kunig*, Art. 20 GG, Rn. 35.

446 Vgl. BVerfGE 73, 339 (372) vom 22. 10. 1986; BVerfGE 58, 1 (27) vom 23. 06. 1981.

447 Die besondere Bedeutung des Art. 23 GG wird unter § 11 Abschnitt III Ziffer 5 näher behandelt.

448 Vgl. *Frowein/ Krisch*, JZ 1998, 589 (592) m.w.N.

449 Vgl. *Degenhart*, Rn. 228.

450 Ähnlich *Tettinger*, Rn. 198 und Rn. 200.

451 Zur Bedeutung der Art. 23 und 79 GG im Hinblick auf den Aufbau von Europol vgl. *Baldus*, ZRP 1997, 286 (286 ff.); ferner *Bull*, DRiZ 1998, 32 (36 f.).

II. Grundrechte

1. Mögliche Eingriffsformen und potentiell betroffene Grundrechte

Polizeiliches Tätigwerden kann insbesondere in individuelle Grundrechte des Einzelnen eingreifen. Das gilt sowohl für den präventiven als auch für den repressiven Aktionsbereich. Auch das dem Handeln zugrunde liegende Gesetz kann einen solchen Eingriff schon darstellen[452]. Sofern ein Gesetz einem Grundrecht entgegensteht, ist in einem weiteren Schritt zu fragen, ob es eine verfassungsrechtliche Rechtfertigung für diesen Eingriff gibt. Derartige zulässige Grundrechtsschranken sind Ausdruck der Koordinierungs- und Kompatibilisierungsbedürftigkeit der Grundrechte[453]. Die Gesetze, auf denen das Handeln der Polizei beruht, müssen insoweit als verfassungsrechtlich zulässige Grundrechtsschranken qualifiziert werden können[454].

Theoretisch können polizeiliche Handlungen sowie die ihnen zugrunde liegenden Gesetze fast jedes Grundrecht verletzen[455], Eingriffe in die freie Entfaltung der Persönlichkeit (Art.2 I GG), das Recht auf Leben und körperliche Unversehrtheit (Art. 2 II 1 GG) sowie in das Recht auf die Unverletzlichkeit der Freiheit der Person (Art. 2 II 2 GG) liegen für polizeiliches Tätigwerden geradezu auf der Hand. Auch sind Situationen denkbar, in denen die Polizei in die Grundrechte aus Art 5 (Meinungs- und Informationsfreiheit, Presse- und Kunstfreiheit), 8 (Versammlungs- und Vereinigungsfreiheit), 10 (Brief-, Post- und Fernmeldegeheimnis) und 11 GG (Freizügigkeit) eingreift. Eine abstrakte Darstellung jeder dieser Verfassungsnormen führt hier jedoch zu weit. Im Hinblick auf die hier zu untersuchenden polizeilichen Tätigkeiten sollen nicht sämtliche rein theoretisch in Betracht kommenden Grundrechte thematisiert werden.

---

452 Vgl. *Pieroth/ Schlink*, Rn. 207.

453 Vgl. *Dreier* in *Dreier*, Vorb., Rn. 84; in etwa auch *Pieroth/ Schlink*, Rn. 206.

454 Ähnlich *Drews/ Wacke/ Vogel/ Martens*, § 18 1., S. 267; ferner *Gusy*, Rn. 14.

455 Vgl. dazu umfassend für den Bereich der Gefahrenabwehr in *Drews/ Wacke/ Vogel/ Martens*, § 18 1., S. 268 ff.; *Götz*, Rn.323 ff.; ferner *Bull* in *Baldus/ Soiné*, 9 (15).

2. Grundrecht auf informationelle Selbstbestimmung[456], Art. 2 I i.V.m. Art. 1 I GG

Informationsnutzung stellt einen Schwerpunkt moderner polizeilicher Arbeit dar[457]. Ausdruck dessen sind auch der Aufbau des Schengener Informationssystems und der Europol-Informationssammlung[458]. Vor dem Hintergrund kontroverser Diskussionen um die Datenschutzstandards im Rahmen internationaler polizeilicher Zusammenarbeit soll es hier um das besondere Grundrecht auf informationelle Selbstbestimmung[459] gehen, das aus Art. 2 I i.V.m. Art 1 I GG abgeleitet wird und letztlich dem Schutz der Intimsphäre des Einzelnen dient[460]. In Anbetracht der Datenschutzregelungen in der Europol-Konvention und dem Schengener Durchführungsübereinkommen wird dieses Grundrecht von vielen Seiten[461] als nicht ausreichend beachtet angesehen.

Das Recht auf informationelle Selbstbestimmung als Form des allgemeinen Persönlichkeitsrechts wurde vom Bundesverfassungsgericht erstmalig im Jahre 1983 angesichts einer Entscheidung zur Volkszählung[462] geprägt und setzte völlig neue Maßstäbe für die computerisierte Verarbeitung personenbezogener Daten. Die Notwendigkeit eines derartigen Schutzes folgert das Bundesverfas-

---

456 *Aulehner*, S. 448 bezeichnet das Recht auf informationelle Selbstbestimmung nicht als Grundrecht, sondern als "verfassungsrechtlichen Schlüsselbegriff". Einigkeit herrscht zumindest darüber, daß es kein Grundrecht auf Datenschutz gibt, vgl. *Simitis*, NJW 1984, 398 (399); ähnlich *Kunig*, Jura 1993, 595 (595); a.A. *Dix*, Jura 1993, 571 (572).

457 Vgl. *Pitschas*, ZRP 1993, 174 (174).

458 Vgl. *Röben* in *Grabitz/ Hilf*, Band 1, Art. 30 EUV, Rn. 26.

459 Vgl. allgemein *Simitis*, NJW 1984, 398 (398 ff.); ferner *Hufen*, JZ 1984, 1072 (1072 ff.); *Heußner*, BB 1990, 1281 (1281 ff.) sowie *Kunig*, Jura 1993, 595 (595 ff.) und *Schlink*, Der Staat 25 (1986), 233 (233 ff.).

460 Zu den unterschiedlichen Ansätzen der dogmatischen Herleitung des Rechts auf informationelle Selbstbestimmung vgl. *Bleckmann*, Staatsrecht II, § 21, Rn. 48 ff.

461 Vgl. beispielsweise *Aulehner* in *Baldus/ Soiné*, 99 (99 ff.); *Kalk*, DuD 1999, 442 (443); *Zieschang*, ZRP 1996, 427 (427 ff.); *Lavranos*, DuD 1996, 400 (400 ff.); *Weichert*, DuD 1995, 450 (450 ff.); *Bäumler*, CR 1994, 487 (491); *Pitschas*, ZRP 1993, 174 (177); *Weichert*, CR 1990, 62 (62 ff.) jeweils m.w.N.

462 BVerfGE 65, 1 (1 ff.) vom 15. 12. 1983, Leitsatz: "*Unter den Bedingungen der modernen Datenverarbeitung wird der Schutz des Einzelnen gegen unbegrenzte Erhebung, Speicherung, Verwendung und Weitergabe seiner persönlichen Daten von dem allgemeinen Persönlichkeitsrecht des Art. 2 Abs. 1 in Verbindung mit Art. 1 Abs. 1 GG umfaßt. Das Grundrecht gewährleistet insoweit die Befugnis des Einzelnen, grundsätzlich selbst über die Preisgabe und Verwendung seiner persönlichen Daten zu bestimmen.*"

sungsgericht "aus den heutigen und künftigen Bedingungen der automatischen Datenverarbeitung", die es ermöglichen, personenbezogene Daten unbegrenzt zu speichern und jederzeit abzurufen und - darüber hinaus - insbesondere durch integrierte Informationssysteme - ein Persönlichkeitsbild zusammenzufügen, "ohne daß der Betroffene dessen Richtigkeit und Verwendung zureichend kontrollieren kann[463]." Das Bundesverfassungsgericht betont, daß jede Person wissen müsse, wer was wann und bei welcher Gelegenheit über sie weiß[464]. Damit wird die Befugnis des Einzelnen geschützt, grundsätzlich selbst zu entscheiden, wann und innerhalb welcher Grenzen persönliche Lebenssachverhalte offenbart werden[465]. Die geschützten Daten können völlig unterschiedlich sein, etwa Tagebücher und private Aufzeichnungen, Krankenakten, Steuerdaten oder Daten zu persönlichen und wirtschaftlichen Verhältnissen[466]. Intention dieser Bundesverfassungsgerichtsentscheidung ist es insbesondere, die Umwandlung des Individuums in einen "gläsernen Menschen" zu verhindern.

Insofern nimmt auch das Verfassungsprinzip der Gewaltenteilung mittelbaren Einfluß auf die Vorgaben des Bundesverfassungsgerichts[467]. Aus diesem Prinzip läßt sich nämlich die Zweckbindungspflicht als Teil des Rechts auf informationelle Selbstbestimmung herleiten. Das bedeutet für die Praxis, daß jede Behörde grundsätzlich nur solche Daten sammeln darf, die für die Wahrnehmung von in ihren Zuständigkeitsbereich fallenden Aufgaben erforderlich sind und diese Daten grundsätzlich auch an andere Behörden nicht weitergeben darf[468]. Damit kommt der spezielle Grundsatz der informationellen Gewaltenteilung zum Ausdruck. Der Gesetzgeber ist verfassungsrechtlich verpflichtet, für organisatorische Vorkehrungen zu sorgen, welche die vorgesehene Zweckbindung garantieren[469]. Selbst innerbehördlich müssen verschiedene Aufgaben und Funktionsbereiche im Datenverarbeitungsbereich streng voneinander getrennt werden.

---

463 Vgl. BVerfGE 65, 1 (42) vom 15. 12. 1983; ferner *Benda* in *Benda/ Maihofer/ Vogel*, § 6, Rn. 34 ff.; *Kunig* in *von Münch/ Kunig*, Art. 2 GG, Rn. 38.

464 Vgl. BVerfGE 65, 1 (43) vom 15. 12. 1983.

465 Vgl. BVerfGE 65, 1 (41 f.) vom 15. 12. 1983.

466 Weitere Beispiele mit entsprechenden Fundstellen aus der dem Volkszählungsurteil folgenden Rechtsprechung bei *Jarass* in *Jarass/ Pieroth*, Art. 2 GG, Rn. 32 f.

467 Vgl. insofern *Bleckmann*, Staatsrecht II, § 21, Rn. 103 ff.

468 Lesenswert dazu *Bleckmann*, Staatsrecht II, § 21, Rn. 52 ff. sowie *Benda* in *Benda/ Maihofer/ Vogel*, § 6, Rn. 35 ff.

469 Vgl. *Heußner*, BB 1990, 1281 (1283 f.).

Die Grundsätze dieser Entscheidung sind insbesondere für die Datenerhebung und Datenverarbeitung im Polizeiwesen von besonderer Bedeutung[470]. Seither gelten hier hohe datenschutzrechtliche Anforderungen, der sensible Bereich des Datenschutzrechts wird gerade in der Bundesrepublik Deutschland äußerst sorgsam gepflegt[471]. Um so mehr muß die Frage beantwortet werden, wie im Hinblick auf diese datenschutzrechtlichen Standards die Europol-Konvention und das Schengener Durchführungsübereinkommen in Verbindung mit den jeweiligen Transformationsgesetzen verfassungsrechtlich zu beurteilen sind. Die Gefahr einer Grundrechtsverletzung bei informationellen Tätigkeiten ihm Rahmen der polizeilichen Zusammenarbeit mit anderen Staaten muß ausgeschlossen sein. Das wiederum bemißt sich schon auf abstrakter Ebene am Wortlaut der einschlägigen Datenschutzregelungen, die es zu überprüfen gilt.

III. Weitere Verfassungsnormen und Verfassungsprinzipien

1. Überblick

Nicht nur die Grundrechte sind für die Staatsgewalt zu beachten, auch alle anderen Verfassungsnormen und -prinzipien müssen bei der Gesetzgebung zwingend berücksichtigt werden. Art. 20 III GG hält dies mit Blick auf den Gesetzgeber ausdrücklich fest, indem er sie eben nicht nur an die Grundrechte, sondern an die gesamte verfassungsmäßige Ordnung bindet. Mit dem Begriff der verfassungsmäßigen Ordnung ist der komplette Normenbestand der Verfassung bezeichnet[472]. Anders als bei der Überprüfung von Normen auf ihre Vereinbarkeit mit

---

470 Vgl. *Bäumler* in *Lisken/ Denninger*, Kapitel J, Rn. 23 ff.; ferner *Knemeyer*, NVwZ 1988, 193 (193). Weitergehend zum Schutzbereich des Rechts auf informationelle Selbstbestimmung etwa *Kunig*, Jura 1993, 595 (599 ff.) sowie *Heußner*, BB 1990, 1281 (1281 f.); ausführlich *Schlink*, Der Staat 25 (1986), 233 (235 ff.) sowie *Aulehner*, S. 448 ff., der den vom Bundesverfassungsgericht vorgegebenen Schutzbereich teilweise zu weit einschränkt (z.B. nur auf die zwangsweise oder geheime Datenerhebung).

471 Das Bundesverfassungsgericht hat mit einer neueren Entscheidung die Maßgaben aus dem Volkszählungsurteil im übrigen auch auf das speziellere Grundrecht aus Art. 10 GG für anwendbar erklärt, vgl. BVerfGE 100, 313 (359 f.) vom 14. 07. 1999.

472 Vgl. *Herzog* in *Maunz/ Dürig*, Art. 20 GG, Abschnitt VI, Rn. 6; *Jarass* in *Jarass/ Pieroth*, Art. 20 GG, Rn. 32; *Schnapp* in *von Münch/ Kunig*, Art. 20 GG, Rn. 35; *Schulze-Fielitz* in *Dreier*, Art. 20 GG, Rn. 76. Teilweise wird die Ansicht vertreten, sogar

einem Individualgrundrecht, geht es hier nicht um die Frage, ob trotz eines Eingriffs eine noch zulässige Einschränkung der Verfassungsnorm angenommen werden kann. Vielmehr führt hier schon jeder Widerspruch mit der Verfassung unmittelbar zur Verfassungswidrigkeit.

Das Grundgesetz enthält einige wesentliche Vorgaben und Prinzipien, die insbesondere bei grenzüberschreitender polizeilicher Zusammenarbeit in Vergessenheit zu geraten drohen, da faktische politische Zwänge innerhalb der Staatengemeinschaft und das Erfordernis einer effektiven, modernen Verbrechensbekämpfung im Mittelpunkt der gesetzgeberischen Überlegungen stehen[473]. Mithin wird im Rahmen der thematisierten polizeilichen Zusammenarbeit nach Meinung einiger Kritiker bedeutenden Verfassungsprinzipien nicht ausreichend Rechnung getragen[474]. Die meisten Verfassungsprinzipien, die sich bei der gesetzlicher Regelung grenzüberschreitender polizeilicher Kooperation auf dem Prüfstand befinden, entspringen dem wichtigen Rechtsstaatsprinzip[475] des Art. 20 GG.

2. Demokratieprinzip

Nach Art. 20 I GG ist die Bundesrepublik Deutschland ein demokratischer und sozialer Bundesstaat. In Art. 20 II S. 1 GG ergänzt der Verfassungsgeber erläuternd, daß alle Staatsgewalt vom Volke ausgeht. Das Bekenntnis zur Demokratie beinhaltet die verfassungsrechtliche Garantie, daß jede Ausübung von Staatsgewalt einer unmittelbaren oder mittelbaren demokratischen Legitimation bedarf, die um so effektiver sein muß, je bedeutender der Entscheidungsgehalt ist[476].

überpositive Rechtssätze fielen unter den Begriff, vgl. *Hamann/ Lenz*, Art. 20 GG, Anm. 9 a bb.

473 Kritisch insoweit *Lavranos*, DuD 1996, 400 (406); *Weichert* in *Baldus/ Soiné*, 72 (85); *Nachbaur*, KritJ 1998, 231 (238) m.w.N.; ähnlich *Lisken*, DRiZ 1998, 75 (77 f.).

474 Statt vieler *Prantl*, Süddeutsche Zeitung vom 08./ 09. 11. 1997; *Bull*, DRiZ 1998, 32 (32 ff.); *Martínez Soria*, VA 1998 (89), 400 (413 f.); *Wachholz*, Krim 1995, 715 (715 ff.); *Petri*, KritV 1998, 441 (441 ff.); *Bieber* NJW 1994, 294 (296).

475 Zur dogmatischen Herleitung des Rechtsstaatsprinzips sowie seiner Unterprinzipien vgl. nur *Schnapp* in *von Münch/ Kunig*, Art. 20 GG, Rn. 21 ff.; ferner *Sachs* in *Sachs*, Art. 20 GG, Rn. 49 ff. sowie *Herzog* in *Maunz/ Dürig*, Art. 20 GG, Abschnitt VII, Rn. 3 ff. und *Maunz/ Zippelius*, § 13 III, S. 90 ff.

476 Vgl. BVerfGE 83, 60 (71 ff.) vom 31. 10. 1990; ausführlich zum Demokratieprinzip *Böckenförde* in *Isensee/ Kirchhof*, Bd. I, § 22, Rn. 1 ff.

Wörtlich übersetzt bedeutet Demokratie "Herrschaft des Volkes"[477]. Das Volk übt seine Staatsgewalt - entsprechend Art. 20 II S. 2 GG - in Wahlen und Abstimmungen und durch besondere Organe der Gesetzgebung, der vollziehenden Gewalt und der Rechtsprechung aus. Eben diese Organe müssen wiederum zumindest indirekt demokratisch legitimiert sein[478]. Denn die Ausübung der Staatsgewalt durch besondere Organe ist als Handeln des Volkes nur anzuerkennen, wenn ein hinreichend enger Legitimationszusammenhang zu dem durch die Wahlen bekundeten Volkswillen besteht[479]. Jede Form staatlicher Gewalt muß letztlich also vom Volk in dieser Form kontrollierbar sein. Da die Bundesrepublik Deutschland eine parlamentarische - also repräsentative - Demokratie ist, müssen die Kontrollmöglichkeiten staatlicher Gewalt mithin zumindest dem Parlament eingeräumt werden. Die demokratische Legitimation der staatlichen Exekutive in der Bundesrepublik Deutschland wird daher durch die Parlamentswahl des Bundeskanzlers, dessen Regierungsbildung und die Personalentscheidungen in den Ressorts – wenn auch zunehmend mittelbar – hergeleitet[480].

Bezüglich internationaler polizeilicher Zusammenarbeit - gerade auch wenn sie in einer institutionalisierten Form betrieben wird - ist die Frage der parlamentarischen Kontrolle berechtigt[481]. Es ist durchaus denkbar, daß auch hier Staatsgewalt ausgeübt wird. Insoweit kann sich eine gesetzliche Grundlage für polizeiliches Handeln keinerlei Unklarheiten oder gar Defizite erlauben. Welches Parlament kann hier überhaupt eine effektive, der Souveränität des Volkes entsprechende Kontrollfunktion übernehmen? Hat das bundesdeutsche Parlament - und darauf muß es aus verfassungsrechtlicher Betrachtungsweise ankommen - in irgendeiner Form die Möglichkeit, die vorgestellten Formen polizeilicher Zusam-

477 Vgl. *Dreier* in *Dreier*, Art. 20 GG (Demokratie), Rn. 58 m.w.N.

478 Vgl. *Degenhart*, Rn. 6.

479 Vgl. *Sachs* in *Sachs*, Art. 20 GG, Rn. 23.

480 Vgl. *Sachs* in *Sachs*, Art. 20 GG, Rn. 25.

481 Die Bedenken ergeben sich insbesondere bei Europol, bei der sich die Bediensteten nach Art. 30 EuropolKonv nur von Zielsetzungen und Aufgaben von Europol leiten lassen dürfen. Sie dürfen von keiner Regierung, Behörde, Organisationen oder nicht Europol angehörenden Person Weisungen entgegennehmen oder anfordern, sofern anderes nicht angeordnet ist. Im Gegensatz zu den meisten Nationalstaaten in Europa ist diese Polizeibehörde eben keinem parlamentarisch verantwortlichen Minister weisungsgebunden nachgeordnet, vgl. dazu *Waechter*, ZRP 1996, 167 (167) sowie *Baldus*, ZRP 1997, 286 (289); ähnlich *Petri*, KritJ 1998, 441 (451 f.). Kritisch zum Schengener Durchführungsübereinkommen im Hinblick auf parlamentarische Kontrolle *Bieber*, NJW 1994, 294 (296).

menarbeit zu überwachen oder Einfluß darauf zu nehmen? Problematisch könnte insofern sein, daß es dem deutschen Gesetzgeber nicht möglich ist, aktiv an den Formulierungen und Ausgestaltungen der einschlägigen Gesetze mitwirken zu können. Vielmehr bleibt im Rahmen des Ratifikationsverfahrens nur die Möglichkeit eines "ja" oder "nein"[482]. Aus den einschlägigen Regelungen müßte sich diese Möglichkeit zumindest indirekt ergeben, um eine verfassungsrechtliche Haltbarkeit annehmen zu können. Zu berücksichtigen bleibt dabei allerdings auch hier die besondere Bedeutung des Art. 23 I GG, nach dem die demokratischen Grundsätze innerhalb eines europäischen Staatenbundes auf einem niedrigeren Niveau anzusetzen sind[483].

3. Bundesstaatsprinzip

Das Bundesstaatsprinzip wird ebenfalls aus Art. 20 I GG abgeleitet. Mit der Entscheidung für die Struktur eines Bundesstaates[484] wird vom Verfassungsgeber statuiert, daß sich der Gesamtstaat Bundesrepublik Deutschland aus mehreren Gliedstaaten zusammensetzt[485]. Diese stehen dem Gesamtstaat als grundsätzlich ebenbürtige Hoheitsträger gegenüber[486]. Mit einer derartigen gesamtstaatlichen Strukturierung wird insbesondere die Begrenzung politischer Macht bezweckt[487]. Das Bundesstaatsprinzip findet seine Ausgestaltung in verschiedenen verfassungsrechtlichen Regelungen, so etwa in den Neugliederungsvorschriften (Art. 29, 118, 118 a GG), der Kompetenzklausel (Art. 30 GG), der Kollisionsklausel (Art. 31 GG), der Regelung der Mitwirkung der Länder an der Willensbildung

---

482 Kritisch insoweit *Lisken*, DRiZ 1998, 75 (77); ferner *Akmann*, JA 1994, 49 (55), der in diesem Zusammenhang auf § 82 II der Geschäftsordnung des Bundestages hinweist; ähnlich kritisch zum "Dilemma der Parlamentarier" bei der Ratifizierung der Europol-Konvention *Ostendorf*, NJW 1997, 3418 (3419); a.A. jedoch *Baldus*, ZRP 1997, 286 (288).

483 So jedenfalls *Baldus*, ZRP 1997, 286 (287); Als Minimalstandard sei in diesem Zusammenhang zu verlangen, daß die Mitglieder der Europäischen Union Demokratien sein müssen und die Bürger an der Ausübung der europäischen Hoheitsgewalt zu beteiligen seien; vgl. auch *Penski*, ZRP 1994, 192 (195).

484 Zur Abgrenzung zum Einheitsstaat und zum Staatenbund vgl. *Herzog* in *Maunz/ Dürig*, Art. 20 GG, Abschnitt IV, Rn. 4 ff.

485 Vgl. näher *Pieroth* in *Jarass/ Pieroth*, Art. 20 GG, Rn. 16 ff.; *Schnapp* in *von Münch/ Kunig*, Art. 20 GG, Rn. 8; zur Definition des Bundesstaates vgl. *Herzog* in *Maunz/ Dürig*, Art. 20 GG, Abschnitt IV, Rn. 2.

486 Vgl. *Schnapp* in *von Münch/ Kunig*, Art. 20 GG, Rn. 8.

487 Vgl. BVerfGE 55, 274 (318 f.) vom 10. 12. 1980.

des Bundes durch den Bundesrat (Art. 50 GG), der Regelung der Finanzverfassung (Art. 104a ff. GG) sowie nicht zuletzt in den Vorschriften über die Mitwirkung der Bundesländer im Rahmen der Europäischen Union (Art. 23 IV - VII GG). Das Bundesstaatsprinzip wird von der sog. Ewigkeitsklausel des Art. 79 III GG erfaßt und genießt damit - ähnlich wie das Demokratieprinzip - höchsten Schutz.

Das Bundesstaatsprinzip kann zum einen bestimmte Rechte des Gesamtstaates gegenüber einzelnen Gliedstaaten begründen. Zentrales Recht ist hier die Pflicht der Bundesländer zur Bundestreue[488]. Allerdings begründen sich auf dem Grundsatz des bundesfreundlichen Verhaltens auch Rechte der einzelnen Bundesstaaten gegenüber dem Bund. So sind Bund und Länder zur gegenseitigen Rücksichtnahme und Unterstützung verpflichtet. Das indiziert insbesondere, daß Bund und Länder bei der Ausübung ihrer Gesetzgebungskompetenzen, beim Erlaß von Regierungs- und Verwaltungsakten sowie hinsichtlich von Verfahrensweisen auf die jeweiligen anderen Interessen Rücksicht zu nehmen haben[489]. Durch die Aufgaben und Befugnisse, die das Grundgesetz den Ländern zuweist, erwachsen ihnen eigene Rechtspositionen, die sie dem Bund gegenüber geltend machen können. Erläßt der Bund also beispielsweise ein Gesetz, das nach Ansicht der Länder in ihren Kompetenzbereich fällt, können sie das Bundesverfassungsgericht anrufen[490].

Das Prinzip der Bundesstaatlichkeit ist streng von dem Begriff des Föderalismus[491] zu unterscheiden[492]. Im Gegensatz zum verfassungsrechtlichen Begriff des Bundesstaatsprinzips hat der politische Begriff des Föderalismus keine Lehre oder System zum Gegenstand, vielmehr versteht er sich als ein Gestal-

---

488 Vgl. dazu grundlegend BVerfGE 1, 299 (315 ff.) vom 21. 05. 1952; im Hinblick auf die Treuepflichten des Bundes gegenüber den Ländern im Rahmen der Europäischen Union vgl. BVerfGE 92, 203 (230 ff.) vom 22. 03. 1995; ferner *Herzog* in *Maunz/ Dürig*, Art. 20 GG, Abschnitt IV, Rn. 61 ff.; *Pieroth* in *Jarass/ Pieroth*, Art. 20 GG, Rn. 20 ff.; *Degenhart*, Rn. 181 ff.; *Stern*, Bd. I, S. 699 ff.

489 Vgl. *Schnapp* in *von Münch/ Kunig*, Art. 20 GG, Rn. 9 mit Hinweis auf *Maunz/ Zippelius*, § 15 II, S. 108 f.

490 Vgl. dazu *Isensee* in *Isensee/ Kirchhof*, Bd. IV, § 98, Rn. 123 f.; *Stern*, Bd. I, § 19 III, S. 673.

491 Eingehend zum Begriff des Föderalismus etwa *Häberle*, DV 24 (1991), 169 (169 ff.) m.w.N.

492 Vgl. etwa *Herzog* in *Maunz/ Dürig*, Art. 20 GG, Abschnitt IV, Rn. 14; *Hesse*, Rn. 219 m.w.N.

tungsprinzip[493] oder politische Idee, die das Bundesstaatsprinzip ausfüllt. Insoweit hat der Föderalismus als solcher keinen eigenen verfassungsrechtlichen Stellenwert. Seinem politischen Charakter entsprechend intendiert der Föderalismus die möglichst kräftige Ausgestaltung der Rechtsstellung und der Befugnisse der Länderebene. Ein derartiges Prinzip, das die subjektive Verfolgung von bestimmten Interessen beinhaltet, kann nicht zum selbständigen Verfassungsprinzip erhoben werden[494].

Im Hinblick auf die Europäische Union[495] und dort insbesondere bezüglich der internationalen polizeilichen Zusammenarbeit des Bundes mit anderen Staaten können sich mitunter Probleme bezüglich der Einhaltung des Bundesstaatsprinzips bei Kompetenzfragen ergeben. Sowohl im Rahmen der Gesetzgebung als auch im Bereich der Exekutive ist die Zuständigkeitsabgrenzung insoweit nicht einfach.

Ausgangspunkt für Kompetenzabgrenzungen in jeder Hinsicht ist Art. 30 GG, dem der Gedanke der Subsidiarität der Bundesgewalt zugrunde liegt. Die Norm stellt damit einen der für das deutsche Bundesstaatssystem grundlegenden Verfassungssätze auf, indem sie als materielle Zuständigkeitsnorm die Kompetenzen zwischen Bund und Ländern vom Grundsatz her regelt[496]. Dieser Grundsatz findet für die Legislative in Art. 70 GG, für die Exekutive in Art. 83 GG und für die Judikative in Art. 92 GG seine Konkretisierung. Teilweise wird die Ansicht vertreten, daß angesichts des umfangreichen Kataloges der Gesetzgebungszuständigkeiten des Bundes (Art. 73 ff. GG) zumindest im Bereich der Legislative dieser Grundsatz unterwandert werde[497]. Gleichwohl geht die herrschende Meinung davon aus, daß sich in Zweifelsfällen bezüglich der Kompetenzverteilung zu-

---

493 Vgl. nur *Stern*, Bd. I, § 19 II, S. 660.

494 Art. 23 I 1 GG verpflichtet die Bundesrepublik Deutschland im Rahmen der Verwirklichung der Europäischen Union unter anderem auch zur Gewährleistung föderativer - nicht etwa bundesstaatlicher - Grundsätze. Daran läßt sich der Unterschied der vorgesehenen EU-Struktur (Staatenbund) zu einem Bundesstaat erkennen.

495 Kritisch zu der Einhaltung föderativer Grundsätze innerhalb der Europäischen Union zuletzt *Zuleeg*, NJW 2000, 2846 (2846).

496 Vgl. *Maunz* in *Maunz/ Dürig*, Art. 30 GG, Rn. 1; *Gubelt* in *von Münch/ Kunig*, Art. 30 GG, Rn. 1.

497 Vgl. etwa *Brockmeyer* in *Schmidt-Bleibtreu/ Klein*, Art. 30 GG, Rn. 10; *Gubelt* in *von Münch/ Kunig*, Art. 30 GG, Rn. 2 spricht vom "Auseinanderfallen von Verfassungsrecht und Verfassungswirklichkeit"; einschränkend *Maunz* in *Maunz/ Dürig*, Art. 30 GG, Rn. 1.

mindest eine widerlegbare Zuständigkeitsvermutung zu Gunsten der Länder aus Art. 30 GG ableiten läßt[498].

Da das Grundgesetz dem Bund keine allgemeine Gesetzgebungszuständigkeit für den Sachbereich der öffentlichen Sicherheit und Ordnung zugewiesen hat, fällt dieser Bereich nach den Art. 30, 70 I GG in die Gesetzgebungskompetenz der Länder[499]. Entsprechend verhält es sich mit der Ausführung der Ländergesetze[500], insofern ist auch die Polizei- und Ordnungsverwaltung Ländersache. Somit ist zunächst festzuhalten, daß nach der Verfassung grundsätzlich die Länder im Bereich des Polizei- und Ordnungswesens federführend sein sollen. Ausnahmen läßt das Grundgesetz neben den sog. Annexkompetenzen in Art. 73 GG zu[501]. Dort wird dem Bund die ausschließliche Gesetzgebungskompetenz zugewiesen für den Grenzschutz (Ziffer 5), die Bundeseisenbahnpolizei (Ziffer 6), die Zusammenarbeit des Bundes und der Länder in der Kriminalpolizei, zum Schutze der freiheitlichen demokratischen Grundordnung, des Bestandes und der Sicherheit des Bundes oder eines Landes (Verfassungsschutz) und zum Schutze gegen Bestrebungen im Bundesgebiet, die durch Anwendung von Gewalt oder darauf gerichtete Vorbereitungshandlungen auswärtige Belange der Bundesrepublik Deutschland gefährden, sowie die Einrichtung eines Bundeskriminalpolizeiamtes und die internationale Verbrechensbekämpfung (Ziffer 10 lit. a. bis c.). Die entsprechenden Verwaltungskompetenzen werden dem Bund durch Art. 87 I 2 GG übertragen, der die Errichtung eigener Bundesbehörden zu diesen Zwecken erlaubt.

Ob nun die deutsche Beteiligung an der Schengen-Kooperation, die Mitwirkung am Aufbau von Europol sowie der Erlaß der entsprechenden Bundesgesetze dazu überhaupt von derartigen Ausnahmekompetenzen umfaßt ist[502], kann zumindest in Frage gestellt werden und muß im weiteren Verlauf der Arbeit überprüft werden.

---

498 Vgl. *Gubelt* in *von Münch/ Kunig*, Art. 30 GG, Rn. 1; *Maunz* in *Maunz/ Dürig*, Art. 30 GG, Rn. 2 m.w.N.

499 Vgl. *Friauf* in *Schmidt-Aßmann*, 2. Abschnitt, Rn. 14.

500 Vgl. dazu BVerfGE 21, 312 (325) vom11. 04. 1967.

501 Dazu näher *Aschmann*, S. 58 ff.

502 Bezüglich Europol insoweit kritisch *Weichert* in *Baldus/ Soiné*, S. 72 (72 ff.); *Daub* in *Baldus/ Soiné*, S. 86 (86 ff.); lesenswert auch *Di Fabio*, DÖV 1997, 89 (100 f.); ferner zu der Problematik *Wachholz*, Krim 1995, 715 (715 ff.); allgemein *Pitschas*, JZ 1993, 857 (864 f.).

4. Prinzip der rechtlichen Kontrolle und des wirksamen Rechtsschutzes

Art. 19 IV GG enthält eine weitere tragende verfassungsrechtliche Garantie, nämlich die Rechtsweggarantie. Nach Satz 1 der Norm wird statuiert, daß jedem der Rechtsweg offen steht, der durch die öffentliche Gewalt in seinen Rechten verletzt wird. Das in Art. 19 IV GG verbriefte Recht wird teilweise als formelles Hauptgrundrecht oder gar als "Krönung des Rechtsstaats" bezeichnet[503]. Prägendes Charakteristikum des Art. 19 IV GG ist jedenfalls seine Eigenschaft als Instrument des individuellen Rechtsschutzes, d.h. individuelle Grundrechte und auch subjektive Rechte des einfachen Rechts[504] werden aus dem Blickwinkel der Rechtsstellung des einzelnen Menschen geschützt[505]. Es beschränkt sich inhaltlich nicht auf die Eröffnung des Rechtsweges gegen die öffentliche Gewalt als solche, sondern erfordert eine bestimmte Qualität des Rechtsschutzes[506]. Damit der durch Art. 19 IV GG garantierte Rechtsschutz eine bestmögliche Wirksamkeit[507] erzielen kann, stellen andere Verfassungsnormen bestimmte Standards auf. Die verfassungsrechtlichen Gewährleistungen der Art. 92, 97, 101 I, 103 I GG sowie auch das Rechtsstaatsprinzip im allgemeinen setzen insoweit Maßstäbe und gestalten den Inhalt des Rechtsschutzes mit aus.

So wird der Rechtsschutz in Form eines umfänglichen gerichtlichen Schutzes garantiert. Art. 92 GG vertraut die rechtsprechende Gewalt den Richtern an. Damit wird generell festgelegt, daß die gesamte öffentliche Gewalt[508] von staat-

---

503 Vgl. *Klein*, VVDStRL 8 (1950), 67 (88); *Herzog* in *Maunz/ Dürig*, Art. 19 GG Vorb., Rn. 5; ferner die Nachweise bei *Krebs* in *von Münch/ Kunig*, Art. 19 GG, Rn. 47 sowie *Schenke* in Bonner Kommentar, Art. 19 IV GG, Rn. 24.

504 Neben den Grundrechten werden auch die einfachgesetzlichen subjektiven Rechte umfaßt, vgl. nur *Krebs* in *von Münch/ Kunig*, Art. 19 GG, Rn. 59; *Hesse*, Rn. 338 sowie *Jarass* in *Jarass/ Pieroth*, Art. 19 GG, Rn. 25.

505 Vgl. *Schenke* in Bonner Kommentar, Art. 19 IV GG, Rn. 25; *Schmidt-Aßmann* in *Maunz/ Dürig*, Art. 19 IV GG, Rn. 8.

506 Vgl. *Harings*, S. 166.

507 *Schmidt-Aßmann* in *Maunz/ Dürig*, Art. 19 IV GG, Rn. 5 zieht diesen Begriff der "zu eingängigen Zauberformel der Effektivität des Rechtsschutzes" vor.

508 Gemeint ist damit die gesamte vollziehende Gewalt in der Ausübung hoheitlicher Befugnisse, unabhängig davon, ob sie als Regierung oder als Verwaltung tätig wird, vgl. *Jarass* in *Jarass/ Pieroth*, Art. 19 GG, Rn. 29 sowie *Hesse*, Rn. 337. Allerdings meint Art. 19 IV GG die Rechtsweggarantie im Geltungsbereich des Grundgesetzes, mithin wird Klagemöglichkeit nur gegen Eingriffe der deutschen an das Grundgesetz gebundenen öffentlichen Gewalt begründet, vgl. BVerfGE 58, 1 (27) vom 23. 06. 1981; ferner *Krebs* in *von Münch/ Kunig*, Art. 19, Rn. 55 m.w.N.

lichen Gerichten im Sinne der Art. 92 und 97 GG kontrolliert wird und mithin der Rechtsweg gegen sämtliche Rechtsverletzungen durch die öffentliche Gewalt gegeben ist[509]. Das bedeutet auch, daß die endgültige Entscheidungskompetenz nicht bei nicht-richterlichen staatlichen Schlichtungsstellen - etwa verwaltungsinternen Beschwerdeausschüssen - liegen darf[510], und zwar auch dann nicht, wenn die zuständigen Amtswalter in einer unabhängigen Position stehen[511]. Die organisatorische Trennung von jeglicher staatlichen Verwaltung ist insofern ganz wesentlich. Diese allgemeine Justizgewährungspflicht des Staates bildet die Kehrseite des staatlichen Gewaltmonopols, der bürgerlichen Friedenspflicht und des Selbsthilfeverbots[512]. Jedem Bürger muß es letztlich möglich sein, bei der Verletzung seiner Rechte ein rechtsstaatliches gerichtliches Verfahren zur Klärung anstrengen zu können. Dabei hat das Gericht in einem "fairen Verfahren" in angemessener Zeit Rechtsschutz zu gewähren[513].

Weiteres Element des in Art. 19 IV GG garantierten Rechtsschutzes ist die in Art. 97 GG genannte richterliche Unabhängigkeit[514], d.h. der Richter ist im Hinblick auf seine Entscheidungstätigkeit frei von Weisungen durch einen anderen Richter oder eine andere Stelle der Exekutive[515]. Ferner ist er in Bezug auf seine Person vor Absetzung oder Versetzung geschützt, er soll auch nicht aus Anlaß seiner rechtsprechenden Tätigkeit im Rahmen von Dienstaufsichtsmaßnahmen herangezogen werden können[516]. Die Unabhängigkeit des Richters hat des weiteren auch die Unparteilichkeit – also die innere Distanz oder Neutralität – zum Gegenstand[517].

---

509 Vgl. nur BVerfGE 11, 232 (233) vom 22. 06. 1960; BVerfGE 49, 329 (340) vom 11. 10. 1978; ferner *Schmidt-Aßmann* in *Maunz/ Dürig*, Art. 19 IV GG, Rn. 174; *Schenke* in Bonner Kommentar, Art. 19 IV GG, Rn. 39 f.; eingehend *Lorenz*, S. 202 ff.

510 Richtungsweisend BVerwGE 8, 350 (351 ff.) vom 13. 06. 1959. Infolge dieses Urteils wurde das Bundespatentgericht eingerichtet; vgl. auch *Schmidt-Aßmann* in *Maunz/ Dürig*, Art. 19 IV GG, Rn. 17.

511 *Schmidt-Aßmann* in *Schoch/ Schmidt-Aßmann/ Pietzner*, Einl., Rn. 25.

512 Vgl. BVerfGE 54, 277 (292) vom 11.06. 1980; vgl. auch *Badura*, Kapitel H, Rn. 23.

513 Ähnlich *Krebs* in *von Münch/ Kunig*, Art. 19 GG, Rn. 64; ferner *Stern*, Bd. I, § 20 IV 5, S. 854 m.w.N.

514 Eingehend *Simon*, Die Unabhängigkeit des Richters, 1975.

515 Vgl. etwa *Badura*, Kapitel H, Rn. 11; *Stern*, Bd. II, § 43 II, S. 912 f.; *Herzog* in *Maunz/ Dürig*, Art. 97 GG, Rn. 23 f.

516 Vgl. *Stern*, Bd. II, § 43 II, S. 911; ferner *Heyde* in *Benda/ Maihofer/ Vogel*, § 33, Rn. 80.

517 Vgl. *Heyde* in *Benda/ Maihofer/ Vogel*, § 33, Rn. 77; *Barbey* in *Isensee/ Kirchhof*, Bd. III, § 74, Rn. 40.

Auch das Recht auf rechtliches Gehör (Art. 103 I GG) zählt zu den allgemeinen Rechtsschutzstandards[518]. Als Prozeßgrundrecht stellte es eine Konkretisierung nicht nur des Rechtsstaatsprinzips, sondern auch der Menschenwürdegarantie dar[519]. Teil dieses verfassungsrechtlich garantierten Rechts ist das Recht auf Information innerhalb eines gerichtlichen Verfahrens, dabei wiederum insbesondere das Recht auf Akteneinsicht[520]. Weitere Verwirklichungsstufe des Anspruchs auf rechtliches Gehör ist das Äußerungsrecht. Dem Beteiligten eines Prozesses muß Gelegenheit gegeben werden, sich zu Tatsachen, Beweisergebnissen und zur Rechtslage zu äußern[521]. Auf einer dritten Ebene ist das Gericht verpflichtet, die Äußerungen der Beteiligten zur Kenntnis zu nehmen und in Erwägung zu ziehen[522]. Letztlich muß sich das Gericht zumindest mit den Hauptargumenten der Beteiligten auseinandersetzen und seine Entscheidung begründen[523].

Weitere allgemeine Schutzelemente, die sich aus Art. 19 IV GG ableiten lassen, sind das Gebot der Fairneß[524], das Gebot der Waffengleichheit[525] sowie der Grundsatz des Vertrauensschutzes im Prozeß[526]. Diese Rechtsschutzelemente sind in ihrer konkretisierten Form auf die Grundrechte aus den Art. 2 I und 3 I GG in Verbindung mit dem Rechtsstaatsprinzip zurückführbar[527].

Ob diesen Anforderungen des Art. 19 IV GG im Rahmen der hier thematisierten internationalen polizeilichen Zusammenarbeit aus deutscher Sicht ausreichend

---

518 Vgl. *Schmidt-Aßmann* in *Maunz/ Dürig*, Art. 19 IV GG, Rn. 18.

519 Vgl. BVerfGE 89, 28 (35) vom 08. 06. 1993; BVerfGE 86, 133 (144) vom 19. 05. 1992; ferner *Degenhart* in *Isensee/ Kirchhof*, Bd. III, § 76, Rn. 12, 13; *Schmidt-Aßmann* in *Maunz/ Dürig*, Art. 103 I GG, Rn. 2 ff. m.w.N.

520 Dazu BVerfGE 63, 45 (60) vom 08. 02. 1983; ferner *Rüping* in Bonner Kommentar, Art. 103 I GG, Rn. 29; *Schmidt-Aßmann* in *Maunz/ Dürig*, Art. 103 I GG, Rn. 74.

521 Vgl. BVerfGE 64, 135 (143) vom 17. 05. 1983. Näher *Schmidt-Aßmann* in *Maunz/ Dürig*, Art. 103 I GG, Rn. 80 ff; *Degenhart* in *Isensee/Kirchhof*, Bd. III, § 76, Rn. 19.

522 Vgl. BVerfGE 83, 24 (35) vom 30. 10. 1990

523 Vgl. *Schmidt-Aßmann* in *Maunz/ Dürig*, Art. 103 I GG, Rn. 99; *Knemeyer* in *Isensee/ Kirchhof*, Bd. VI, § 155, Rn.32.

524 Vgl. nur BVerfGE 57, 250 (275) vom 26. 05. 1981; BVerfGE 64, 135 (145 ff.) vom 17. 05. 1983.

525 Vgl. BVerfGE 35, 263 (276 f.) vom 19. 06. 1973.

526 Vgl. BVerfG NJW 1984, 2345 (2345) vom 09. 05. 1984.

527 Vgl. *Schmidt-Aßmann* in *Maunz/ Dürig*, Art. 19 IV GG, Rn. 20; noch weitere vom Bundesverfassungsgericht konkretisierte ungeschriebene Anforderungen an das gerichtliche Verfahren finden sich bei *Stern*, Bd. I, § 20 IV 5, S. 847 f.

Rechnung getragen wird, ist zumindest teilweise fraglich[528]. Insbesondere wegen des Immunitätenprotokolls[529] zur Europol-Konvention werden erhebliche verfassungsrechtliche Bedenken erhoben[530]. Aber auch in Anbetracht der in der Europol-Konvention und im Schengener Durchführungsübereinkommen getroffenen Regelungen über den Rechtsschutz wird von verschiedenen Seiten bemängelt, daß die Standards des Art. 19 IV GG nicht eingehalten worden seien[531]. Die verschiedenen Rechtsschutzansätze in der Europol-Konvention und dem Schengener Durchführungsübereinkommen müssen nachfolgend auf derartige Defizite überprüft werden.

5. Verfassungsrechtliche Vorgaben durch die Art. 23 und 24 GG

Art. 23 und 24 GG befassen sich mit den staatenübergreifenden Beziehungen der Bundesrepublik Deutschland. Neben der Präambel und den Art. 25, 26 und 59 GG betonen diese beiden Normen die Entscheidung der Bundesrepublik Deutschland für eine internationale Zusammenarbeit[532]. Die beiden Normen setzen wichtige Maßstäbe für die Beteiligung Deutschlands am Staatenbund Europa sowie an internationalen Einrichtungen im Hinblick auf die Übertragung von Hoheitsrechten. Auch für die Gesetze, die eine polizeiliche Zusammenarbeit mit anderen Staaten innerhalb und außerhalb der Europäischen Union regeln, haben sie eine wichtige Bedeutung. Beide Normen müssen bei der Ausgestaltung einer verfassungsrechtlich vertretbaren internationalen polizeilichen Zusammenarbeit unbedingt beachtet werden. Art. 23 und 24 GG geben in konkreter Form vor, was bei der Zusammenarbeit mir anderen Staaten von Seiten der Bundesrepublik Deutschland zwingend zu beachten ist und innerhalb welcher Grenzen eine solche Zusammenarbeit verfassungsrechtlich tragbar ist.

---

528 Zumindest im Hinblick auf Europol ist hier wieder zu berücksichtigen, daß Art. 19 IV GG nur den Rechtsschutz gegen *deutsche* öffentliche Gewalt meint; im übrigen kommt wiederum Art. 23 I 1 GG zum Tragen, nach dem u.a. nur rechtsstaatliche Grundsätze zu gewährleisten sind.

529 Vgl. dazu oben § 4 Abschnitt III Ziffer 4.

530 Vgl. insbesondere *Hirsch*, ZRP 1998, 10 (10 ff.); *Frowein/ Krisch*, JZ 1998, 589 (589 ff.); *Nachbaur*, KritJ 1998, 231 (231 ff.); *Lisken*, DRiZ 1998, 75 (76); Informationsbericht in DRiZ 1998, 140 (140 ff.).

531 Vgl. etwa *Bull* in *Baldus/ Soiné*, 9 (18); *Weichert*, CR 1990, 62 (65 f.); *Gleß/ Lüke*, Jura 1998, 70 (74); *Kalk*, DuD 1999, 442 (445); *Bieber* NJW 1994, 294 (296).

532 Vgl. *Harings*, S. 60.

a. Anforderungen des Art. 23 GG

Der neue "Europaparagraph", der 1992 in das Grundgesetz eingefügt wurde[533], befaßt sich mit der Mitwirkung der Bundesrepublik Deutschland bei der Verwirklichung der Europäischen Union. Bis zu diesem Zeitpunkt wurde die Beteiligung Deutschlands daran auf Art. 24 I GG gestützt. Diese Norm vermochte allerdings in Anbetracht ihres "mageren" Gehalts[534] den wachsenden Anforderungen der immer engeren und komplizierteren Verzahnung von Gemeinschaftsrecht und nationalem Recht kaum noch standzuhalten[535]. Hinzu kam, daß für die Bundesrepublik Deutschland eine klare verfassungsrechtliche Grundlage für die Zustimmung zu den Maastrichter Verträgen erforderlich war[536].

Art. 23 GG hat in seinem Absatz 1 Satz 1 das Staatsziel[537] eines vereinten Europas durch die Mitwirkung an der Verwirklichung der Europäischen Union zum Gegenstand[538]. Neben dieser "Integrationsöffnungsklausel" steht die "Struktursicherungsklausel"[539], die alle Verfassungsorgane verpflichtet, sich für die Verwirklichung demokratischer, rechtsstaatlicher, sozialer und föderativer[540] Grundsätze sowie des Grundsatzes der Subsidiarität und eines dem Grundgesetz vergleichbaren Grundrechtsschutzes innerhalb der Europäischen Union einzusetzen. Diese Struktursicherungsklausel verpflichtet die Bundesrepublik Deutschland noch nicht zu einer strengen Verwirklichung der bundesdeutschen Verfas-

---

533 BGBl. 1992 I, S. 2086.

534 Vgl. *Jarass* in *Jarass/ Pieroth*, Art. 23 GG, Rn.1.

535 Vgl. dazu *Streinz* in *Sachs*, Art. 23 GG, Rn. 3. Systematisch stellt die Neuregelung des Art. 23 GG eine lex specialis zu Art. 24 I GG dar; vgl. *Scholz* in *Maunz/ Dürig*, Art. 23 GG, Rn. 3.

536 Vgl. *Rojahn* in *von Münch/ Kunig*, Art. 23 GG, Rn. 2; kritisch insoweit *von Simson/ Schwarze* in *Benda/ Maihofer/ Vogel*, § 4, Rn. 120 ff.

537 Staatszielbestimmungen formulieren bestimmte Grundsätze und Richtlinien für das staatliche Handeln, sie geben dem Staat in bestimmten Richtungen durch Gebote und Weisungen Orientierungen und sachliche Aufgaben, insofern sind Staatszielbestimmungen vom normativ verbindlichen Verfassungsauftrag zu unterscheiden, vgl. *Scholz* in *Maunz/ Dürig*, Art. 23 GG, Rn. 37; a.A. wohl *Jarass* in *Jarass/ Pieroth*, Art. 23 GG, Rn 5, der von einem rechtsverbindlichen Auftrag spricht.

538 Vgl. *Jarass* in *Jarass/ Pieroth*, Art. 23 GG, Rn. 5 f.; *Scholz* in *Maunz/ Dürig*, Art. 23 GG, Rn. 36; *Rojahn* in *von Münch/ Kunig*, Art. 23 GG, Rn. 3; *Streinz* in *Sachs*, Art. 23 GG, Rn. 10.

539 Vgl. *Scholz* in *Maunz/ Dürig*, Art. 23 GG, Rn. 39.

540 Zum Unterschied zwischen föderativen und bundesstaatlichen Grundsätzen vgl. oben § 11 Abschnitt III Ziffer 3.

sungsvorgaben aus Art. 20 I GG[541]. Denn die Europäische Union soll gerade kein (Bundes-)Staat sein. Insofern sind an die genannten Strukturvorgaben niedrigere Anforderungen zu stellen. Allerdings dürfen die jeweiligen Prinzipien nicht aus dem Auge verloren werden und müssen wenigstens in Grundzügen berücksichtigt werden.

Weitere wichtige Norm ist Art. 23 I 2 GG, der es der Bundesrepublik Deutschland ermöglicht, zur Verwirklichung eines vereinten Europas durch Gesetz mit Zustimmung des Bundesrates Hoheitsrechte zu übertragen. Gemeint ist hier die Übertragung von Hoheitsrechten auf die Europäische Union oder eine europarechtliche Gemeinschaftseinrichtung[542]. Unter "Hoheitsrechten" ist die Ausübung öffentlicher Gewalt im innerstaatlichen Bereich durch Gesetzgebung, Exekutive und Rechtsprechung zu verstehen, wobei es darauf ankommt, daß ein direkter Durchgriff in den staatlichen Herrschaftsbereich erfolgt[543]. Es kommt letztlich also darauf an, ob Befugnisse eingeräumt werden, die direkte Wirkung im innerstaatlichen Bereich entfalten und keiner weiteren Umsetzung durch staatsinterne Stellen bedürfen. Es wird die Ansicht vertreten, daß zwischen der Übertragung von Hoheitsrechten auf die Europäische Union und einer solchen auf andere EU-Staaten im Rahmen der nur intergouvernementalen Zusammenarbeit streng zu differenzieren sei[544]. Gleichwohl muß der Inhalt des Art. 23 I 1, 2 GG natürlich auch als verfassungsrechtlicher Maßstab bei der Übertragung von Hoheitsrechten auf andere Staaten der Europäischen Union herangezogen werden. Das Grundgesetz verhält sich nämlich ansonsten zu einer derartigen Übertragung von Hoheitsrechten an keiner Stelle. Konsequenterweise ist Art. 23 I 1, 2 GG daher auch für den Bereich der Übertragung von Hoheitsrechten auf andere EU-Staaten einschlägig. Im übrigen muß zur Verwirklichung der Europäischen Union die Übertragung von Hoheitsrechten auch auf andere Staaten möglich sein, selbst wenn dies nicht ausdrücklich im Grundgesetz festgehalten wird.

---

541 Vgl. insoweit BVerfGE 89, 155 (182) vom 12. 10. 1993; ferner *Baldus*, ZRP 1996, 286 (287); *Streinz* in *Sachs*, Art. 23 GG, Rn. 20; *Rojahn* in *von Münch/ Kunig*, Art. 23 GG, Rn. 20; *Jarass* in *Jarass/ Pieroth*, Art. 23 GG, Rn. 7.

542 Vgl. *Scholz* in *Maunz/ Dürig*, Art. 23 GG, Rn. 45; *Rojahn* in *von Münch/ Kunig*, Art. 23 GG, Rn. 41.

543 Vgl. *Streinz* in *Sachs*, Art. 23 GG, Rn. 53 f.

544 Vgl. insoweit *Harings*, S. 61.

In materieller Hinsicht ist die Übertragung von Hoheitsrechten nur möglich, wenn den Anforderungen des Art. 23 I 1 GG prinzipiell entsprochen wird[545]. Des weiteren wird mit Art. 79 III GG eine materiellrechtliche Grenze für die Übertragung von Hoheitsrechten gesetzt.

Die Vorschrift des Art. 23 GG enthält in ihren Absätzen 4 bis 7 weitere Regelungen zur Beteiligung der Länder bei der Willensbildung des Bundes im Bereich der Europäischen Union. Die Gewichtung der Länderbeteiligung hängt dabei von der Bedeutung und insbesondere auch der innerstaatlichen Kompetenzzuweisung ab. Diese Vorschriften stellen eine Konkretisierung des Bundesstaatsprinzips dar[546] und sind bei der Überprüfung der Verfassungsmäßigkeit der thematisierten Kooperationsformen im Rahmen des Art. 20 I GG zu berücksichtigen[547]. Gleichwohl gilt es schon an dieser Stelle, den Maßstab des Art. 23 I 1 GG zu beachten. Dieser gibt das Maß der Berücksichtigung bundesstaatlicher Verfassungsprinzipien ja nur insoweit vor, als er diese „in Grundzügen" gewahrt wissen will.

b. Anforderungen des Art. 24 GG

Art. 24 GG behält im Hinblick auf die Übertragung von Hoheitsrechten seine Berechtigung in Bezug auf zwischenstaatliche Einrichtungen außerhalb der Europäischen Union. Eine zwischenstaatliche Einrichtung[548] ist jede durch Verträge zwischen Völkerrechtssubjekten geschaffene Organisation[549], an deren Tätigkeit Deutschland diskriminierungsfrei teilnimmt[550] und die Aufgaben erfüllt, die traditionell im Rahmen nationaler öffentlicher Gewalt ausgeübt werden[551]. Im Hinblick auf den Begriff der Hoheitsrechte kann auf die Ausführungen zu Art. 23 GG verwiesen werden. Auch hier ist entscheidendes Kriterium der

545 Vgl. *Jarass* in *Jarass/ Pieroth*, Art. 23 GG, Rn. 7.

546 Vgl. *Jarass* in *Jarass/ Pieroth*, Art. 23 GG, Rn. 45 ff.

547 Kritisch zur Effektivität des Art. 23 GG im Hinblick auf die Einbeziehung der Bundesländer in Angelegenheiten der Europäischen Union zuletzt *Pollermann*, KritJ 1999, 83 (83 ff.).

548 Vgl. *Jarass* in *Jarass/ Pieroth*, Art. 24 GG, Rn. 7 m.w.N.

549 Vgl. BVerfGE 2, 347 (377 f.) vom 30. 06. 1953; ferner *Tomuschat* in Bonner Kommentar, Art. 24 GG, Rn. 39 ff.

550 Vgl. etwa *Randelzhofer* in *Maunz/ Dürig*, Art. 24 GG, Rn. 50; *Pernice* in *Dreier*, Art. 24 GG, Rn. 36; *Streinz* in *Sachs*, Art. 24 GG, Rn. 21.

551 Vgl. *Mosler* in *Isensee/ Kirchhof*, Bd. VII, § 175, Rn. 1.

"Durchgriffseffekt" einer Handlungsform[552]. In formaler Hinsicht kann die Übertragung von Hoheitsrechten nur durch förmliches Bundesgesetz erfolgen[553]. Die Beteiligung des Bundesrates folgt den Regeln, die für Art. 59 II GG gelten. Die Zustimmung des Bundesrates ist insbesondere dann erforderlich, wenn Hoheitsrechte aus dem Kompetenzbereich der Bundesländer übertragen werden[554]. In materieller Hinsicht beschränkt sich die Übertragung von Hoheitsrechten durch die Gewährleistung der "Identität der geltenden Verfassungsordnung der Bundesrepublik Deutschland.[555]" Eine Aushöhlung des durch Art. 79 III GG zum Ausdruck kommenden Schutzes der zentralen Verfassungsstrukturen soll damit ausgeschlossen werden[556].

Dem Wortlaut der Vorschrift wird entnommen, daß eine Übertragung von Hoheitsrechten auf andere Staaten oder deren öffentlich-rechtlichen Körperschaften sowie nichtstaatliche Organisationen von Art. 24 GG nicht umfaßt werde[557]. Sorgfältig davon unterschieden werden muß die Nutzung von Organen eines Mitgliedsstaates durch die zwischenstaatliche Einrichtung, die das Bundesverfassungsgericht für zulässig erachtet[558]. Ob eine Übertragung von Hoheitsrechten auf andere Staaten verfassungsrechtlich unzulässig ist, weil Art. 24 GG diesen Fall eben nicht wörtlich nennt, wird unterschiedlich beurteilt[559]. Diese Frage spielt im Hinblick auf die Übertragung von Hoheitsrechten auf die anderen Vertragsstaaten nach dem Schengener Durchführungsübereinkommen eine Rolle. Im Ergebnis ist eine derartige Übertragung nicht aus vorbenannten Gründen unzulässig. Insofern kann auf die entsprechende Argumentation zu Art. 23 I GG verwiesen werden. Auch dort ist nicht ausdrücklich die Rede von der Übertragung von Hoheitsrechten auf andere Staaten.

---

552 Vgl. insoweit *Tomuschat* in Bonner Kommentar, Art. 24 GG, Rn. 8 ff.; ferner *Randelzhofer* in *Maunz/ Dürig*, Art, 24 GG, Rn. 30; *Streinz* in *Sachs*, Art. 24 GG, Rn. 13.

553 Vgl. BVerfGE 58, 1 (35) vom 23. 06. 1981.

554 Vgl. *Jarass* in *Jarass/ Pieroth*, Art. 24 GG, Rn. 8.

555 Vgl. etwa BVerfGE 58, 1 (40 ff.) vom 23. 06. 1981.

556 Vgl. etwa *Tomuschat* in Bonner Kommentar, Art. 24 GG, Rn. 50 f.

557 Vgl. *Randelzhofer* in *Maunz/ Dürig*, Art, 24 GG, Rn. 52 f.; *Jarass* in *Jarass/ Pieroth*, Art. 24 GG, Rn. 7; *Tomuschat* in Bonner Kommentar, Art. 24 GG, Rn. 44; *Streinz* in *Sachs*, Art. 24 GG, Rn. 20.

558 Vgl. BVerfGE 58, 1 (42) vom 23. 06. 1981; ferner *Geiger*, Grundgesetz, S. 143.

559 *Jarass* in *Jarass/ Pieroth*, Art. 24 GG, Rn. 7; *Tomuschat* in Bonner Kommentar, Art. 24 GG, Rn. 44 halten eine Übertragung auf andere Staaten für unzulässig; a.A. *Rauser*, S. 246 ff.; *Harings*, S. 62; unklar *Streinz* in *Sachs*, Art. 24 GG, Rn. 20 sowie *Randelzhofer* in *Maunz/ Dürig*, Art. 24 GG, Rn. 53.

IV. Rechtsfolgen der Verfassungswidrigkeit eines Gesetzes

Die zusammengetragenen besonderen verfassungsrechtlichen Anforderungen an Gesetze, die den Bereich der internationalen polizeilichen Zusammenarbeit regeln, sind zwingend. Das ergibt sich im Hinblick auf mögliche Ermächtigungsgrundlagen aus dem schon erwähnten Vorbehalt des Gesetzes (Art. 20 III GG). Aber auch die Regelungen, die nicht als Ermächtigungsgrundlagen dienen, müssen den verfassungsrechtlichen Ansprüchen gerecht werden. Der Gesetzgeber ist sowohl formell als auch materiell an die Vorgaben des Grundgesetzes gebunden[560]. Daher ist ein Gesetz, das mit dem Grundgesetz unvereinbar ist, grundsätzlich von Anfang an ipse iure nichtig[561], und zwar ohne weiteren Gestaltungsakt. Es ist also nicht bloß vernichtbar[562]. Konsequenz für die Exekutive und die Judikative ist das grundsätzliche Verbot der weiteren Anwendung des Gesetzes. Ausnahmen davon sind nur im Falle einer ausdrücklichen Erklärung des Bundesverfassungsgerichts möglich[563]. Vor dem Hintergrund der Anforderungen des Art. 23 I 1 GG wären dementsprechend auch die zugrunde liegenden völkerrechtlichen Verträge verfassungswidrig[564].

V. Zusammenfassung zu § 11

Ausgangspunkt des Kapitels war die Frage, welche verfassungsrechtlichen Normen bei der deutschen Gesetzgebung zur internationalen polizeilichen Zusammenarbeit typischerweise besonders zu berücksichtigen sind. Im Grundrechtsbereich ist vor allem die Einhaltung hoher Datenschutzstandards erforderlich, um das Recht auf informationelle Selbstbestimmung aus Art. 2 I i.V.m. 1 I GG nicht zu verletzen. Des weiteren stehen bei der Regelung internationaler polizeilicher

---

560 Vgl. nur *Herzog* in *Maunz/ Dürig*, Art. 20 GG, Abschnitt VI, Rn. 3; *Sachs* in *Sachs*, Art. 20, Rn. 61; ferner *Schulze-Fielitz* in *Dreier*, Art. 20 GG, Rn. 77.

561 Vgl. etwa BVerfGE 93, 373 (376) vom 16. 01. 1996; BVerfGE 93, 1 (25) vom 16. 05. 1995; BVerfGE 84, 9 (20 f.) vom 05. 03. 1991; ferner *Schlaich*, Rn. 343 ff.; *Battis* in *Isensee/ Kirchhof*, Bd. VII, § 165, Rn. 1 und Rn. 30; *Herzog* in *Maunz/ Dürig*, Art. 20 GG, Abschnitt VI, Rn. 12; eingehend *Hartmann*, DVBl. 1997, 1264 (1264 ff.); *Menzel*, DVBl. 1997, 640 (642 ff.).

562 So aber die sog. *Vernichtbarkeitslehre*, dazu *Lippold*, Der Staat 29 (1990), 185, 204 ff. m.w.N.

563 Näher zur dann ausgesprochenen sog. Unvereinbarkeitserklärung *Schlaich*, Rn. 359 ff.; *Battis* in *Isensee/ Kirchhof*, Bd. VII, § 165, Rn. 33 ff.; *Seer*, NJW 1996, 285 (285 ff.).

564 Vgl. *Scholz* in *Maunz/ Dürig*, Art. 23 GG, Rn. 55.

Zusammenarbeit mehrere Rechtsstaatsprinzipien zur Diskussion. So ist aufgrund anderer Strukturen innerhalb der Europäischen Union eventuell ein Demokratiedefizit wegen mangelnder parlamentarischer Kontrolle zu verzeichnen. Auch das Bundesstaatsprinzip ist möglicherweise nicht beachtet, wenn das Polizeiwesen im Hinblick auf Europa unter Umständen entgegen den Kompetenzzuweisungen in der Verfassung durch den Bund geregelt und ausgeführt wird. Des weiteren könnten sich Probleme im Hinblick auf den von Art. 19 IV GG garantierten Rechtsschutz gegen Akte der öffentlichen Gewalt ergeben, wenn nicht klar ist, wer die öffentliche Gewalt überhaupt ausübt und wo man dagegen seinen Rechtsschutz im Falle einer Rechtsverletzung geltend machen kann. Für den Fall, daß die Regelungen über internationale polizeiliche Zusammenarbeit anderen Hoheitsträgern als der Bundesrepublik Deutschland hoheitliches Handeln im Geltungsbereich des Grundgesetzes einräumen, müssen diese den Anforderungen der Art. 23 I 2 und Art. 24 I GG entsprechen.

§ 12 Verfassungsmäßigkeit der vorgestellten Kooperationsformen

I. Überblick

Die in § 11 vorgestellten Verfassungsnormen und Verfassungsprinzipien werden nunmehr jeweils im Hinblick auf die vorgestellten Kooperationsformen beiEuropol und Schengen untersucht. Grundlage für diese verfassungsrechtliche Prüfung sind die bundesdeutschen Transformationsgesetze, die sich zu den völkerrechtlichen Vereinbarungen bezüglich Europol und Schengen verhalten.

Angesichts der aufgezeigten Konsequenzen der Verfassungswidrigkeit eines Gesetzes oder auch nur einer einzelnen Norm gilt bei der verfassungsrechtlichen Überprüfung stets das Gebot der verfassungskonformen Auslegung. Ehe ein Verfassungsverstoß angenommen wird, sind Gesetzesnormen nach Wortlaut, Entstehungsgeschichte, Gesetzeszusammenhang sowie Sinn und Zweck so zu verstehen, auszulegen und anzuwenden, daß sie mit dem Grundgesetz vereinbar sind[565]. Zweck einer solchen verfassungskonformen Auslegung ist eine vertretbare Normerhaltung, die im Wege einer verfassungsbedingten teleologischen Reduktion ermöglicht werden soll[566]. Allerdings sind dieser Form der Normenerhaltung Grenzen gesetzt. Normtext und Normziel müssen eine derartige Auslegung noch zulassen, es darf der Norm kein entgegenstehender Sinn verliehen werden[567]. Dementsprechend ist auch eine ledigliche Teilnichtigkeit von Gesetzen möglich, sofern der nicht nichtige Teil eines Gesetzes einen selbständigen Regelungssinn behält und auch ohne den nichtigen Gesetzesteil weiter angewendet werden kann[568].

---

565 Beispielhaft insofern BVerfGE 95, 64 (93) vom 15. 10. 1996; zuerst BVerfGE 2, 225 (282) vom 22. 04. 1953; ferner *Herzog* in *Maunz/ Dürig*, Art. 20 GG, Abschnitt VI, Rn. 27; *von Münch* in *von Münch/ Kunig*, Vorbem Art. 1 bis 19 GG, Rn. 66; *Löwer* in *Isensee/ Kirchhof*, Bd. II, § 56, Rn. 111 f.; *Stern*, Bd. III/ 1; § 73 IV 4, S. 1316 f.; *Schlaich*, Rn. 405 ff; *Geis*, NVwZ 1992, 1025 (1026); *Ramsauer,* AöR 111 (1986), 501 (527 ff.); kritisch *Burmeister*, DVBl. 1969, 605 (608) und *Pestalozza*, NJW 1981, 2081 (2087) sowie *Bettermann*, S. 14 ff.

566 Vgl. *Schulze-Fielitz* in *Dreier*, Art. 20 GG, Rn. 78 f.

567 Vgl. nur BVerfGE 95, 64 (93) vom 15. 10. 1996; weitere Nachweise bezüglich der verfassungsgerichtlichen Vorgaben einer verfassungsmäßigen Auslegung bei *Schulze-Fielitz* in *Dreier*, Art. 20 GG, Rn 78.

568 Vgl. *Schlaich*, Rn. 349 ff. m.w.N.

II. Datenschutz - Recht auf informationelle Selbstbestimmung (Art. 2 I, 1 I GG)

Zunächst soll die Einhaltung der datenschutzrechtlichen Anforderung fürEuropol und Schengen untersucht werden. Beide Kooperationsformen befassen sich mit dem Sammeln und Austauschen personenbezogener Daten. Das Volkszählungsurteil des Bundesverfassungsgerichts aus dem Jahre 1983[569] hat gerade für die Datenverarbeitung personenbezogener Informationen Bedingungen aufgestellt, deren Einhaltung insbesondere auch vom Gesetzgeber zu gewährleisten ist. Der vom Bundesverfassungsgericht kreierte Schutzbereich des informationellen Selbstbestimmungsrechts umfaßt in erster Linie das Recht des Grundrechtsträgers, darüber zu befinden, welche Daten welchem Personenkreis zugänglich gemacht werden sollen[570]. Das Grundrecht auf informationelle Selbstbestimmung aus Art. 2 I i.V.m. 1 I GG stellt also ein umfassendes Freiheitsrecht dar, an dessen Einschränkung verfassungsrechtlich hohe Anforderungen gestellt werden. So ist die Erhebung, Verwendung und Weitergabe von personenbezogenen Daten nur im Allgemeininteresse zulässig, wobei sie einer bereichsspezifischen und ihrerseits verfassungskonformen gesetzlichen Grundlage bedarf und vom Zweck des Gesetzes her erlaubt, geeignet und erforderlich sein muß[571]. Sowohl die Europol-Konvention als auch das Schengener Durchführungsübereinkommen enthalten ausführliche Bestimmungen, die den Umgang mit personenbezogenen Daten regeln.

1. Europol

Die Europol-Konvention sieht gem. Art. 6 für Europol eine Informationssammlung vor, die aus den schon vorgestellten[572] drei Teilen - Informationssystem, Arbeitsdateien zu Analysezwecken und Indexsystem - besteht. Alle Teile der Informationssammlung kommen mit personenbezogenen Daten in Berührung. Zunächst ist für die drei Systeme jeweils zu überprüfen, ob sie überhaupt eine abstrakte Gefährdung des Rechts auf informationelle Selbstbestimmung begrün-

569 BVerfGE 65, 1 (1 ff.) vom 15. 12. 1983.

570 Vgl. *Bleckmann*, Staatsrecht II, § 21, Rn. 95; zum Schutzbereich des Grundrechts vgl. auch die Ausführungen oben § 11 Abschnitt II Ziffer 2.

571 Vgl. BVerfGE 65, 1 (46) vom 15. 12. 1983; insoweit skeptisch *Krause*, JuS 1984, 268 (270).

572 Vgl. oben § 9 Abschnitt II.

den können, d.h. ob ein Handeln nach diesen Vorschriften einen Eingriff in dieses Grundrecht darstellt. Ein Eingriff in den Schutzbereich des Grundrechts auf informationelle Selbstbestimmung als solcher stellt noch keinen Verfassungsverstoß dar, da dieses Recht als eines der Freiheitsgrundrechte des Grundgesetzes nicht schrankenlos gewährt wird[573]. Somit ist im zweiten Schritt eine verfassungsrechtliche Rechtfertigung eines solchen Eingriffs vorzunehmen[574].

a. Eingriff in das Recht auf informationelle Selbstbestimmung

Im Rahmen der Europol-Konvention kann sich ein Eingriff in das Grundrecht auf informationelle Selbstbestimmung auf unterschiedliche Weise ergeben. Verschiedene informationelle Befugnisnormen innerhalb der drei Teile der Informationssammlung[575] sowie auch Vorschriften über Betroffenenrechte im Zusammenhang mit Datenschutz bieten hier Anlaß zur Überprüfung.

aa. Eingriffsbegriff

Zunächst stellt sich die Frage nach der Qualität eines Eingriffs, der eine verfassungsrechtliche Rechtfertigungspflicht auslöst. Der klassische Eingriffsbegriff[576] setzt Finalität, Unmittelbarkeit, Rechtswirkung, Anordnung und Durchsetzung voraus. Im Bereich der informationellen Selbstbestimmung allerdings reicht diese Definition des Grundrechtseingriffs nicht aus. Ein Schutz des Einzelnen wäre dann nur vor einem rechtlich durchsetzbaren, rechtsförmig abgeforderten, unmittelbar beabsichtigten Zugriff auf ein personenbezogenes Datum zu Zwecken seiner Aufnahme in eine Datei garantiert. Schon die Speicherung und die Löschung sowie insbesondere die Verarbeitung und Weitergabe an Dritte würden nicht mehr ohne weiteres vom klassischen Eingriffsbegriff erfaßt[577]. Weite Bereiche des Rechts auf informationelle Selbstbestimmung wären somit grundrechtlich nicht geschützt, was angesichts der Gesamtintention des Bundesverfassungsgerichts im Volkszählungsurteil als nicht gewollt anzusehen ist. Der klassi-

---

573 Vgl. *Heußner*, BB 1990, 1281 (1282); weiterhin *Kunig*, Jura 1993, 595 (602).

574 Vgl. etwa *Aulehner*, S. 455.

575 Vgl. oben § 9 Abschnitt II.

576 Vgl. insoweit nur *Pieroth/ Schlink*, Rn. 238 ff.

577 Vgl. *Aulehner*, S. 452 ff.; *Kunig*, Jura 1993, 595 (600).

sche Eingriffsbegriff bedarf hier einer deutlich erweiternden Modifizierung. Im Rahmen dieser verfassungsrechtlichen Prüfung ist daher schon jedes staatliche Verhalten, das die von der Schutzintention des Grundrechts erstrebte Betätigung bzw. das von ihm verlangte Fernbleiben von staatlicherIngerenz in Frage stellt, als Eingriff zu klassifizieren[578]. Bei der Prüfung des Grundrechts auf informationelle Selbstbestimmung ist daher maßgeblich das Grundrechtsanliegen der freien Selbstdarstellung[579] zu berücksichtigen, um einen Eingriff feststellen zu können[580]. Das hat beispielsweise zur Folge, daß die Speicherung jeder noch so unbedeutenden personenbezogenen Information als Grundrechtseingriff anzusehen ist[581].

bb. Eingriffe im Rahmen des Informationssystems nach Art. 7 - 9 EuropolKonv

Art. 8 I EuropolKonv sieht die Speicherung, Änderung und Nutzung der in den Absätzen 2 und 3 der Vorschrift genannten personenbezogenen Daten von Personen vor, die entweder tatverdächtig bzw. rechtskräftig verurteilt sind oder aber bei denen aufgrund schwerwiegender Tatsachen die Annahme gerechtfertigt ist, daß sie Straftaten begehen werden. Selbst nach dem klassischen Eingriffsbegriff wäre dieses Handeln von Europol als Eingriff in das informationelle Selbstbestimmungsrecht der betroffenen Person anzusehen. Die Daten können durchaus derart umfassend sein, daß sie geeignet sind, ein komplettes Bild der Person abzugeben. Eine freie Selbstdarstellung des Betroffenen wird daher in hohem Maße beeinträchtigt. Die Modalitäten der Speicherung, Änderung, Nutzung und auch Löschung sind an dieser Stelle noch nicht von Bedeutung, da sie den Eingriffscharakter des auf der Norm basierenden Handelns als solchen nicht beeinflussen können. Vielmehr spielen diese Modalitäten im Rahmen der verfassungsrechtlichen Rechtfertigung eine tragenden Rolle.

---

578 Vgl. insoweit etwa *Krüger*, NJW 1982, 855 (856 f.).

579 D.h. das durch den Einzelnen von sich gezeichnete Bild darf durch Dritte oder den Staat nicht (zer-)stört werden, vgl. *Aulehner*, S. 455; ferner *Pieroth/ Schlink*, Rn. 377.

580 Vgl. *Kunig*, Jura 1993, 595 (600); damit einher geht die Umschreibung bei *Pieroth/ Schlink*, Rn. 381, wonach jeder persönlichen Lebenssachverhalten geltende Akt staatlicher Informations- und Datenerhebung und -verarbeitung als Eingriff in das Recht auf informationelle Selbstbestimmung anzusehen ist.

581 So auch *Tinnefeld/ Ehmann*, S. 34; kritisch diesbezüglich *Bull* in *Baldus/ Soiné*, 9 (15).

cc. Eingriffe im Rahmen der Arbeitsdateien nach Art. 10 EuropolKonv

Gleiches gilt für die Speicherung, Änderung und Nutzung der sog. "weichen" Daten, die Art. 10 EuropolKonv regelt. Gerade diese Art der Daten, die mitunter kriminalistische Rückschlüsse und nicht bewiesene Vermutungen - eines im Vergleich zu Art. 8 EuropolKonv erweiterten Personenkreises (Opfer, Zeugen etc.) - zum Gegenstand haben können, sind geeignet, das selbstgezeichnete Bild einer Person maßgeblich zu stören. Gerade in Anbetracht der Tatsache, daß diese Arbeitsdateien zu Analysezwecken sich als Eigenprodukt aus den vonEuropol gewonnenen Daten darstellen, verdienen sie im Hinblick auf ihre Grundrechtsrelevanz höchste Aufmerksamkeit[582].

dd. Eingriffe im Rahmen des Indexsystems nach Art. 11 EuropolKonv

Ob auch durch die Arbeit mit dem Indexsystem nach Art. 11EuropolKonv ein Eingriff in das Grundrecht auf informationelle Selbstbestimmung erfolgt, könnte zweifelhaft sein. Zwar hat das Indexsystem im Vergleich zu den in Art. 10EuropolKonv geregelten Arbeitsdateien zu Analysezwecken keinen inhaltlichen Mehrwert. Vielmehr enthält es weniger Daten als die Arbeitsdateien selber. Vor dem Hintergrund des Art. 10 EuropolKonv könnte daher die Eingriffsqualität des Arbeitens mit dem Indexsystem der Arbeitsdateien zu verneinen sein. Allerdings ist zu berücksichtigen, daß das Arbeiten mit dem Indexsystem teilweise einem erweiterten Personenkreis ermöglicht wird und jedes Arbeiten mit diesen Indexdateien für sich betrachtet werden muß[583]. Insofern hat auch diese Tätigkeit eine eigenständige Bedeutung. Aufgrund der Tatsache, daß hier ebenfalls personenbezogene Daten enthalten sind, ist auch hier ein Eingriff im Ergebnis anzunehmen.

ee. Sonstige Eingriffe

Der Eingriffscharakter kann auch für alle sonstigen informationsverarbeitenden Vorgänge bei Europol bejaht werden, die die Europol-Konvention vorsieht. Zu denken ist hier insbesondere an die Weitergabe von personenbezogenen Daten

---

582 Vgl. *Bull* in *Baldus/ Soiné*, 9 (15).

583 Vgl. oben § 9 Abschnitt II Ziffer 3.

an andere Behörden nach Art. 17 EuropolKonv sowie an Drittstaaten oder Drittstellen nach Art. 18 EuropolKonv.

b. Verfassungsrechtliche Rechtfertigung der Eingriffe

Die auf der Hand liegenden Eingriffe in das Grundrecht auf informationelle Selbstbestimmung im Rahmen der Informationsverarbeitung bedürfen der verfassungsrechtlichen Rechtfertigung. Es ist selbstverständlich, daß dieses Recht nicht schrankenlos gewährleistet werden kann.

aa. Anforderungen an zulässige Schranken

Es wäre zu einfach, pauschal die Schrankentrias bzw. die gesamte verfassungsmäßige Ordnung i.S.v. Art. 2 I GG als verfassungsmäßige Grundrechtsschranke heranzuziehen. Eine derartige Simplifizierung würde schon nicht dem Umstand gerecht werden, daß das Recht auf informationelle Selbstbestimmung sich eben nicht nur aus Art. 2 I GG herleitet, sondern auch aus dem Menschenwürdeprinzip des Art. 1 I GG, der weitaus geringere staatliche Gestaltungs- und Beaufsichtigungskompetenzen zuläßt[584]. Die Ausführungen des Bundesverfassungsgerichts im Volkszählungsurteil[585] zur verfassungsrechtlichen Rechtfertigung eines Eingriffs in das Grundrecht auf informationelle Selbstbestimmung lassen eine konkretere Bestimmung der verfassungsrechtlichen Rechtfertigung zu[586]. Danach kann der Einzelne nicht als uneingeschränkter Herrscher über "seine" Daten angesehen werden. Vielmehr ist er eine sich innerhalb der sozialen Gemeinschaft entfaltende, auf Kommunikation angewiesene Persönlichkeit. Insofern stellt selbst die personenbezogene Information ein Abbild sozialer Realität dar, das nicht ausschließlich dem Betroffenen allein zugeordnet werden kann. Infolgedessen gilt im Grundsatz, daß der Einzelne Einschränkungen seines Rechts auf informationelle Selbstbestimmung im überwiegenden Allgemeininteresse hin-

---

584 Vgl. dazu *Hufen*, JZ 1984, 1072 (1075) Anm. 27 mit berechtigter Kritik an *Schneider*, DÖV 1984, 161 (162).

585 BVerfGE 65, 1 (1 ff.) vom 15. 12. 1983.

586 Vgl. dazu auch *Murswiek* in *Sachs*, Art. 2 GG, Rn. 121.

nehmen muß[587]. Ausgehend von diesem Gedanken hat das Bundesverfassungsgericht im Volkszählungsurteil ein konkretes Anforderungsprofil für die verfassungsrechtliche Rechtfertigung eines Eingriffs in das Recht auf informationelle Selbstbestimmung geschaffen.

(1) Gesetzesvorbehalt und Normenklarheit

So bedarf jede Beschränkung dieses Grundrechts einer bereichsspezifischen gesetzlichen Grundlage, die dem rechtsstaatlichen Grundsatz der Normenklarheit entspricht[588]. Ziel dieses Postulats ist die Regelung des sensiblen Datenschutzbereichs durch den Gesetzgeber selber. Es soll damit vermieden werden, daß der Gesetzgeber sich seines Rechts, die Schranken der Freiheit zu bestimmen, durch den Erlaß von nebelhaften Generalklauseln entzieht und die Verantwortung der ausführenden Verwaltung überläßt[589]. Daher müssen die Vorschriften bereichsspezifiziert sein. Jeder Bereich, der sich mit der Verarbeitung von Daten befaßt, muß seine eigenen Gesetzesregelungen zu den informationellen Arbeitsabläufen haben. Damit soll die "Flucht" in die Generalklausel verhindert und den jeweiligen Besonderheiten eines jeden Arbeitsbereichs Rechnung getragen werden. Die Gesetze haben sich demnach in konkreter Form mit jeder einzelnen Verarbeitungssituation auseinanderzusetzen und müssen die Abläufe präzise regeln, um eine Transparenz derselben für den Betroffenen zu gewährleisten[590]. Die Anforderungen an gesetzliche genaue Formulierungen steigen dabei, je intensiver der zu rechtfertigende Eingriff ist[591].

---

587 Vgl. dazu etwa *Heußner*, BB 1990, 1281 (1282); ferner *Simitis*, NJW 1984, 398 (400) sowie *Kunig*, Jura 1993, 595 (602 f.) unter Bezugnahme auf BVerfGE 65, 1 (1 ff.) vom 15. 12. 1983.

588 Vgl. BVerfGE 65, 1 (44) vom 15. 12. 1983 sowie auch schon BVerfGE 45, 400 (420) vom 22. 06. 1977.

589 Vgl. etwa *Petri*, KritV 1998, 441 (446); *Simitis*, NJW 1984, 398 (400) sowie *Heußner*, BB 1990, 1281 (1282). *Aulehner*, S. 457 hält im Bereich der polizeilichen Informationsvorsorge nach wie vor die Regelung des Datenschutzrechts anhand von Generalklauseln für ausreichend.

590 Vgl. *Simitis*, NJW 1984, 398 (400).

591 Vgl. *Streinz* in *Sachs*, Art. 2 I GG, Rn. 121 m.w.N.

(2) Zweckbindung

Ferner soll auch eine konkrete Zweckbindung der Informationserhebung und -verarbeitung gewährleistet werden. Letztlich soll durch die Zweckbindung sichergestellt werden, daß die weitere Nutzung und Verarbeitung von personenbezogenen Daten nicht zu einem anderem Zweck als demjenigen, zudem sie ursprünglich erhoben wurde, möglich ist[592]. Das Bundesverfassungsgericht fordert daher einen – amtshilfefesten – Schutz gegen Zweckentfremdung durch Weitergabe- und Verwertungsverbote[593]. Es soll also insbesondere verhindert werden, daß "Roh-Informationen", die die eine Stelle unter ihren besonderen Erkenntnisinteressen gewonnen oder gespeichert hat, von anderen Stellen als nützlich mitverwendet werden, obwohl sie für diese anderen Zwecke möglicherweise nicht erhoben oder gespeichert worden wären oder die Erhebung unter anderem Blickwinkel und daher vielleicht angemessener, genauer und umfassender erfolgt wäre[594]. Sobald daher eine Zweckentfremdung der Daten gegenüber dem ursprünglichen Erhebungszweck erfolgt, geschieht ein neuer Eingriff, der seinerseits der verfassungsmäßigen Rechtfertigung bedarf[595].

(3) Verhältnismäßigkeit

Wesentlich im Rahmen der verfassungsmäßigen Rechtfertigung ist zudem die Beachtung des Grundsatzes der Verhältnismäßigkeit durch den Gesetzgeber. Dieser Grundsatz mit Verfassungsrang leitet sich aus dem Wesen der Grundrechte selbst ab, die als Ausdruck des allgemeinen Freiheitsanspruchs des Bürgers gegenüber dem Staat von der öffentlichen Gewalt nur so weit beschränkt werden dürfen, als es zum Schutz öffentlicher Interessen unerläßlich ist[596]. So muß jeder staatliche Eingriff in Grundrechte eines Bürgers jedenfalls einen zu-

---

592 Siehe zu diesem Gesichtspunkt BVerfGE 65, 1 (46) vom 15. 12. 1983.

593 BVerfGE 65, 1 (46) vom 15. 12. 1983; kritisch zu dieser Urteilspassage *Schlink*, Der Staat 25 (1986), 233 (239 f.), da vom Bundesverfassungsgericht insoweit kein Unterschied zwischen zwangsweise erhobenen und sonstigen Daten gemacht werde.

594 Vgl. insoweit *Bull* in *Baldus/ Soiné*, 9, (15 f.), der die Zweckbindung angesichts von drohenden Fehlinterpretationen insbesondere für die Fälle der heimlichen Datenerhebung befürwortet.

595 Vgl. *Dix*, Jura 1993, 571 (572).

596 St. Rspr., vgl. nur BVerfGE 19, 342 (348 f.) vom 15. 12. 1965; ferner BVerfGE 55, 159 (165) vom 05. 11. 1980.

lässigen Zweck verfolgen, hierfür geeignet und erforderlich sowie verhältnismäßig im engeren Sinne (also angemessen) sein[597].

bb. Einhaltung dieser Schranken im Rahmen der Europol-Konvention

Die datenschutzrechtlichen Bestimmungen nehmen einen großen Teil der Europol-Konvention ein. In dem Bewußtsein, daß das HandelnEuropols – Sammeln und Austausch von Daten – in wichtige Grundrechte der Bürger eingreift[598], hat man dazu einen umfassenden Regelungsbereich geschaffen. Von deutscher Seite aus kann die Mitwirkung am Aufbau und Betrieb vonEuropol nur verantwortet werden, wenn diese Regelungen zum Datenschutz den gezeigten Anforderungen der verfassungsmäßigen Rechtfertigung gerecht werden.

(1) Normenklarheit und Bestimmtheit

Vorab ist festzustellen, daß dem wohl wichtigsten[599] Postulat des Volkszählungsurteils zur Verfassungsmäßigkeit von Eingriffen in das Recht auf informationelle Selbstbestimmung - dem Erfordernis eines bereichsspezifischen Gesetzes - mit den zweifellos umfassenden Datenschutzvorschriften in der Europol-Konvention bzw. dem entsprechenden Transformationsgesetz grundsätzlich Rechnung getragen wurde. Allerdings ergeben sich an einigen Stellen derartige Unklarheiten, daß deshalb die verfassungsmäßige Rechtfertigung der durch die Europol-Konvention vorgesehenen Eingriffe in Frage steht.

(a) Informationssystem, Art. 7 - 9 EuropolKonv

Im Rahmen der Regelungen zur Datenverarbeitung wird von manchen die Normenklarheit und Bestimmtheit der Vorschriften bemängelt[600]. Zur Begründung

---

597 Zu diesem Bereich näher *Isensee* in *Isensee/ Kirchhof*, Bd. V, § 111, Rn. 69 ff.; mit Bezug zur polizeilichen Informationsvorsorge *Aulehner*, S. 457 ff.

598 Auch auf europäischer Ebene spielt der Grundrechtsschutz im Informationswesen eine Rolle, vgl. etwa *Sule*, Europol und europäischer Datenschutz, 1999.

599 Vgl. *Schlink*, Der Staat 25 (1986), 233 (236).

600 Vgl. *Weichert* DuD 1995, 450 (456); ferner *Petri* KritV 1998, 441 (446 ff.) und *Waechter*, ZRP 1996, 167 (168).

wird angeführt, die Europol-Konvention enthalte einige unbestimmte Rechtsbegriffe, die sich der Gesetzgeber angesichts der hohen Eingriffsintensität nicht habe erlauben können[601].

Ein unzulässiger unbestimmter Rechtsbegriff wird in der Formulierung des Art. 8 I S. 2 Nr. 1 EuropolKonv zu sehen sein. Nach dessen 1. Fall dürfen Informationen über Personen verarbeitet werden, die einer Straftat, für dieEuropol nach Art. 2 zuständig ist, *verdächtig* ist. Im deutschen Recht ist dieser Begriff des "Verdachts" für sich allein unbekannt. Das liegt daran, daß der Ausdruck stark subjektiv geprägt ist[602]. Das trägt dazu bei, daß er sehr weit interpretierbar ist. Für den Betroffenen bedeutet das in der Praxis, daß er nicht genau weiß, wann er damit rechnen muß, daß Europol Daten über ihn erhebt. Das Gebot der Normenklarheit scheint daher nicht beachtet zu sein.

Das deutsche Recht etwa fügt daher objektivierbare Elemente an den Begriff des Verdachts an ("hinreichend", "dringend"[603]). Da in der Europol-Konvention auf derartige Begriffe verzichtet wurde, bleibt nur der Weg der normergänzenden Auslegung. Vor dem Hintergrund des oben angesprochenen Prinzips der normerhaltenden verfassungskonformen Auslegung[604] muß die Norm so verstanden werden, daß nur ein *begründeter* Verdacht zur Datenerhebung führen kann[605]. Eine Begründung wiederum stützt sich auf objektive Anhaltspunkte. Auf diese Weise wird erreicht, daß auch der Betroffene eine größere Gewißheit über die Datenerhebung bei Europol hat. Eine derartige verfassungskonforme Auslegung ist durchaus vertretbar, da sie dem Sinn und Zweck des Gesetzes nicht entgegensteht. Auch mit Rücksicht auf Art. 23 I 1 GG steht diese Normenformulierung der verfassungsmäßigen Rechtfertigung der aufgezeigten Eingriffe nicht im Weg, da Art 23 I GG gerade nur von „Grundzügen" spricht. Damit wird zum Ausdruck gebracht, daß nicht die gleichen Anforderungen gestellt werden, wie im innerdeutschen Recht.

---

601 Vgl. *Petri*, KritV 1998, 441 (446 f.), der sich auf BVerfGE 86, 288 (311) vom 03. 06. 1992 beruft.

602 Vgl. *Lisken* in *Lisken/ Denninger*, Kapitel K, Rn. 46 ff. m.w.N.

603 Vgl. § 203 StPO und § 112 I StPO.

604 Vgl. oben § 12 Abschnitt I.

605 Vgl. *Petri*, KritV 1998, 441 (446).

Die Formulierung in Art. 8 I S. 2 Nr. 2 EuropolKonv (".. Personen, bei denen bestimmte schwerwiegende Tatsachen nach Maßgabe des nationalen Rechts die Annahme rechtfertigen, daß sie Straftaten begehen werden") wird aus dem Blickwinkel der Normenklarheit den verfassungsrechtlichen Anforderungen daher im Ergebnis gerecht. Hier ist ausdrücklich von "Tatsachen" die Rede. Durch diesen Begriff wird deutlich, daß die Anwendbarkeit der Norm nur von objektiven Umständen abhängig gemacht werden soll.

(b) Arbeitsdateien zu Analysezwecken, Art. 10 EuropolKonv

Sehr bedenklich im Hinblick auf Normenklarheit hingegen erscheinen die Vorschriften über die Analysedateien (Art. 10EuropolKonv). Der Zweck der Analysedateien zu Arbeitszwecken bleibt unklar. Nach Abs. 2 der Vorschrift werden die Dateien "zu Zwecken der Analyse, die als Zusammenstellung, Verarbeitung oder Nutzung von Daten zwecks Unterstützung der kriminalpolizeilichen Ermittlung zu verstehen ist, errichtet." Die Lektüre dieser Norm hilft dem Leser für die Praxis kaum weiter. Der Begriff der Analyse wird an keiner Stelle der Europol-Konvention weiter gegenständlich eingegrenzt[606]. Ohne die ambitionierten Umschreibungen der führenden Europol-Kräfte selber[607] wüßte kaum jemand, was sich hinter den Analysedateien überhaupt verbirgt. Hinsichtlich des zulässigen Umfangs der Analysedateien herrscht - abgesehen von der Bestimmung des betroffenen Personenkreises in Art. 10 I Nr. 1 - 5EuropolKonv[608] - damit völlige Unklarheit. Anders als in Art. 8 II, III EuropolKonv wird der zulässige Datenumfang der Arbeitsdateien zu Analysezwecken nicht erkennbar[609].

Ferner wird auch die in Art. 10 I EuropolKonv enthaltene Beschränkung der Datenerhebung zu Analysezwecken nicht den Anforderungen der Normenklarheit gerecht. Insbesondere vor dem Hintergrund, daß hier besonders schützenswerte sensible Daten erhoben werden dürfen, müßte die Einschränkung über den generalklauselhaften Inhalt hinausgehen. Denn je tiefer die Daten in den Persön-

---

606 Vgl. *Petri*, KritV 1998, 441 (448).

607 So zum Beispiel die Ausführungen des Europol-Direktors *Storbeck*, Süddeutsche Zeitung vom 10. 10. 1997.

608 *Weichert*, DuD 1995, 450 (456) hält selbst die Benennung der Personengruppen in Art. 10 I Nr. 2 - 5 EuropolKonv für zu unbestimmt.

609 Vgl. *Petri*, KritV 1998, 441 (449).

lichkeitsbereich hineinreichen, desto strengere Anforderungen sind an den gesetzlichen Zweck und seine Bestimmtheit zu stellen[610]. Die Formulierung der "unbedingten Notwendigkeit" führt in der Praxis weitgehend zu Ermessensentscheidungen von Europol-Beamten, bei denen die Gefahr besteht, daß Nützlichkeitserwägungen[611] und erfolgreiche Aufklärung von Straftaten die ausschließlichen, tragenden Entscheidungskriterien darstellen. Gerade das will das Bundesverfassungsgericht für informationelle Eingriffe dieser Art vermieden wissen. Der Begriff der "unbedingten Notwendigkeit" ist ebenfalls subjektiv geprägt. Ob etwas "unbedingt notwendig" ist, kann von verschiedenen Personen unterschiedlich bewertet werden, insbesondere dann, wenn unterschiedliche Interessen (Innere Sicherheit - Datenschutz) verfolgt werden. Diesen Konflikt will das Bundesverfassungsgericht durch das Gebot klarer Normensetzung verhindern, was hier allerdings nicht der Fall ist.

Auch der Bezug auf Art. 2 EuropolKonv (vgl. Art. 10 I EuropolKonv) trägt nicht zur Aufklärung bei. Vielmehr wird der Normanwender dort mit einer weiteren Anzahl unbestimmter Rechtsbegriffe und unklarer Formulierungen konfrontiert. Eine konkrete Begrenzung der Datenverarbeitungsbefugnisse im Rahmen der Arbeitsdateien zu Analysezwecken ist mit Art. 2 EuropolKonv nicht möglich. So bleibt in Art. 2 I EuropolKonv die Umschreibung "sonstige schwerwiegende Formen der internationalen Kriminalität, sofern tatsächliche Anhaltspunkte für eine kriminelle Organisationsstruktur vorliegen", völlig vage[612]. Das Vorliegen einer "kriminellen Organisationsstruktur" wird in das Ermessen von Europol-Beamten gestellt, gesetzliche Konkretisierungen gibt es insoweit nicht[613]. Auch die Frage, wann zwei oder mehr Mitgliedsstaaten im Sinne von Art. 2 I EuropolKonv betroffen sind, bleibt offen. Umfang, Bedeutung und Folgen der strafbaren Handlungen können durchaus unterschiedlich bewertet werden, zumal die Strafen innerhalb der Europäischen Union für dieselben Delikte teilweise völlig

---

610 Vgl. *Murswiek* in *Sachs*, Art. 2 GG, Rn. 121 m.w.N.

611 Vgl. insoweit *Petri*, KritV 1998, 441 (449).

612 Zwar befindet sich im Anhang zur Europol-Konvention eine Liste von Straftaten, die das Kriterium der "schwerwiegenden Form" erfüllen, allerdings ist diese Liste ständig gem. Art. 2 II 4 EuropolKonv durch den Rat ergänzbar. Damit ergeben sich wiederum Bedenken im Hinblick auf das Transparenzgebot, vgl. *Petri*, KritV 1998, 441 (448), Anm. 45. *Weichert*, DuD 1995, 450 (457) bezeichnet dieses Verfahren als "ungewöhnlich und dem deutschen Recht fremd".

613 Äußerst kritisch zu dieser wichtigen Gesetzespassage *Zieschang*, ZRP 1996, 427 (428); ferner *Waechter*, ZRP 1996, 167 (168) und *Weichert*, DuD 1995, 450 (456).

unterschiedlich ausfallen. Insbesondere die im Anhang zur Europol-Konvention aufgeführten Deliktsgruppen beschreiben keine internationalen Verbrechen, sondern nationale Delikte, die in den Mitgliedsstaaten teilweise sehr unterschiedlich geregelt sind (z.B. Umweltkriminalität, Computerkriminalität und Produktpiraterie)[614]. Die aufgezeigte Normenunklarheit des Art 2 EuropolKonv wirkt sich wegen des Verweises auch auf Art. 10 EuropolKonv selber aus.

Die vom Rat gemäß Art. 10 I 4 EuropolKonv erlassenen Durchführungsbestimmungen für die Arbeitsdateien zu Analysezwecken[615] können dieses Problem ebenfalls nicht beheben. Zwar werden insbesondere in Art. 1 der Durchführungsbestimmungen einige unklare Begriffe des Art. 10EuropolKonv konkretisiert ("personenbezogene Daten", "Arbeitsdateien zu Analysezwecken", "Analyse", "Verarbeitung personenbezogener Daten"). Allerdings sind diese Durchführungsbestimmungen nicht vom Transformationsgesetz zur Europol-Konvention umfaßt[616]. Sie haben damit keine Gesetzesqualität. Das geht daraus hervor, daß das Zustimmungsgesetz zur Europol-Konvention zu einem Zeitpunkt verabschiedet wurde, als es die Durchführungsbestimmungen zu den Arbeitsdateien noch nicht gab[617]. Aber auch die Tatsache, daß die Durchführungsbestimmungen einen weiteren Rechtsakt des Rates darstellen, der die Europol-Konvention ergänzt, spricht dafür, daß es für eine direkte innenrechtliche Wirkung der Durchführungsbestimmungen auch einer eigenen Transformation derselben bedürfte. Ansonsten wäre es möglich, kritische Punkte innerhalb einer zu transformierenden Konvention auszusparen, um sie auf bequemere Weise über Durchführungsbestimmungen umzusetzen. Auch aus dem Volkszählungsurteil geht hervor, daß sich Klarheit von Vorschriften über Informationsverarbeitung gerade aus den Gesetzen selber ergeben muß[618]. Also müßten auch diese Durchführungsbestimmungen transformiert werden, um überhaupt für eine verfassungsrechtliche Überprüfung von Bedeutung zu sein. Das Transformationsgesetz

---

614 Vgl. *Weichert*, DuD 1995, 450 (456), der in diesem Zusammenhang von einer "kaum zu überbietenden Unbestimmtheit" spricht.

615 Im Wortlaut *Rechtsakt des Rates vom 03. November 1998 über die Durchführungsbestimmungen für die von Europol geführten Arbeitsdateien zu Analysezwecken*, ABl. der EG Nr. C 26/ 1 vom 30. 01. 1999.

616 Durchführungsmaßnahmen zu Übereinkommen sind nur in Ausnahmefällen geeignet, Durchgriffswirkung und/ oder Anwendungsvorrang gegenüber nationalem Recht zu entfalten, vgl. insofern *Schweitzer/ Hummer*, Rn. 1896 f. m.w.N.

617 Das *Europol-Gesetz* stammt vom 10. 10. 1997, vgl. BGBl. 1997 II, 2150.

618 Vgl. BVerfGE 65, 1 (46) vom 15. 12. 1983.

zur Europol-Konvention erwähnt die Durchführungsbestimmungen an keiner Stelle. Andere Rechtsakte, die die Europol-Konvention ergänzen - wie etwa das Immunitätenprotokoll[619] - sind dagegen eigens in deutsches Recht umgesetzt worden. Solange es hier an einer solchen Transformation fehlt, können die Vorschriften nicht in verbindlicher Form herangezogen werden, um Normenklarheit zu schaffen.

Eine verfassungskonforme Auslegung ist in diesem Zusammenhang – insbesondere vor dem Hintergrund der immensen Eingriffsintensität des Art 10Europol-Konv – ausgeschlossen. Hier ist nicht ein einzelner Begriff unklar, sondern ganze Gesetzespassagen. Das führt dazu, daß ein kompletter Arbeitsbereich beiEuropol - die Arbeitsdateien zu Analysezwecken - für den Normanwender im wesentlichen undurchsichtig bleibt. An dieser Stelle können nicht im Wege verfassungskonformer Auslegung Tatbestandsmerkmale willkürlich ergänzt werden, um von einer Verfassungsmäßigkeit ausgehen zu können. Der Normtext des Art. 10 EuropolKonv gibt keine Anhaltspunkte, in welcher Form eine verfassungskonforme Auslegung möglich wäre. Das aber wäre zwingende Voraussetzung für eine solche Auslegung[620]. Eine Auslegung mit Hilfe der erwähnten Durchführungsbestimmungen ist nicht möglich, da die Normenklarheit sich gerade aus dem Gesetzestext selber und nicht umfänglich aus anderen Texten ergeben soll. Auch die Sicherheitsinteressen der Allgemeinheit können einen derartigen Eingriff nicht rechtfertigen. Es ist verfehlt, sich in diesem Zusammenhang auf den zu erzielenden Mehrwert Europols im Hinblick auf eine gefährdete Sicherheitslage zu berufen[621]. Der Normtext des Art. 10 EuropolKonv entspricht damit an mehreren Stellen nicht dem verfassungsmäßigen Gebot der Normenklarheit. Auch wenn Art. 23 I 1 GG weniger strenge Anforderungen an Gesetze stellt, die im Rahmen der Verwirklichung des vereinten Europas entstanden sind[622], bleibt es bei diesem Ergebnis. Denn es ist nicht ersichtlich, daß die Eigenarten der Europäischen Union - denen die gelockerte Struktursicherungsklausel des Art. 23 I

---

619 Vgl. oben § 4 Abschnitt III Ziffer 4.

620 Näher zu diesem Bereich *Schulze-Fielitz* in *Dreier*, Art. 20 GG, Rn 78.

621 So aber das Bundesministerium des Innern, Mitteilung zu Europol, DP 1998, 196 (197), das sich lediglich mit plakativen Phrasen wie "Wasch mir den Pelz, aber mach mich nicht naß" auseinanderzusetzen vermag.

622 Art. 23 I 1 GG fordert lediglich einen dem Grundgesetz im wesentlichen vergleichbaren Grundrechtsschutz.

1 GG Rechnung tragen will[623] - in diesem Fall die Einhaltung des Gebotes der Normenklarheit in irgendeiner Form erschweren oder gar unmöglich machen. Die Vorschrift kann daher nicht mehr als verfassungsrechtlich haltbar angesehen werden.

(c) Unterrichtungspflicht, Art. 13 EuropolKonv

Im Rahmen der gemeinsamen Bestimmungen zur Informationsverarbeitung (Titel IV) stößt auch die Regelung zur Handhabung von zufällig erlangten Erkenntnissen auf Bedenken im Hinblick auf das Gebot der Normenklarheit. Nach Art. 13 S.2 EuropolKonv dürfen Informationen und Erkenntnisse über andere Straftaten von erheblicher Bedeutung, die Europol bei der Wahrnehmung seiner Aufgaben bekannt werden, von Europol an die Nationalen Stellen übermittelt werden. Mit dem Begriff der "anderen Straftaten von erheblicher Bedeutung" eröffnet sich im Hinblick auf die Nutzung und Weitergabe von Gelegenheitsfunden ein unüberschaubares Feld[624]. Auch hier sind völlig unterschiedliche Bewertungen durch die Europol-Beamten nicht ausgeschlossen. Ein objektivierbares Kriterium für die Weitergabe von Informationen über Straftaten von erheblicher Bedeutung ist nicht erkennbar.

Auch hier ist im Wege der verfassungskonformen Auslegung der Begriff der "Straftaten von erheblicher Bedeutung" zu konkretisieren. Die Norm muß dann derart ausgelegt werden, daß nur Straftaten in Frage kommen, die im Anhang an die Europol-Konvention aufgelistet werden. Eine derartige Auslegung ist vertretbar, da das Problem der Normenunklarheit mit einem Blick in den Anhang zur Europol-Konvention zu beseitigen ist. Da es sich im Rahmen des Art. 13 S. 2 EuropolKonv nur um einen einzigen unklaren Begriff handelt, der im Wege der Auslegung ausreichend Konkretisierung findet, ist die Vorschrift trotz berechtigter verfassungsrechtlicher Bedenken noch haltbar[625].

---

[623] Vgl. etwa *Rojahn* in *von Münch/ Kunig*, Art. 23 GG, Rn. 20; ähnlich *Scholz* in *Maunz/ Dürig*, Art. 23 GG, Rn. 61; vgl. ferner die Bundesregierung, BT-Drs. 12/ 3338 vom 02. 10. 1992, S. 4.

[624] So auch *Weichert*, DuD 1995, 450 (456).

[625] Vgl. zur Zulässigkeit bestimmter Spielräume in der Europol-Konvention *Bull*, DRiZ 1998, 32 (42); a.A. *Weichert*, DuD 1995, 450 (456 f.).

(d) Datenübermittlung an Drittstaaten, Art. 18 EuropolKonv

Fehlende Präzision wird auch bei Art. 18 I Nr. 1 EuropolKonv bemängelt[626]. Die Vorschrift macht die Datenübermittlung an Drittstaaten davon abhängig, ob "dies in Einzelfällen zur Verhütung oder Bekämpfung von Straftaten, für dieEuropol nach Art. 2 zuständig ist, erforderlich ist". Zweifellos ist die Formulierungen "zur Verhütung und Bekämpfung erforderlich" nicht besonders gelungen. Damit wird nicht an bekannte juristische Kategorien aus dem Polizeirecht wie etwa die "Gefahr[627]" angeknüpft. Die Verhütung und Bekämpfung von bestimmten Straftaten ist die *Aufgabe* Europols. Aus dieser Aufgabe ohne weiteres eine *Befugnis* abzuleiten, erscheint bedenklich. Die Schwelle zur Übermittlungserlaubnis nach Art. 13 S. 2 EuropolKonv ist nach dem Wortlaut schwer erkennbar. Wann eine Übermittlung an einen Drittstaat erforderlich ist, um damit eine Straftat zu bekämpfen oder zu verhüten, wird auch an dieser Stelle in das Ermessen der Europol-Beamten gestellt. Es ist durchaus vorstellbar, daß jeder dieser Beamten eine unterschiedliche Meinung dazu hat, wann er im Sinne der genannten Vorschrift übermitteln darf und wann nicht.

Insofern sind auch hier Zweifel an der Vereinbarkeit der Norm mit der deutschen Verfassung angebracht. Die Norm ist allerdings nicht so unklar, als daß sie für verfassungswidrig gehalten werden müßte. Der einzelne Begriff der "Erforderlichkeit zur Verhütung und Bekämpfung" sorgt zwar für Verwirrung. Allerdings führt an dieser Stelle eine verfassungskonforme Auslegung zu einem ausreichenden Ergebnis. In den deutschen Polizeigesetzen könnte die gesetzliche Intention in bestimmten Bereichen ebenfalls mit dem Begriff "Verhütung und Bekämpfung von Straftaten" umschrieben werden. Die der Prävention dienenden Gesetze im Polizeirecht haben teilweise Aufgaben, die diesem unklaren Begriff in Art. 13 S. 2 EuropolKonv entsprechen[628]. Zur Realisierung dieser Aufgaben allerdings stützen sich die deutschen Polizeibehörden auf den Gefahrenbegriff. Die dortige Eingriffsschwelle hängt damit immer vom Tatbestandsmerkmal der "Gefahr" ab. In Anbetracht der entsprechenden Aufgabe Europols bei der Wei-

---

[626] Vgl. *Weichert*, DuD 1995, 450 (456 f.).

[627] Zum Gefahrenbegriff im deutschen Polizeirecht vgl. nur *Knemeyer*, Rn. 61 ff. m.w.N.

[628] Schutzgut der *Öffentlichen Sicherheit* - die im Rahmen der Gefahrenabwehr durch die Polizei verteidigt werden soll - ist auch die Unverletzlichkeit der objektiven Rechtsordnung, mithin auch die Normen des Strafgesetzbuches; vgl. insoweit nur *Götz*, Rn. 97.

tergabe von Informationen an Drittstaaten und dem Sinn und Zweck des Art. 13 S. 2 EuropolKonv wird man sich auch hier im Wege der ergänzenden verfassungskonformen Auslegung auf den Gefahrenbegriff als Eingriffsschwelle stützen können. Dieser juristisch klar umrissene Begriff führt auf sicheres Terrain. Damit wird das Problem der Normenunklarheit an dieser Stelle beseitigt. Trotz Bedenken ist die Norm damit verfassungsrechtlich noch haltbar.

(e) Zwischenergebnis zu (1)

Neben verfassungsrechtlichen Bedenken im Hinblick auf fehlende Normenklarheit bei den Art. 13 S. 2, 18 I Nr. 1 EuropolKonv muß festgestellt werden, daß jedenfalls Art. 10 EuropolKonv in dieser Hinsicht nicht mehr in Einklang mit der deutschen Verfassung steht.

(2) Zweckbindung

Die Europol-Konvention enthält eine Reihe von Regelungen, die eine Datenübermittlung oder -nutzung zu jedem beliebigen Zweck verhindern sollen (vgl. etwa Art. 12 I, 16, 17 I, 18 EuropolKonv)[629]. Gleichwohl muß die Frage der strikten Einhaltung des in der Grundsatzentscheidung des Bundesverfassungsgerichts[630] aufgestellten Prinzips der Zweckbindung hier bezüglich einzelner Vorschriften erörtert werden. Teilweise wird Europol eine klare Trennung der unterschiedlichen Zwecke der Datenerhebung und die damit verbundene Einhaltung des Zweckbindungsprinzips abgesprochen[631].

(a) Vermengung der Datenverarbeitung zu Zwecken der Gefahrenabwehr und zu Zwecken der Strafverfolgung

Kritisiert wird insofern die Vermengung von Daten, die zu Gefahrenabwehrzwecken eingespeist wurden und solchen Daten, die zu Strafverfolgungszwek-

---

629 Dazu ausführlich *Aschmann*, S. 178 ff.

630 BVerfGE 65, 1 (1 ff.) vom 15. 12. 1983.

631 Vgl. nur *Petri*, KritV 1998, 441 (454 f.); *Zieschang*, ZRP 1996, 427 (428 f.).

ken erhoben wurden[632]. Dieser Vorwurf ist in der Tat nicht ohne weiteres von der Hand zu weisen. Denn in Art. 8 I S. 2 Nr. 1 und 2 EuropolKonv ist die Erhebung von Daten sowohl zu repressiven als auch zu präventiven[633] Zwecken erlaubt. Die Trennung der Bereiche Gefahrenabwehr und Straftatenverfolgung ist dabei nicht ersichtlich[634]. Das kann beispielsweise zur Folge haben, daß Daten, die aus repressiven Gründen über eine Person erhoben wurden auch im Falle eines Freispruchs oder einer Verfahrenseinstellung nicht in jedem Fall sofort gelöscht werden, sondern unter Umständen zu präventiven Zwecken in der Datei weiter gespeichert bleiben, sofern die begründete Annahme besteht, daß die Person in Zukunft Straftaten begehen wird[635]. Dieser Zustand könnte insbesondere deshalb bedenklich stimmen, weil Gefahrenabwehr und Strafverfolgung im deutschen Recht völlig voneinander getrennt werden und die Befugnisse im Bereich der Informationsverarbeitung in Deutschland nicht identisch sind[636].

Zunächst ist hier der Umfang des Begriffes "Zweck" in diesem Zusammenhang auszulegen und für den Einzelfall zu bestimmen. Hier liegt eine grundlegende Problematik der Zweckbindung[637]. So wäre daran zu denken, alle bei Europol erhobenen Daten dem allgemeinen Zweck der "Verhütung und Bekämpfung der internationalen Kriminalität" zu unterstellen. In diesem Fall gäbe es keine Schwierigkeiten, einen einheitlichen Zweck der Erhebung der Daten nach Art. 8 I S. 2 Nr. 1 und 2 EuropolKonv anzunehmen. Gefahrenabwehr und Strafverfolgung hätten dann denselben Zweck[638]. Somit würde auch den Anforderungen des Zweckbindungsprinzips genüge getan.

Ob eine solche Vermengung verfassungsrechtlich aus dem Blickwinkel der erforderlichen Zweckbindung vertretbar ist, hängt vom mit dem Prinzip verbundenen Sinn und Zweck zusammen. Ziel der Zweckbindung und der damit verbun-

---

632 Vgl. *Zieschang*, ZRP 1996, 427 (428 f.).

633 Die Vorsorge für die Verfolgung künftiger, nicht konkret geplanter Straftaten als strafprozessuale Zusatzaufgabe ansehen zu wollen, wäre verfehlt. Diesen juristischen Kunstgriff will allerdings beispielsweise *Siebrecht*, JZ 1996, 711 (712 ff.) m.w.N. vornehmen.

634 Zu dieser Problematik vgl. auch *Tolmein*, StV 1999, 108 (110).

635 Kritisch insoweit *Zieschang*, ZRP 1996, 427 (428).

636 Vgl. *Zieschang*, ZRP 1996, 427 (428).

637 Vgl. dazu auch *Scheller*, JZ 1992, 904 (910).

638 Eine Unterscheidung zwischen präventiver und repressiver Tätigkeit der Polizei will *Stümper*, Krim 1980, 242 (242 ff.) zugunsten des neuen Begriffs der "operativen Arbeit" aufgeben.

denen Bereichstrennung ist in erster Linie, Fehlinterpretationen zu vermeiden[639]. Des weiteren soll die gesamte öffentliche Verwaltung dem Bürger nicht als allwissende Informationseinheit gegenüberstehen[640]. Es ist zunächst festzuhalten, daß sowohl die Daten zur Gefahrenabwehr als auch diejenigen zur Strafverfolgung viele Ähnlichkeiten aufweisen. Für beide Zwecke ist höchste Genauigkeit der Sachverhaltsaufklärung und Berücksichtigung der in Betracht kommenden Umstände erforderlich[641]. Weiterhin sind Gefahrenabwehr und Strafverfolgung rein tatsächlich eng miteinander verknüpft. Ein Lebenssachverhalt, der eben noch in den Bereich der Gefahrenabwehr fiel, gehört nach Begehung einer Straftat dem Strafprozeßrecht an. Daten, die aus repressiven Gründen aufgenommen wurden, haben auch präventiven Charakter, da sie unter Umständen helfen können, die nochmalige Begehung einer Straftat zu verhindern. Insofern sind die beiden Datentypen kompatibel. Nicht zuletzt Art. 5 b der Konvention des Europarats über den Schutz des Menschen bei der Verarbeitung personenbezogener Daten vom 28. 01. 1981[642] stellt auf diese Kompatibilität von Datentypen im Hinblick auf die Zulässigkeit von Übermittlungen ab[643]. Entscheidend ist also, ob der ursprüngliche Zweck mit dem neuen Zweck der Datenverarbeitung vereinbar ist. Von einer solchen Vereinbarkeit zu sprechen, ist hier keineswegs abwegig. Auch die Tatsache, daß es im deutschen Recht eine strikte Trennung zwischen Gefahrenabwehr und Strafverfolgung gibt, steht dem nicht entgegen[644]. Durch eine derartige Trennung wird kein unumstößliches Dogma aufgestellt. Auch wenn durchaus plausible Gründe für die Abgrenzung zwischen den beiden Bereichen sprechen, muß ihre gemeinsame Behandlung im Rahmen der Datenverarbeitung bei Europol nicht direkt zur Verfassungswidrigkeit führen[645]. Ein Verstoß gegen das Zweckbindungsprinzip ist demnach an dieser Stelle nicht anzunehmen.

---

639 Vgl. *Bull* in *Baldus/ Soiné*, 9 (16).

640 Vgl. *Simitis*, NJW 1984, 398 (402).

641 Vgl. *Bull* in *Baldus/ Soiné*, 9 (16).

642 Vgl. BGBl. 1985 II S. 538.

643 Diese Konvention wiederum macht sich Europol im Hinblick auf einzuhaltende Datenschutzstandards in Art. 14 EuropolKonv zu eigen.

644 So aber wohl *Zieschang*, ZRP 1996, 427 (428).

645 So im Ergebnis auch *Bull* in *Baldus/ Soiné*, 9 (15 ff.).

(b) Weitergabe an andere Behörden zu konventionsfremden Zwecken

Das Zweckbindungsprinzip gilt nicht nur für die Verwendung innerhalb einer Behörde, sondern auch für die Datenübermittlung an andere Stellen[646]. Art. 17 I EuropolKonv verbietet im Grundsatz die Weitergabe personenbezogener Daten an andere Behörden zu Zwecken, die nicht zu den Aufgaben Europols gehören. Damit soll ganz offensichtlich dem Prinzip der Zweckbindung entsprochen werden. Allerdings läßt Art. 17 III EuropolKonv eine Ausnahme zu, sofern der Mitgliedsstaat, der die Daten ursprünglich übermittelt hat, dies genehmigt. Eine Weitergabe an andere Behörden zu konventionsfremden Zwecken ist dann erlaubt. Das auch in Art. 12 EuropolKonv (vgl. dort insbesondere Abs. 1 Nr. 2 und 7) zum Ausdruck kommende Zweckbindungsprinzip könnte dadurch weitgehend unterwandert werden[647].

Einzige Hürde des Art. 17 III EuropolKonv ist die Genehmigung des Mitgliedsstaats, der die Daten übermittelt hat. Die Zulässigkeit dieser Genehmigung hängt vom nationalen Recht des betroffenen Mitgliedsstaates ab. So wird zumindest jeder Mitgliedsstaat davor geschützt, daß die von ihm eingespeisten Daten zweckfremd verwendet werden[648]. Soweit Deutschland der betroffene Mitgliedsstaat wäre, könnte man noch von einer Wahrung des Zweckbindungsprinzips durch die deutschen Datenschutzgesetze ausgehen[649]. Die Zweckbindung wäre also jedenfalls auf dieser zweiten Ebene garantiert. Allerdings können genauso Fälle auftreten, in denen andere Mitgliedsstaaten betroffen sind, die in ihren nationalen Gesetzen das Zweckbindungsprinzip eben nicht verankert haben[650]. In diesen Fällen ist eine zweckfremde Verwendung der weitergeleiteten Daten theoretisch möglich[651]. Insofern gibt Art. 17 III EuropolKonv Anlaß zu verfas-

646 Vgl. *Bäumler* in *Lisken/ Denninger*, Kapitel J, Rn. 724 m.w.N.

647 So jedenfalls *Petri*, KritV 1998, 441 (454 f.).

648 Vgl. *Aschmann*, S. 180.

649 Vgl. nur allgemein § 15 BDSG sowie insbesondere § 17 BDSG. Kritisch zur Lockerung des Zweckbindungsprinzips in den deutschen Polizeigesetzen *Dix*, Jura 1993, 571 (573) m.w.N.

650 Da auch hier die Verwendung personenbezogener Daten deutscher Staatsangehöriger denkbar ist, muß auch für diesen Fall die Verfassungsmäßigkeit garantiert sein. Art. 17 III EuropolKonv konsultiert eben nur den Mitgliedsstaat, der die Daten ursprünglich an Europol übermittelt hat, nicht aber den Staat, dem die betroffene Person, deren Daten übermittelt werden sollen, angehört.

651 Zu unkritisch insoweit *Aschmann*, S. 180 f., der nur die nationalen Interessen an den selbst eingespeisten Dateien sieht.

sungsrechtlichen Bedenken. Haltbar wäre die Vorschrift nur dann, wenn man die Verwendung personenbezogener Daten nach Art. 17 III EuropolKonv im Rahmen einer teleologischen Reduktion der Norm nur unter Mitwirkung der gemeinsamen Kontrollinstanz (vgl. Art. 24 EuropolKonv) zuließe[652]. Auf diese Weise kann die Vorschrift in Einklang mit dem Grundgesetz gebracht werden. Angesichts einer derartigen verfassungskonformen Auslegung ist die deutsche Seite bei der Mitwirkung an Europol gehalten, eine solche Handhabung zu etablieren. Des weiteren ist zu bedenken, daß eine Datenübermittlung an einen Mitgliedsstaat gemäß Art. 14 II EuropolKonv erst beginnen darf, wenn dieser Staat einen Datenschutzstandard erreicht hat, der dem Datenschutzübereinkommen des Europarats vom 28. 01. 1981 sowie der Empfehlung R (87) 15 des Ministerkomitees des Europarates vom 17. 09. 1987 über die Nutzung personenbezogener Daten im Polizeibereich[653] (vgl. Art. 14 I EuropolKonv) entspricht. Auch diese Vereinbarungen enthalten Vorschriften über die Zweckbindung bei der Weitergabe von personenbezogenen Daten (vgl. Art. 5 lit. b Datenschutzkonvention sowie Grundsatz 4 und Grundsatz 5.5 der Empfehlung R (87) 15). Insofern haben die Mitgliedsstaaten zumindest ähnliche Regelungen in ihren eigenen Datenschutzgesetzen getroffen. Das garantiert die Einhaltung des Zweckbindungsprinzips in anderen Mitgliedsstaaten zumindest in Grundzügen. Auch hier kann im Ergebnis trotz der aufgezeigten Bedenken die Verfassungskonformität noch festgestellt werden.

(c) Weitergabe an Drittstaaten

Die in Art. 18 EuropolKonv geregelte Weitergabe an Drittstaaten hingegen orientiert sich in ausreichender Form am Zweckbindungsprinzip. Auch wenn zum Teil indirekt die Wahrscheinlichkeit unzulässiger und unseriöser Datenverwendung durch bestimmte Staaten prognostiziert wird[654], gewährleistet insbesondere Art. 18 V S. 3 EuropolKonv einen ausreichenden Schutz vor zweckfremder Verwendung. Danach muß der Empfänger zusagen, daß er die Daten nur zu dem Zweck nutzt, zu dem sie übermittelt wurden. Europol behält sich damit die Wah-

---

652 So zutreffend *Petri*, KritV 1998, 441 (455).

653 Abgedruckt bei *Dammann/ Simitis*, S. 310 ff.

654 *Weichert*, Bürgerrechte & Polizei 56 (1997), 54 (57) mißtraut beispielsweise der türkischen, russischen oder algerischen Polizei.

rung des Zweckbindungsprinzips selber vor. Verfassungsrechtlich ist dieses Vorgehen nicht zu beanstanden.

(d) Zwischenergebnis zu (2)

Das Zweckbindungsprinzip im Rahmen der verfassungsmäßigen Rechtfertigung von Eingriffen in das informationelle Selbstbestimmungsrecht wird zwar an einigen Stellen in der Europol-Konvention allenfalls nur in Grundzügen beachtet, insgesamt reichen die Vorschriften allerdings noch aus, um den verfassungsrechtlichen Ansprüchen in sofern zu genügen[655].

(3) Verhältnismäßigkeit

Bei der Verhältnismäßigkeitsprüfung der vorgesehenen Eingriffe in das Recht auf informationelle Selbstbestimmung steht in erster Linie eine Abwägung zwischen dem Interesse des Staats an der Inneren Sicherheit[656] sowie dem Grundrecht des Einzelnen im Vordergrund. Bei allen Eingriffen in das Recht auf informationelle Selbstbestimmung, die die Europol-Konvention vorsieht[657], sind aber letztlich keine Bedenken aus Verhältnismäßigkeitsgesichtspunkten anzubringen[658]. Am Vorliegen der Tatbestandsvoraussetzungen der Zweckmäßigkeit eines Eingriffs[659] besteht kein Zweifel. Als zulässiger Zweck kommt die Erfüllung jeder legitimen Staatsaufgabe in Betracht[660]. Die Wahrung der Inneren Sicherheit auch im Rahmen der Europäischen Union ist ein derartiges Staatsziel[661]. Auch die Geeignetheit der hier eingesetzten Mittel steht nicht in Frage. Das belegen schon die Erfolge Europols. Die Eingriffe in das Grundrecht auf informa-

---

655 So im Ergebnis auch *Aschmann*, S. 182.

656 Zum Teil wird sogar von einem Grundrecht des Bürgers auf Sicherheit gesprochen, vgl. dazu *Aulehner*, S. 460 ff. m.w.N. sowie eingehend *Isensee*, Das Grundrecht auf Sicherheit, 1983.

657 Vgl. oben § 12 Abschnitt II Ziffer 1. a.

658 *Oberleitner*, S. 145 sieht in der Europol-Konvention einen geeigneten Ansatz, einerseits so wenig wie möglich in Grundrechte des einzelnen Bürgers einzugreifen, aber andererseits den größtmöglichen Spielraum zur Bekämpfung der Organisierten Kriminalität einzuräumen.

659 Ausführlich dazu *Aulehner*, S. 457 ff.

660 Vgl. *Isensee* in *Isensee/ Kirchhof*, Bd. V, § 111, Rn. 73.

661 Eingehend dazu *Pitschas*, JZ 1993, 857 (857 ff.).

tionelle Selbstbestimmung sind auch erforderlich, da der Organisierten Kriminalität und anderen Formen des Internationalen Verbrechens nur durch fundamentale Veränderungen der Methoden - etwa in Form eines staatenübergreifenden Informationsaustauschs der Polizeien - beizukommen ist[662]. Ansonsten würden Polizeibehörden bei einem Grenzübertritt eines Straftäters informationslos - gleichsam mit leeren Händen - dastehen.

(4) Zwischenergebnis zu bb.

Die aufgezeigten Anforderungen an eine verfassungsrechtliche Rechtfertigung eines Eingriffs in das informationelle Selbstbestimmungsrecht werden mit der Europol-Konvention wegen eines Verstoßes gegen das Gebot der Normenklarheit in Art. 10 EuropolKonv nicht eingehalten.

cc. Zwischenergebnis zu b.

Die verfassungsrechtliche Rechtfertigung der in der Europol-Konvention vorgesehenen Eingriffe in das Recht auf informationelle Selbstbestimmung gelingt größtenteils. Allerdings entspricht Art. 10 EuropolKonv nicht den Anforderungen der Normenklarheit. Der Betroffene kann nur schwer nachvollziehen, was wann wo und bei welcher Gelegenheit nach Art. 10 EuropolKonv bei Europol über ihn gespeichert wurde. Die Norm steht daher nicht in Einklang mit der deutschen Verfassung. Sie erlaubt Eingriffe in das Recht auf informationelle Selbstbestimmung, die sie aufgrund fehlender Normenklarheit nicht zu rechtfertigen vermag.

c. Zwischenergebnis zu 1.

Durch die Ermächtigung zu Tätigkeiten im Rahmen der Arbeitsdateien zu Analysezwecken (Art. 10 EuropolKonv) wird in das Recht auf informationelle Selbstbestimmung auf verfassungsrechtlich nicht gerechtfertigte Weise eingegriffen. Im übrigen entspricht die Europol-Konvention trotz der aufgezeigten

---

662 Vgl. nur zuletzt *Schneider*, Kriminalpolizei 1999, 203 (203) oder *Storbeck* in *Baldus/ Soiné*, 21 (21 f.).

Bedenken den verfassungsrechtlichen Anforderungen im Hinblick auf den Datenschutz und die Berücksichtigung des Grundrechts auf informationelle Selbstbestimmung.

2. Schengen

Die Art. 92 ff. SDÜ regeln ausführlich das Schengener Informationssystem. Da es sich um ein Personenfahndungssystem handelt, geht es auch hier um die Verarbeitung personenbezogener Daten. Nach den Art. 94 ff. SDÜ werden personenbezogene Daten im gesamten "Schengen-Land" in das Informationssystem eingespeist und sind dort auch überall abrufbar. Neben der Datenverarbeitung im Schengener Informationssystem können auch auf anderem Wege personenbezogene Daten zwischen den Polizeibehörden fließen. Hier ist an die Fälle der Art. 39, 40, 41, 46 und 47 SDÜ zu denken[663]. Diese Formen polizeilicher Zusammenarbeit werden allerdings im Hinblick auf das informationelle Selbstbestimmungsrecht und Datenschutz in der Literatur kaum erwähnt oder gar diskutiert[664]. Die Datenverarbeitung ist bei diesen Kooperationsformen nur eine Begleiterscheinung, Datenschutzfragen werden in diesem Bereich nur peripher tangiert[665].

Das Schengener Informationssystem - Kernstück des Informationsaustauschs im Rahmen des Schengener Durchführungsübereinkommens[666] - ist dagegen unter diesem Gesichtspunkt von ganz besonderem Interesse, da es dort originär um automatisierte Datenverarbeitung geht. Daher erscheint eine Beschränkung auf das im Hinblick auf das informationelle Selbstbestimmungsrecht viel diskutierte Schengener Informationssystem an dieser Stelle sinnvoll. Diesbezüglich stellt

---

663 Vgl. insofern *Wolters*, Krim 1997, 86 (88); ferner *Mokros* in *Lisken/ Denninger*, Kapitel N, Rn. 60 ff. sowie *Martínez Soria*, VA 1998, 400 (409).

664 Eine unkommentierte Darstellung der konventionellen Datenverarbeitung im Schengener Durchführungsübereinkommen findet sich bei *Bäumler*, CR 1994, 487 (489). Vgl. insoweit auch *Lavranos*, DuD 1996, 400 (405) sowie *Scheller*, JZ 1992, 904 (910).

665 Zum Teil werden durch diese Formen polizeilicher Zusammenarbeit nicht einmal neue Ermächtigungsgrundlagen geschaffen, vielmehr sind dann nationale Ermächtigungsgrundlagen für die in den genannten Regelungen vorgesehene Tätigkeiten heranzuziehen. Eine neue "Eingriffsqualität" wird in solchen Fällen nicht begründet. Vgl. auch *Würz*, Rn. 239 sowie *Mokros* in *Lisken/ Denninger*, Kapitel N, Rn. 65.

666 Vgl. nur *Werner*, CR 1997, 34 (34).

sich also ebenfalls die Frage nach Eingriff und verfassungsmäßiger Rechtfertigung im Hinblick auf das informationelle Selbstbestimmungsrecht aus Art. 2 I i.V.m. 1 I GG.

a. Eingriffe in das Recht auf informationelle Selbstbestimmung im Rahmen des Schengener Informationssystems

Im Gegensatz zur Informationssammlung bei Europol sieht das Schengener Informationssystem nicht verschiedene Formen der Informationsverarbeitung bezüglich personenbezogener Dateien vor. Vielmehr beschränkt es sich lediglich auf die Fahndung von Personen und Sachen[667], wobei das System nicht etwa einem "Informationspool" gleich alle möglichen Informationen über Personen, Orte und Ereignisse, die durch polizeiliche Ermittlungen gewonnen wurden, einspeichert, miteinander verknüpft und dann neu aufbereitet allen Staaten zum Abruf bereitstellt[668]. Eingegebene Daten bleiben unbehandelt und unkommentiert, sie können auch nur in dieser Form abgerufen werden. Analysedateien etwa, mit denen Zusammenhänge erschlossen und kraft sachherrschaftlichen Wissens Organisationsstrukturen erkannt werden können, sind imSchengener Informationssystem nicht vorgesehen[669].

Eingriffe in das Recht auf informationelle Selbstbestimmung können sich daher in erster Linie durch das Einstellen von Personendateien sowie dasschengenweit mögliche Abrufen dieser Dateien ergeben. Die Gruppen, über die personenbezogene Daten in das Schengener Informationssystem eingegeben werden können, werden in den Art. 95 - 99 SDÜ ausführlich benannt. Hinsichtlich des Rechts auf informationelle Selbstbestimmung liegt nach oben Gesagtem[670] ein Eingriff schon bei jedem einen persönlichen Lebenssachverhalt geltenden Akt staatlicher Informations- und Datenerhebung und -verarbeitung vor[671].

---

667 Vgl. *Würz*, Rn. 152.

668 Vgl. *Scheller*, JZ 1992, 904 (905).

669 Vgl. dazu nur *Schreckenberger*, VA 1997, 389 (410).

670 Vgl. insoweit die Ausführungen zu den Eingriffsanforderungen hinsichtlich des Rechts auf informationelle Selbstbestimmung im Rahmen der Überprüfung der Europol-Konvention, § 12 Abschnitt II Ziffer 1. a.

671 Vgl. *Pieroth/ Schlink*, Rn. 381.

Die einzelnen Fahndungskategorien, die sich mit Personenfahndung befassen (Art. 95 - 99 SDÜ), erhalten ihre inhaltliche Ausformung jeweils durch Art. 94 III SDÜ. Diese Vorschrift bestimmt, welche Angaben in bezug auf eine Person in das Informationssystem eingegeben werden dürfen. Das Datenprofil, das diese Vorschrift über einzelne Personen zuläßt[672], ist umfassend[673]. In ihrer Gesamtheit sind diese Daten geeignet, ein komplettes Bild einer Person abzugeben. Das Recht der Selbstdarstellung[674] wird damit durch die Eingabe und Verarbeitung derartiger personenbezogener Daten berührt, mithin droht die Gefahr, daß das selbstgeschaffene Bild der betroffenen Personen insofern zumindest gestört wird[675].

Eingriffe in das Grundrecht auf informationelle Selbstbestimmung ergeben sich im Rahmen des Schengener Informationssystems daher in zweierlei Hinsicht. Sowohl die Eingabe als auch die Zugriffe i.S.v. Art. 101 SDÜ auf computergespeicherte Daten der in den Art. 95 - 99 SDÜ aufgeführten personenbezogenen Fahndungskategorien[676] sind insofern relevant und bedürfen in einem weiteren Schritt einer verfassungsmäßigen Rechtfertigung.

b. Verfassungsrechtliche Rechtfertigung

Diese Eingriffe in das Grundrecht auf informationelle Selbstbestimmung müssen verfassungsrechtlich gerechtfertigt sein.

---

672 Im einzelnen darf nach der Vorschrift gespeichert werden Name und Vorname, gegebenenfalls Aliasname in einem neuen Datensatz, besondere unveränderliche physische Merkmale, erster Buchstabe des zweiten Vornamens, Geburtsort und -datum, Geschlecht, Staatsangehörigkeit, der personenbezogene Hinweis "bewaffnet", Ausschreibungsgrund sowie zu ergreifende Maßnahmen.

673 In diesem Zusammenhang ist allerdings zu bemerken, daß nach Art. 94 III SDÜ ausdrücklich solche Daten, die in Art. 6 S. 1 des Datenschutzübereinkommens vom 28. 01. 1981 erwähnt sind, nicht erhoben werden dürfen. Angaben personenbezogener Daten über die rassische Herkunft, die politische Anschauung, religiöse oder andere Überzeugungen, die Gesundheit, das Sexualleben und Strafurteile sind damit untersagt. Die Eingriffsintensität ist damit klar begrenzt.

674 Vgl. *Pieroth/ Schlink*, Rn. 377.

675 Vgl. *Aulehner*, S. 455.

676 Die Ansicht von *Weichert*, CR 1990, 62 (64), nach der auch die Speicherung von Sachdaten gem. Art. 100 SDÜ in aller Regel Personenbezug habe und mithin auch hier der Schutz der informationellen Selbstbestimmung zu beachten sei, führt zu weit.

aa. Vorbemerkung

Wie schon angesprochen[677] ergibt sich aus dem Umstand, daß das Grundrecht auf informationelle Selbstbestimmung sowohl aus Art. 2 I GG als auch aus Art. 1 I GG abgeleitet wird, ein spezifisches Anforderungsprofil hinsichtlich zulässiger Einschränkungen[678]. Es können hier nicht einfach nacheinander Art. 2 I GG und dann Art. 1 I GG getrennt überprüft werden.

Vielmehr sind hier die vom Bundesverfassungsgericht entwickelten besonderen Vorraussetzungen der verfassungsmäßigen Rechtfertigung derartiger Eingriffe - wie schon bei der Prüfung der Europol-Konvention[679] - zugrunde zu legen. So müssen im einzelnen die in das Recht auf informationelle Selbstbestimmung eingreifenden Vorschriften des Schengener Durchführungsübereinkommens in erster Linie dem Gebot der Normenklarheit[680], dem Zweckbindungsprinzips[681] sowie dem Verhältnismäßigkeitsprinzip[682] gerecht werden.

bb. Einhaltung der Anforderungen an die verfassungsrechtliche Rechtfertigung

Die festgestellten Eingriffe im Rahmen der Informationsverarbeitung mit dem Schengener Informationssystem können nur als verfassungsrechtlich gerechtfertigt angesehen werden, wenn sie insbesondere diesen Vorgaben gerecht werden.

(1) Gebot der Normenklarheit[683]

Auch im Rahmen des Schengener Durchführungsübereinkommens müssen Vorschriften, die in das Recht auf informationelle Selbstbestimmung eingreifen, an-

---

677 Vgl. oben § 12 Abschnitt II Ziffer 1. b. aa.

678 Vgl. nur *Hufen*, JZ 1984, 1072 (1075).

679 Vgl. oben § 12 Abschnitt II Ziffer 1. b. aa. (1) bis (3).

680 Vgl. BVerfGE 65, 1 (44) vom 15. 12. 1983; dazu auch *Simitis*, NJW 1984, 398 (400).

681 Vgl. BVerfGE 65, 1 (46) vom 15. 12. 1983; ausführlich dazu *Bull* in *Baldus/ Soiné*, 9, (15 f.).

682 Vgl. lediglich BVerfGE 19, 342 (348 f.) vom 15. 12. 1965; ferner BVerfGE 55, 159 (165) vom 05. 11. 1980; zur Verhältnismäßigkeit im Rahmen polizeilicher Informationsvorsorge *Aulehner*, S. 457 ff.

683 Zum Inhalt des Gebots der Normenklarheit vgl. oben § 12 Abschnitt II Ziffer 1. b. aa. (1).

hand des Gebots der Normenklarheit gemessen werden. Teilweise wird diesbezüglich angeführt, daß hier "viel zu unbestimmte Regelungen gravierende Eingriffe zulassen"[684]. Derart unbestimmte Regelungen könnten im Rahmen des Schengener Informationssystems bei der Umschreibung der einzelnen Fahndungskategorien mit Personenbezug (Art. 95 - 99 SDÜ), bei der Normierung der Zugriffsberechtigung (Art. 101 SDÜ) sowie bei den Vorschriften zum Datenschutz und Datensicherung im Schengener Informationssystem (Art. 102 - 118 SDÜ[685]) in Betracht kommen[686].

(a) Normenklarheit im Rahmen der Ausschreibungskategorien (Art. 95 - 99 SDÜ)

Die materiellen Voraussetzungen einer Ausschreibung über das Schengener Informationssystem werden fast ausnahmslos entweder direkt an objektive und damit nachprüfbare Tatbestandsvoraussetzungen oder an Rechtsbegriffe, die mit objektiven Tatbestandsvoraussetzungen ohne weiteres ausfüllbar sind, geknüpft.

So erfolgt eine Ausschreibung zur Festnahme mit dem Ziel der Auslieferung nach Art. 95 SDÜ[687] erst, nachdem die ausschreibende Vertragspartei geprüft hat, ob Festnahme und Auslieferung nach dem Recht der anderen Schengen-Staaten zulässig wären[688]. Das ist im Hinblick auf die Normenklarheit verfassungsrechtlich unbedenklich.

Die Personenfahndung mit dem Ziel der Einreiseverweigerung ist entweder zulässig, wenn der Betroffene ausgewiesen oder abgeschoben wurde (Art. 96 III SDÜ) oder aber wenn eine Gefahr für die öffentliche Sicherheit und Ordnung oder die nationale Sicherheit durch die Anwesenheit des Betroffenen auf dem

---

684 Vgl. etwa *Weichert*, CR 1990, 62 (66); *Lavranos*, DuD 1996, 400 (404). *Scheller*, JZ 1992, 904 (910) kritisiert in Teilbereichen Auslegungsschwierigkeiten.

685 Neben den allgemeinen Datenschutzregeln (Art. 126 ff. SDÜ) enthält das Schengener Durchführungsübereinkommen diese eigenständigen datenschutzrechtliche Regelungen für das Schengener Informationssystem, vgl. insoweit *Würz*, Rn. 271 sowie *Wehner* in *Achermann/ Bieber/ Epiney/ Wehner*, S. 150.

686 Der Einwand von *Lavranos*, DuD 1996, 400 (404), Art. 94 III lit. b SDÜ sei wegen des Begriffs der "besonderen persönlichen Merkmale" zu unbestimmt, führt offensichtlich zu weit und muß nicht weiter verfolgt werden.

687 Vgl. insoweit *Wilkesmann*, NStZ 1999, 68 (69).

688 Vgl. *Gusy/ Gimbal* in *Baldus/ Soiné*, 124 (131).

Hoheitsgebiet der Vertragspartei besteht (Art. 96 II SDÜ). Dieser Fall kommt in Betracht, wenn die Ausweisung beabsichtigt war, aber mangels Bekanntgabe unterblieben ist[689]. Hier werden bewährte rechtliche Formulierungen als Tatbestandsvoraussetzungen herangezogen[690].Normenunklarheit kommt auch hier nicht in Betracht.

Auch Art. 97 SDÜ regelt klar, in welchen Fällen und zu welchen Zwecken die Ausschreibung von Personen zur Gewahrsamnahme und Aufenthaltsermittlung zur Gefahrenabwehr möglich ist[691]. Es ist auchhier kein Verstoß gegen das Gebot der Normenklarheit zu erkennen.

Die in Art. 98 SDÜ geregelte Fahndung von Personen zur Aufenthaltsermittlung in anderen Fällen begrenzt sich auf den in der Vorschrift genannten Personenkreis, also Zeugen, sonstige Personen, die im Rahmen eines gegen sie gerichteten Strafverfahrens vor Gericht erscheinen müssen, Personen denen ein Strafurteil zugestellt ist sowie Personen, denen die Ladung zum Antritt einer Freiheitsentziehung zugestellt werden muß. Auch diese Vorschrift wird dem verfassungsrechtlichen Erfordernis der Normenklarheit gerecht.

Art. 99 SDÜ hat die Ausschreibung zur verdeckten Registrierung zum Gegenstand. Einzig die in Absatz 2 der Vorschrift enthaltenden Voraussetzungen einer solchen Ausschreibung wecken Bedenken im Hinblick auf die Normenklarheit. Nach Art. 99 II lit. a SDÜ ist eine solche zulässig, wenn "konkrete Anhaltspunkte dafür vorliegen, daß der Betroffene in erheblichem Umfang außergewöhnlich schwere Straftaten plant oder begeht".

Der Begriff der "außergewöhnlich schweren Straftat" ist im deutschen Recht nicht enthalten[692] und nicht ohne weiteres an objektive Tatbestandsmerkmale zu knüpfen. Allerdings läßt die Formulierung den Schluß zu, daß sie enger als der im deutschen Recht bekannte Begriff der "Straftat mit erheblicher Bedeutung"[693]

---

689 Vgl. *Würz*, Rn. 182.

690 A.A. jedoch *Weichert*, CR 1990, 62 (64).

691 Vgl. dazu näher *Würz*, Rn. 186 ff.

692 Vgl. *Würz*, Rn. 197.

693 Siehe § 163 e StPO, § 8 III PolG NW. Nach letztgenannter Norm fallen darunter insbesondere Verbrechen, die in § 138 StGB genannten Vergehen, Vergehen nach § 128 StGB und gewerbs- oder bandenmäßig begangene Vergehen nach den §§ 243, 244, 260, 263 - 264a, 265b, 266, 283, 283a, 302a, 324 - 330a StGB, § 53 I 1 Nr. 1 oder Nr.

auszulegen ist. Gerade der Ausdruck "außergewöhnlich" signalisiert, daß nur Straftaten gemeint sind, die sowohl aufgrund ihrer komplexen Wirkung als auch aufgrund ihrer Seltenheit absoluten Ausnahmecharakter haben. Den Rückschluß darauf läßt auch der Umstand zu, daß das Schengener Durchführungsübereinkommen selber den Begriff der "Straftat mit erheblicher Bedeutung" kennt (vgl. Art. 102 III SDÜ). Insofern muß davon ausgegangen werden, daß Art. 99 II lit. a SDÜ nur noch solche Verbrechen meinen kann, die im Einzelfall geeignet sind, den Rechtsfrieden besonders zu stören[694]. Damit kommt nur noch eine geringe Zahl von Verbrechen in Betracht, die unter die genannte Norm fallen können. Die Vorschrift ist letztlich noch ausreichend klar.

Auf große Bedenken im Hinblick auf die Normenklarheit stößt allerdings Art. 99 II b SDÜ[695]. Diese Regelung macht die Ausschreibung von einer Gesamtbeurteilung des Betroffenen abhängig, die erwarten läßt, daß er auch künftig außergewöhnlich schwere Straftaten begehen wird. Maßstab hierfür sollen insbesondere die bisher von dem Betroffenen begangenen Straftaten sein. An dieser Stelle werden durchaus maßgebliche Entscheidungen in die Hände der das Gesetz ausführenden Personen delegiert. Objektive Tatbestandsmerkmale werden an dieser Stelle nur in geringem Umfang gestellt. Immerhin läßt sich nach oben Gesagtem der Begriff der "außergewöhnlich schweren Straftat" ausreichend konkretisieren. Aber schon allein die Einräumung eines Beurteilungsspielraumes an sich - selbst wenn noch objektivierbare Kriterien zur Seite gestellt werden - kann im Rahmen eines Eingriffs in das informationelle Selbstbestimmungsrecht nur schwer verfassungsrechtlich für vertretbar erklärt werden.
Für die verfassungsrechtliche Konformität spricht hier allerdings der Umstand, daß es mit der Vorschrift um die Verhinderung von schwersten Straftaten geht, die eine Bedrohung für den Rechtsfrieden bedeuten. Die vorliegende Norm kann nicht anders gefaßt werden, um Prävention im Bereich dieser außergewöhnlichen Schwerstkriminalität über das Schengener Informationssystem betreiben zu können. Auch wenn vor dem Hintergrund kriminalpolitischer Ziele die Beachtung der Grundrechte nicht über Bord geworfen werden darf[696], sprechen hier

2 WaffG, § 29 III 2 Nr.1 oder Nr. 4 BTMG, § 47a AuslG. Die gesetzliche Aufzählung ist nicht abschließend, wesentlich ist eine gewerbs- oder bandenmäßige Begehung, vgl. *Tegtmeyer*, § 8 PolG NW, Rn. 31.

694 Überzeugend insofern *Würz*, Rn. 197.

695 Nach *Lavranos*, DuD 1996, 400 (404) m.w.N. läßt diese Norm jegliche Bestimmtheit vermissen.

696 Vgl. insoweit die Kritik von *Lavranos*, DuD 1996, 400 (406).

letztlich noch ganz überwiegende Allgemeinwohlinteressen[697] für die Verfassungsmäßigkeit der Vorschrift. Die bestehenden Einwände hinsichtlich der verfassungsrechtlich unzulässigen Unklarheit der Vorschrift treten vor dem Hintergrund ganz überwiegender Allgemeinwohlinteressen an dieser Stelle zurück. Zu betonen ist allerdings, daß eine solche Normbehandlung nur aufgrund der Tatsache vertretbar erscheint, daß mit der Regelung ganz außergewöhnlich bedeutsame Ausnahmefälle erfaßt werden sollen[698].

Im Ergebnis können die Vorschriften, die die Modalitäten der unterschiedlichen Ausschreibungen regeln im Hinblick auf das Gebot der Normenklarheit als verfassungsrechtlich zufriedenstellend angesehen werden, wobei die Vorschrift des Art. 99 II lit. b SDÜ allerdings den äußersten Rand der Verfassungsmäßigkeit berührt.

(b) Normenklarheit bei der Regelung zur Zugriffsberechtigung (Art. 101 SDÜ)

Art. 101 I SDÜ nennt die Stellen in den Vertragsstaaten, die berechtigt sind, die im Schengener Informationssystem gespeicherten Daten unmittelbar abzurufen. Genannt sind zum einen Stellen, die für Grenzkontrollen zuständig sind und zum anderen Stellen, die für sonstige polizeiliche und zollrechtliche Überprüfungen im Inland sowie deren Koordinierung zuständig sind. Art. 101 III SDÜ läßt Zugriffe nur zur Erfüllung der jeweiligen Aufgaben der abrufenden Stellen zu[699]. Mit Art. 101 I SDÜ sind die zum Zugriff berechtigten Stellen abschließend genannt[700]. Insbesondere, da Art. 101 IV SDÜ die Vertragsparteien dazu ver-

---

697 Gerade die überwiegenden Allgemeinwohlinteressen können auch Eingriffe in das Recht auf informationelle Selbstbestimmung rechtfertigen, vgl. *Heußner*, BB 1990, 1281 (1282); ferner *Simitis*, NJW 1984, 398 (400) sowie *Kunig*, Jura 1993, 595 (602 f.) unter Bezugnahme auf BVerfGE 65, 1 (1 ff.) vom 15. 12. 1983.

698 So im Ergebnis auch *Mokros* in *Lisken/ Denninger*, Kapitel N, Rn. 113 f., der im Rahmen einer verfassungskonformen Auslegung die Ausschreibung nur von solchen Personen für zulässig erachtet, von denen aufgrund tatsächlicher Anhaltspunkte zu erwarten ist, daß sie als grenzüberschreitende Serientäter Straftaten begehen. *Martínez Soria*, VA 1998, 400 (412) stellt auf die Eingrenzung durch die deutsche Rechtsprechung ab.

699 Dies entspricht dem Erforderlichkeitsprinzip des deutschen Datenschutzrechts, vgl. *Würz*, Rn. 279.

700 Kritisch zur ungeklärten Frage der Zugriffsberechtigung von Geheimdiensten in anderen Vertragsstaaten *Lavranos*, DuD 1996, 400 (404).

pflichtet hat, dem Exekutivausschuß eine Liste der zuständigen Behörden zu übersenden[701], die berechtigt sind, die im Schengener Informationssystem gespeicherten Daten unmittelbar abzufragen, können sich hier keine Unklarheiten ergeben. Auch die in Art. 101 II SDÜ genannten Behörden, die zum Zugriff auf Daten über Drittausländer nach Art. 96 SDÜ berechtigt sind, können mit der Norm hinreichend bestimmt werden. Der Betroffene hat hier also die ausreichende Möglichkeit zu erfahren, welche Stelle Daten über ihn gespeichert hat. Dem Gebot der Normenklarheit wird daher in ausreichender Form Rechnung getragen.

(c) Normenklarheit bei den Vorschriften über Datenschutz und Datensicherheit im Schengener Informationssystem (Art. 102 - 118 SDÜ)

Die Vorschriften zum Datenschutz und zur Datensicherung im Schengener Informationssystem können in dieser Hinsicht ausnahmslos als unbedenklich bezeichnet werden[702]. Es ergeben sich keine Unklarheiten oder Zweifel über die Auslegung bestimmter Vorschriften. Das Schengener Durchführungsübereinkommen arbeitet hier nur an ganz wenigen Stellen mit unbestimmten Rechtsbegriffen. In diesen Fällen werden dann allerdings auch solche unbestimmten Rechtsbegriffe benutzt, die allgemein bekannt sind und die mit Hilfe gängiger Definitionen leicht objektivierbar und mit festen Tatbestandsmerkmalenausfüllbar sind. So erlaubt Art. 102 III SDÜ beispielsweise den Wechsel der Ausschreibungskategorie, "soweit dies zur Abwehr einer schwerwiegenden und unmittelbar bevorstehenden Gefahr für die öffentliche Sicherheit und Ordnung oder aus schwerwiegenden Gründen der Sicherheit des Staates oder zur Verhütung einer Straftat mit erheblicher Bedeutung erforderlich ist". Die Formulierung ist durchsetzt von juristisch belegten Begriffen, deren Auslegung keinen besonders großen Spielraum zuläßt. Im übrigen stellen die Vorschriften beispielsweise eindeutig fest, wie das Verhältnis von nationalem Datenschutzrecht zumSchen-

---

701 In Deutschland sind aufgabenbezogen eingabe- und abfrageberechtigt alle Polizeidienststellen des Bundes und der Länder, der Polizei- und Sicherungsdienst des Deutschen Bundestages, das ZKA und die Zollfahndungsdienststellen, das Bundesverwaltungsamt sowie die deutschen Auslandsvertretungen und Ausländerbehörden, vgl. *Gusy/ Gimbal* in *Baldus/ Soiné*, 124 (136)

702 Vgl. nur *Scheller*, JZ 1992, 904 (910), die von einem Meilenstein in der Entwicklung des internationalen Datenschutzrechts spricht; ähnlich *Wehner* in *Achermann/ Bieber/ Epiney/ Wehner*, S. 149 sowie *Oberleitner*, S. 78 und *Harings*, S. 90.

gener Durchführungsübereinkommen zu lösen ist (Art. 104 SDÜ), wer für die Richtigkeit und Aktualität der im Schengener Informationssystem gespeicherten Daten verantwortlich ist (Art. 105 f. SDÜ)[703], welches Recht die Betroffenen wo und in welchen Fällen geltend machen können und welches Recht dafür maßgeblich ist (Art. 109 - 113 SDÜ, Art. 116 SDÜ) und in welcher Form und nach welchem Recht die Kontrolle über das Schengener Informationssystem ausgeübt wird (Art. 114 f. SDÜ)[704].

(d) Zwischenergebnis zu (1)

Mithin läßt sich feststellen, daß dem Gebot der Normenklarheit im Rahmen der Datenverarbeitung über das des Schengener Informationssystems ausreichend Rechnung getragen wird.

(2) Zweckbindungsprinzip[705]

Die Einhaltung des Zweckbindungsprinzips wird als oberstes Gebot innerhalb des Schengener Durchführungsübereinkommens angesehen[706]. Mit der Regelung des Art. 102 SDÜ wird dieses Prinzip für den Informationsaustausch über das Schengener Informationssystem in dem Vertragswerk verankert.

---

703 Diese Norm manifestiert den Grundsatz der datenschutzrechtlichen Verantwortung, vgl. dazu näher *Martínez Soria*, VA 1998, 400 (413) sowie *Werner*, CR 1997, 34 (34).

704 *Riegel*, DÖV 1991, 311 (314) kritisiert, daß die Regelungen sich auf die Verarbeitung im Schengener Informationssystem selbst begrenzen und daher unklar bleibe, welche datenschutzrechtlichen Anforderungen an die erste Erhebung oder die Weiterverarbeitung in den jeweiligen Vertragsstaaten zu stellen seien. Dem muß aber entgegengehalten werden, daß mittlerweile alle Schengen-Staaten ein Datenschutzrecht besitzen, das rechtsstaatlichen Mindestanforderungen entspricht, vgl. etwa *Losano*, CR 1997, 308 (308). Im übrigen trägt auch Art. 117 I SDÜ zur Klärung bei, nach dem die Vertragsstaaten zur Gewährleistung eines Datenschutzstandards im Sinne der Europäischen Datenschutzkonvention vom 28. 01. 1981 sowie der Empfehlung R (87) 15 vom 17. 09. 1987 verpflichtet sind. Mit Art. 117 II SDÜ hat der Inhalt dieser beiden völkerrechtlichen Verträge gleichsam verbindlichen Charakter, vgl. insoweit *Würz*, Rn. 271. Unklarheiten sind damit hier ausgeschlossen.

705 Zum Inhalt des Zweckbindungsprinzips vgl. oben § 12 Abschnitt II Ziffer 1. b. aa. (2).

706 Vgl. *Gusy/ Gimbal*, in *Baldus/ Soiné*, 124 (140).

(a) Art. 102 SDÜ

Grundsätzlich sieht Art. 102 I SDÜ eine Nutzung der in den Artikeln 95 bis 100 SDÜ genannten Daten durch die zuständigen Stellen der Vertragsparteien nur für die der jeweiligen Ausschreibung entsprechenden Zwecke vor[707]. Da die Ausschreibungskategorien in den Art. 95 - 100 SDÜ jeweils ihren Zweck umschreiben, kann eine überschaubare Zweckbindung gewährleistet werden. Die in der Regel zunächst problematische Frage, was überhaupt als "Zweck" zu bezeichnen ist[708], wird damit in konkreten Worten beantwortet. Mögliche Zwecke, an diedie Erhebung und Weiterverarbeitung von Daten gebunden wird, sind danach beispielsweise Auslieferung (Art. 95 SDÜ), Einreiseverweigerung (Art. 96 SDÜ) oder Vermißtenfälle (Art. 97 SDÜ). Daher wird dem Schengener Informationssystem allgemein auch eine strenge Einhaltung des Zweckbindungsprinzips attestiert[709]. Mit Art. 102 II 1 SDÜ wird die Vervielfältigung von Daten nur zu technischen Zwecken erlaubt, soweit dies zum unmittelbaren Abruf erforderlich ist. Die Zweckbindung wird dadurch nicht berührt. Hier wird lediglich ein technischer Arbeitsablauf geregelt, der gerade eine unkontrollierte Vervielfältigung von Daten verhindern will. Dies kommt der Zweckbindung zugute. Ebenso verhält es sich mit Art. 102 II 2 SDÜ. Diese Vorschrift untersagt ausnahmslos die Übernahme von Ausschreibungen aus dem Schengener Informationssystem durch die Vertragsstaaten in andere nationale Datenbestände. Auch damit wird die Zweckbindung gesichert. Denn auf diesem Weg wird gewährleistet, daß keine nationale Behörden plötzlich in den Besitz von personenbezogenen Daten aus dem Schengener Informationssystem gelangt und diese zweckfremd verwenden kann. Außerdem soll mit der Norm verhindert werden, daß vorhandene Informationen bei verschiedenen, in diesem Fall nicht nur staatlichen, sondern internationalen Instanzen zusammengefügt und verknüpft werden[710].

---

707 Anhand der Systematik des Art. 102 III SDÜ, der eine Abweichung von Absatz 1 der Vorschrift als Ersetzung einer Ausschreibungs*kategorie* durch eine andere beschreibt, kommt *Scheller*, JZ 1992, 904 (910) zu dem überzeugenden Ergebnis, daß auch in Art. 101 I SDÜ eine Beschränkung auf Zwecke der jeweiligen Ausschreibungs*kategorie* und nicht etwa nur auf Zwecke der Ausschreibung als solcher gemeint sein muß.

708 Vgl. *Scheller*, JZ 1992, 904 (910), Anm. 72.

709 Vgl. etwa *Wehner* in *Achermann/ Bieber/ Epiney/ Wehner*, S. 145; *Oberleitner*, S. 78; *Würz*, Rn. 281 spricht sogar von einer Form der Zweckbindung, die weit über dem deutschen Datenschutzstandard liege.

710 Vgl. *Gusy/ Gimbal* in *Baldus/ Soiné*, 124 (140).

In Verbindung mit der Zugriffsbeschränkung des Art. 101 SDÜ leistet die Norm daher einen wirkungsvollen Beitrag zur Sicherung des Zweckbindungsprinzips im Schengener Informationssystem. Der Umlauf der Schengen-Daten bleibt überschaubar. Auch Art. 102 IV 1 SDÜ begrenzt die Zwecke der Dateninanspruchnahme weiter. Dort wird die Nutzung zu Verwaltungszwecken untersagt. Einzige Ausnahme ist die Inanspruchnahme durch Ausländerbehörden zur Bearbeitung von Visumsanträgen und Anträgen auf Aufenthaltstitel (vgl. Art. 102 IV 2 SDÜ)[711]. Eine derartige Lockerung der Zweckbindung ist minimal und erscheint auch sinnvoll, um den Ausländerbehörden effektives Arbeiten zu ermöglichen. Die Ausgrenzung der Verwaltung nach Art. 102 IV 1 SDÜ wird hierdurch nicht in besonderem Maße gestört. Die generelle Intention, nicht alle personenbezogenen Daten für unzählige Verwaltungsbehörden zugänglich zu machen, bleibt trotz der genannten Ausnahme unberührt.

Eine echte Ausnahmeregel im Verhältnis zu der das Zweckbindungsprinzip manifestierenden Vorschrift des Art. 102 I SDÜ stellt allerdings Art. 102 III SDÜ dar[712]. Danach ist der Austausch der Ausschreibungskategorie möglich, "soweit dies zur Abwehr einer schwerwiegenden und unmittelbar bevorstehenden Gefahr für die öffentliche Sicherheit und Ordnung oder aus schwerwiegenden Gründen der Sicherheit des Staates oder zur Verhütung einer Straftat mit erheblicher Bedeutung erforderlich ist." Zweifellos begründet diese Vorschrift eine Durchbrechung des Zweckbindungsprinzips. Das bedeutet aber noch nicht, daß damit die Unvereinbarkeit mit der Verfassung indiziert werden muß. An dieser Stelle muß erneut auf das wesentlich überwiegende Allgemeinwohl abgestellt werden. Grundsätzlich geht die Überprüfung der Verfassungsmäßigkeit eines Eingriffs in das Recht auf informationelle Selbstbestimmung immer von der Frage aus, ob der Eingriff im Interesse des überwiegenden Allgemeinwohls möglich ist[713]. Auch die Einhaltung des Prinzips der Zweckbindung hat sich an dieser Frage auszurichten. Da es mit dieser Regelung um die Verhinderung besonders schwerer Straftaten und um die Abwehr von schwerwiegenden Gefahren geht, hat die Allgemeinheit ein besonders hohes Interesse an der Verwirklichung des Normziels. Alltagsfälle werden von der Vorschrift gerade nicht erfaßt, so daß das strenge Zweckbindungsprinzip aus Art. 101 I SDÜ nur dann zurücksteht, wenn es zugunsten der in Art. 101 III SDÜ genannten ganz überwiegenden Allge-

711 Vgl. *Gusy/ Gimbal* in *Baldus/ Soiné*, 124 (140).
712 Vgl. insofern auch *Wehner* in *Achermann/ Bieber/ Epiney/ Wehner*, S. 145.
713 Vgl. BVerfGE 65, 1 (44) vom 15. 12. 1983.

meinwohlinteressen erforderlich ist. Die verfassungsrechtlichen Anforderungen im Hinblick auf das Zweckbindungsprinzip können daher gleichwohl als eingehalten betrachtet werden[714].

(b) Vermischung Gefahrenabwehr/ Strafverfolgung

Wie auch bei der Europol-Konvention wird teilweise die Vernachlässigung des Zweckbindungsprinzips im Rahmen der Datenvermengung zu Zwecken der Gefahrenabwehr und zu Zwecken der Strafverfolgung durch das Schengener Durchführungsübereinkommen kritisiert[715]. Es ist richtig, daß eine klare Trennung dieser beiden Aufgabentypen bei der Datenverarbeitung mit demSchengener Informationssystem nicht erfolgt. Die in den Art. 95 - 99 SDÜ geregelten personenbezogenen Fahndungskategorien dienen sowohl der Gefahrenabwehr als auch der Strafverfolgung[716]. Die darauf basierenden Ausschreibungen stehen alle gleichwertig und ohne Aufteilung nach Gefahrenabwehr und Strafverfolgung nebeneinander im Schengener Informationssystem. Zumindest in Deutschland verwundert es, wenn polizeiliche Stellen, die sich mit Gefahrenabwehr befassen, Zugriff auf Daten haben, die der Strafverfolgung dienen und umgekehrt.

Allerdings muß auch hier – wie im Rahmen der Erörterung des Problems bei Europol[717] – die zwingende Erforderlichkeit einer Trennung dieser beiden Aufgabenbereiche vor dem Hintergrund eines beide Gebiete übergreifenden Zwecks verneint werden. Aus der Handhabung im deutschen Recht ergibt sich nicht ohne weiteres, daß eine gemeinsame Behandlung der beiden Aufgabenbereiche im Schengener Informationssystem verfassungswidrig ist. Zwar werden überzeugende Gründe dafür vorgetragen, daß eine Trennung von Gefahrenabwehr und Strafverfolgung im deutschen Recht sinnvoll ist. Im Hinblick auf den Unterschied zwischen dem Legalitäts- und Opportunitätsprinzip, die verschiedenen Rechtswege sowie unterschiedliche Zuständigkeiten[718] sprechen gewichtige

[714] So wohl auch *Wehner* in *Achermann/ Bieber/ Epiney/ Wehner*, S. 145.

[715] Vgl. *Weichert*, CR 1990, 62 (64).

[716] Vgl. z.B. den Wortlaut von Art. 95 I SDÜ: "..Festnahme mit dem Ziel der Auslieferung.." oder von Art. 97 I SDÜ: "..im Interesse ihres eigenen Schutzes oder zur Gefahrenabwehr..".

[717] Vgl. oben § 12 Abschnitt II Ziffer 1. b. bb. (2).

[718] Vgl. hierzu ausführlich *Schoreit*, CR 1986, 224 (225).

Gründe für die Abgrenzung der beiden Aufgabenzweige. Allerdings sind das keine Argumente, die im Rahmen der Einhaltung des Zweckbindungsprinzips eine Rolle spielen[719]. Dieses dient schließlich nicht dazu, Transparenz und Klarheit im Hinblick auf Rechtswege und Zuständigkeiten zu schaffen. Vielmehr soll ein überschaubarer und kontrollierbarer Verwendungszusammenhang der Daten sowie eine Begrenzung ihres Verarbeitungsumfangs erreicht werden[720]. Letztlich geht es also mit der Zweckbindung um die Vermeidung der Mitverwendung personenbezogener Daten durch unbefugte Behörden und die daraus drohende Gefahr der Fehlinterpretation von Daten[721]. Solange diesem Sinn der Zweckbindung entsprochen wird und die Gefahren, die das Prinzip vermeiden will, gebannt sind, kann von einer Einhaltung des Zweckbindungsprinzips ausgegangen werden. Es kommt mithin nur darauf an, ob der Begriff "Zweck" auf Gefahrenabwehr *und* Strafverfolgung gemeinsam anwendbar ist. Auch hier kann im Ergebnis ein übergreifender Zweck der beiden Bereiche festgestellt werden. Das Schengener Durchführungsübereinkommen und insbesondere die polizeiliche Zusammenarbeit nach dem Schengener Durchführungsübereinkommen hat den Zweck der staatenübergreifenden vorbeugenden Bekämpfung von Straftaten[722]. Zwar wird anders als bei Europol keine Beschränkung auf bestimmte Kriminalitätsformen vorgenommen, vielmehr soll generell eine Erleichterung der internationalen Zusammenarbeit im Fahndungswesen für die nationalen Polizeidienststellen erreicht werden. Aber selbst dann läßt sich der oben genannte Zweck als Oberbegriff zu Gefahrenabwehr und Strafverfolgung aufrecht erhalten. Daher kann auch hier kein Verstoß gegen das Zweckbindungsprinzip gesehen werden.

(c) Zwischenergebnis zu (2)

Die Anforderungen des Zweckbindungsprinzips werden im Rahmen der Datenverarbeitung nach dem Schengener Informationssystem eingehalten. Das kann

---

719 So aber wohl *Weichert*, CR 1990, 62 (64).

720 Vgl. *Scholz/ Pitschas*, S. 41 mit Verweis auf BVerfGE 65, 1 (1 ff.) vom 15. 12. 1983.

721 Vgl. dazu auch *Bull* in *Baldus/ Soiné*, 9 (16).

722 Zum Begriff der "vorbeugenden Verbrechensbekämpfung", der im Rahmen der Bekämpfung international organisierter Kriminalität entstand, vgl. *Ahlers*, S. 134 ff. sowie *Stümper*, Krim 1980, 242 (242 f.).

insbesondere vor dem Hintergrund, daß Zweckumwidmungen nur unter sehr hohen Anforderungen möglich sind[723], angenommen werden.

(3) Verhältnismäßigkeitsgrundsatz[724]

Die Eingriffe in das Grundrecht auf informationelle Selbstbestimmung, die das Schengener Durchführungsübereinkommen bei der Datenverarbeitung im Rahmen des Schengener Informationssystems vorsieht, sind auch aus dem Blickwinkel der Verhältnismäßigkeit nicht zu beanstanden. Hier kann auf die entsprechende verfassungsmäßige Rechtfertigung im Rahmen der Europol-Konvention verwiesen werden[725]. Im Rahmen der Verhältnismäßigkeitsprüfung muß zugleich festgehalten werden, daß die Eingriffe im Rahmen der Datenverarbeitung mit dem Schengener Informationssystem in ihrer Intensität auf einer geringeren Stufe anzusiedeln sind, als die Eingriffe, die die Europol-Konvention vorsieht. "Weiche" Daten sind im Schengener Informationssystem nicht vorgesehen, weiterhin manifestiert Art. 94 III SDÜ sowie auch Art. 117 I SDÜ durch seine Bezugnahme auf die Datenschutzkonvention vom 28. 01. 1981 ein ausnahmsloses Verbot der Erhebung und Verarbeitung personenbezogener Daten in sensiblen Bereichen. Derartige Daten - etwa über die rassische Herkunft, das Sexualleben und die Gesundheit - können im Gegensatz zur Informationssammlung bei Europol kategorisch nicht in das Schengener Informationssystem aufgenommen werden. Ein qualitativer Mehrwert im Hinblick auf etwaige Eingriffe ergibt sich auch im Vergleich zur konventionellen deutschen polizeilichen Datenverarbeitung für das Schengener Informationssystem nicht. Die Eingriffe sind mithin auch als verhältnismäßig anzusehen.

---

723 Vgl. dazu *Würz*, Rn. 281 sowie auch *Wehner* in *Achermann/ Bieber/ Epiney/ Wehner*, S. 145.

724 Zum Inhalt des Verhältnismäßigkeitsgrundsatzes vgl. oben § 12 Abschnitt II Ziffer 1. b. aa. (3).

725 Vgl. oben § 12 Abschnitt II Ziffer 1. b. bb. (3).

cc. Zwischenergebnis zu b.

Die festgestellten Eingriffe in das Recht auf informationelle Selbstbestimmung im Rahmen des Informationsaustauschs über das Schengener Informationssystem sind verfassungsmäßig gerechtfertigt.

c. Zwischenergebnis zu 2.

Die Vorschriften über die Informationsverarbeitung im Rahmen desSchengener Informationssystems beachten in ausreichendem Maße das Grundrecht des Einzelnen auf informationelle Selbstbestimmung. Die im Schengener Durchführungsübereinkommen enthaltenen Eingriffe in dieses Grundrecht sind verfassungskonform.

3. Ergebnis zu II.

Das Schengener Durchführungsübereinkommen ist im Hinblick auf Eingriffe in das informationelle Selbstbestimmungsrecht bis auf eine Ausnahme, die sich aber auch noch im Rahmen der Verfassungsmäßigkeit bewegt, unbedenklich. Die Europol-Konvention hingegen ist an mehreren Stellen nur mit Bedenken haltbar, teilweise müssen die Vorschriften im Wege einer verfassungskonformen Auslegung "gerettet" werden. Wegen eines Verstoßes gegen das Gebot der Normenklarheit muß eine Vorschrift der Europol-Konvention als verfassungswidrig eingestuft werden. Letztlich hält daher nur eines der beiden Vertragswerke - das Schengener Durchführungsübereinkommen - der verfassungsrechtlichen Überprüfung aus dem Blickwinkel des Grundrechts auf informationelle Selbstbestimmung stand.

III. Demokratieprinzip (Art. 20 I, II GG)

Das in Art. 20 I, II GG festgelegte Demokratieprinzip zwingt den Staat dazu, bei der Ausübung jeglicher Staatsgewalt zumindest eine mittelbare demokratische

Legitimation derselben zu gewährleisten[726]. Das bedeutet also, daß letztlich alle staatliche Gewalt auf den Volkswillen rückführbar sein muß[727]. Die polizeiliche Zusammenarbeit, die die Europol-Konvention sowie das Schengener Durchführungsübereinkommen umfassen, regelt auch die Ausübung solcher Staatsgewalt. In materieller Hinsicht beinhaltet der Begriff der "Staatsgewalt" alle rechtserheblichen Funktionen und Tätigkeiten der Staatsorgane und Amtswalter ohne Rücksicht auf die Rechts- bzw. Handlungsform. Es soll letztlich die demokratische Steuerung der gesamten Verwaltung garantiert sein[728].

Im Hinblick auf die Tätigkeit bei Europol selber[729] stellt sich zwar zunächst das Problem, ob überhaupt deutsche Staatsgewalt ausgeübt wird, wenn Europol-Beamte in der Europol-Zentrale den Austausch von Informationen organisieren. Allerdings sind die in Art. 20 GG manifestierten demokratischen Grundsätze gemäß Art. 23 I 1 GG bei der Verwirklichung eines vereinten Europas - also auch beim Aufbau eines europäischen Polizeiamts - in entsprechender Form zu beachten[730]. Im Rahmen der polizeilichen Zusammenarbeit nach dem Schengener Durchführungsübereinkommen ist die direkte Ausübung staatlicher Gewalt geregelt, da die ausführenden Organe die jeweils zuständigen nationalen Polizeidienststellen sind. In beiden Bereichen kann man daher von Ausübung von Staatsgewalt sprechen. Im übrigen herrscht spätestens seit dem Maastricht-Urteil des Bundesverfassungsgerichts insoweit Klarheit, denn dort wird festgestellt, daß europäische Institutionen mit hoheitlichen Befugnissen durch die nationalen Parlamente bei einer Rückkopplung an das Europäische Parlament demokratisch legitimiert sein müssen[731]. Problematisiert wird sowohl bei Europol als auch bei Schengen die fehlende demokratische Kontrolle durch Parlamente[732].

---

726 Vgl. etwa BVerfGE 83, 60 (71 ff.) vom 31. 10. 1990.

727 Vgl. *Herzog* in *Maunz/ Dürig*, Art. 20 GG, Abschnitt II, Rn. 33; *Schnapp* in *von Münch/ Kunig*, Art. 20 GG, Rn. 30; *Pieroth* in *Jarass/ Pieroth*, Art. 20 GG, Rn. 4 f.; ferner *Dreier* in *Dreier*, Art. 20 GG (Demokratie), Rn. 77 m.w.N. auf die st. Rspr. des Bundesverfassungsgerichts. Zum Inhalt des Demokratieprinzips eingehend vgl. oben § 11 Abschnitt III Ziffer 2.

728 Vgl. *Dreier* in *Dreier*, Art. 20 GG (Demokratie), Rn. 80 und Rn. 113.

729 Ausgenommen also die Tätigkeit der Nationalen Stellen.

730 Dazu eingehend *Baldus*, ZRP 1997, 286 (287 f.).

731 Vgl. BVerfGE 89, 155 (185 f.) vom 12. 10. 1993.

732 Vgl. dazu bzgl. Europol in erster Linie *Fisahn*, KritJ 1998, 358 (366 ff.); *Lisken*, DRiZ 1998, 75 (77); *Petri*, KritV 1998, 441 (451 ff.); *Weichert*, DuD 1995, 450 (457); *Di Fabio*, DÖV 1997, 89 (99); bzgl. Schengen insbesondere *Weichert* CR 1990, 62 (66); *Bieber*, NJW 1994, 294 (296); *Lavranos*, DuD 1996, 400 (405).

1. Europol

Die Frage der Einhaltung des Demokratieprinzips bemißt sich für Europol vor dem Hintergrund des Art. 23 I 1 GG im wesentlichen an vier Gesichtspunkten. Zum einen stellt sich das Problem der ursprünglichen sachlich-inhaltlichen Legitimation, weiterhin ist die Legitimation des Personals und der Organe Europols zu klären. Darüber hinaus muß die ausreichende demokratische Kontrolle überprüft werden. Zuletzt ist die in Art. 30 I EuropolKonv vorgesehene Weisungsunabhängigkeit des Europol-Personals zu untersuchen[733].

a. Sachlich-inhaltliche Legitimation Europols

Die sachlich-inhaltlich demokratische Legitimation der Verwaltung wird in Deutschland zunächst durch die Gesetzesbindung in den Formen von Vorbehalt und Vorrang des Gesetzes gewährleistet[734]. Diese Form der Legitimation ist dazu bestimmt, die Ausübung der Staatsgewalt ihrem Inhalt nach vom Volk herzuleiten bzw. mit dem Volkswillen zu vermitteln und auf diese Weise die Ausübung der Staatsgewalt durch das Volk sicherzustellen[735]. Insoweit ergeben sich für Europol aus deutscher Sicht keine besonderen Probleme. Zunächst hat der Deutsche Bundestag 1992 mit Zweidrittelmehrheit ein Zustimmungsgesetz zum EU-Vertrag a.F.[736] verabschiedet[737]. Dieser sah in Art. K.1 Nr. 9 ausdrücklich die Errichtung von Europol vor. Ferner wurde der Rat mit Art. K.3 II EUV a.F. zum Erlaß eines entsprechenden Übereinkommens legitimiert[738]. Mit dem Transformationsgesetz ("Europol-Gesetz") zur daraufhin erlassenen Europol-Konvention hat das deutsche Parlament die Vorschriften des Übereinkommens zu innerstaat-

---

733 Vgl. dazu *Baldus*, ZRP 1997, 286 (288 ff.); allgemein zum Inhalt des Demokratieprinzips *Schmidt-Aßmann*, AöR 116 (1991), 329 (339 ff.); *Ehlers*, Jura 1997, 180 (184 f.); grundlegend *Böckenförde* in *Isensee/ Kirchhof*, Bd. I, § 22, Rn. 11 ff. (unter Aufnahme früherer Judikate des Bundesverfassungsgerichts).

734 Vgl. etwa *Dreier* in *Dreier*, Art. 20 GG (Demokratie), Rn. 114; ferner *Herzog* in *Maunz/ Dürig*, Art. 20 GG, Abschnitt II, Rn. 48 sowie *Böckenförde* in *Isensee/ Kirchhof*, Bd. I, § 22, Rn. 21.

735 Vgl. *Böckenförde* in *Isensee/ Kirchhof*, Bd. I, § 22, Rn. 21.

736 Der EU-Vertrag von Amsterdam verhält sich in den Art. 29 und 30 zu Europol.

737 *Lisken*, DRiZ 1998, 75 (77) kritisiert insoweit, daß der deutsche Gesetzgeber nicht maßgeblich an der organisatorischen Gestaltung und den Eingriffsregelungen beteiligt werden konnte.

738 Vgl. *Baldus*, ZRP 1997, 286 (288).

lich verbindlichem Recht gemacht. Damit besteht insofern eine Bindung der durch Europol ausgeübten Gewalt an bundesdeutsches Recht.

Auch die Vorschriften in der Europol-Konvention, die den Rat zum Erlaß bestimmter Durchführungsvorschriften befugen[739], stoßen insofern auf keine Bedenken. Zwar haben diese Durchführungsvorschriften keinen Gesetzesrang. Allerdings werden sie von einem Gremium – dem Rat – geschaffen, der seinerseits mittelbar demokratisch legitimiert ist. Die Mitglieder des Rates – Vertreter demokratisch gewählter Regierungen – vermitteln durchaus ihre – nationale – demokratische Legitimation der Europäische Union[740]. Das umfaßt selbstverständlich auch Europol. Zwar fehlt es an dieser Stelle an einer unmittelbaren Repräsentation der Bürger der Europäischen Union. Allerdings wird man das vor dem Hintergrund des Art. 23 I 1 GG, der lediglich die Wahrung demokratischer Grundsätze einfordert, für verfassungsrechtlich vertretbar halten können. Durch den Rat zu schaffende Durchführungsvorschriften, die nach der Europol-Konvention einer Transformation durch die nationalen Parlamente bedürfen[741], erlangen innerstaatliche Gesetzeskraft und geben erst recht keinen Anlaß zur Kritik im Hinblick auf die Frage nach der sachlich-inhaltlichen Legitimation für Europol[742].

b. Legitimation der Organe und des Personals Europols

Auch das Personal und die Organe Europols müssen in ihrer Funktion als die öffentliche Gewalt vollziehende Amtswalter eine auf das deutsche Volk rückführbare Legitimation haben. Nur derjenige Amtswalter darf für das Volk sprechen und handeln, der durch eine ununterbrochene, auf das Volk zurückzuführende Legitimationskette mit der Wahrnehmung staatlicher Angelegenheiten

739 Vgl. Art. 10 I, 10 IV, 18 II, 30 III und 31 EuropolKonv, der Rat kann aufgrund dieser Normen beispielsweise Vorschriften zu Analysedateien und ihrer Übermittlung, einem Personalstatut sowie zur Finanzordnung Europols erlassen.

740 Vgl. etwa *Schwarze*, JZ 1993, 585 (588) sowie einschränkend *Everling*, DVBl. 1993, 936 (944).

741 Beispielsweise die Vorschriften über Vorrechte und Immunitäten der Organe von Europol, vgl. Art. 27 I EuropolKonv.

742 So auch *Baldus*, ZRP 1997, 286 (288).

betraut worden ist[743]. Das Bundesverfassungsgericht hat das in seinem Maastricht-Urteil auch für die Wahrnehmung von Hoheitsgewalt auf der Ebene der Europäischen Union klargestellt[744]. Für das Personal und die Organe Europols kann im Ergebnis von einer ausreichenden Legitimation durch das deutsche Volk gesprochen werden.

aa. Organe Europols[745]

Der Verwaltungsrat (Art. 27 Nr. 1 EuropolKonv), wichtigstes Organ Europols[746], setzt sich nach Art. 28 II EuropolKonv aus je einem Vertreter der Mitgliedsstaaten zusammen. Das deutsche Mitglied im Verwaltungsrat wird durch die Bundesregierung entsandt. Diese wiederum ist staatlich ausreichend legitimiert. Mithin ist auch der Verwaltungsrat von deutscher Seite aus legitimiert[747]. Ebenso verhält es sich mit dem Haushaltsausschuß (Art. 27 Nr. 4 EuropolKonv). Nach Art. 35 VIII EuropolKonv setzt sich dieser auch aus je einem Vertreter der Mitgliedsstaaten zusammen. Der deutsche Vertreter im Haushaltsausschuß wird ebenfalls von der Bundesregierung entsandt und vermittelt damit auch für dieses Organ eine ausreichende demokratische Legitimation aus deutscher Sicht[748]. Der Finanzkontrolleur (Art. 27 Nr. 3 EuropolKonv) wird nach Art. 35 VII EuropolKonv einstimmig vom Verwaltungsrat ernannt und ist diesem gegenüber verantwortlich.

So ergibt sich auch hier eine zumindest mittelbare Berufung durch das Volk. Eine derartige indirekte Legitimation durchtrennt nicht die Legitimationskette. Entscheidend ist vielmehr, daß die Kette nicht durch das Dazwischentreten eines nicht oder nicht hinreichend demokratisch legitimierten Organs bzw. Amtswalters unterbrochen wird[749]. Ein solches Dazwischentreten ist hier nicht erkennbar. Auch der Direktor (Art. 27 Nr. 2 EuropolKonv) ist demokratisch legitimiertes

---

743 Vgl. nur BVerfGE 77, 1 (40) vom 01. 10. 1987 sowie BVerfGE 83, 60 (72) vom 31. 10. 1990; ferner *Herzog* in *Maunz/ Dürig*, Art. 20 GG, Abschnitt II, Rn. 50 sowie *Böckenförde* in *Isensee/ Kirchhof*, Bd. I, § 22, Rn. 16 ff. und *Ehlers*, Jura 1997, 180 (184).

744 Vgl. BVerfGE 89, 155 (186 f.) vom 12. 10. 1993.

745 Vgl. Art. 27 EuropolKonv.

746 Vgl. zu den Organen Europols oben § 8 Abschnitt II Ziffer 2. b.

747 So auch *Baldus*, ZRP 1997, 286 (289).

748 Vgl. *Baldus*, ZRP 1997, 286 (289).

749 Vgl. nur *Böckenförde* in *Isensee/ Kirchhof*, Bd. I, § 22, Rn. 16.

Organ Europols. Nach Art. 29 I EuropolKonv wird der Direktor nach Stellungnahme vom Verwaltungsrat vom Rat für einen Zeitraum von 4 Jahren ernannt. Ob in diesem Zusammenhang der "Europäische Rat"[750] oder der "Rat der Europäischen Union"[751] gemeint ist, kann dahin stehen[752], da beide Gremien aus deutscher Sicht eine ausreichende demokratische Legitimation aufweisen[753].

bb. Personal Europols

Auch das Personal und die Bediensteten Europols sind zumindest mittelbar demokratisch legitimiert. Nach Art. 30 II 2 EuropolKonv stellt der Europol-Direktor die Bediensteten ein und entläßt sie. Seine eigene demokratische Legitimierung vermittelt er somit auch auf seine Bediensteten. Die Kette wird damit auch hier nicht unterbrochen. Auch wenn hier mitunter eine Verlängerung der Legitimationskette um ein Glied im Verhältnis zu innerstaatlichen Einrichtungen zu beobachten ist, hebt das noch nicht die Annahme einer mittelbaren Berufung durch das Volk auf.

Die zweifellos höhere demokratische Dignität einer unmittelbaren Berufung[754] ändert nichts an der Zulässigkeit auch mittelbarer Legitimation von Amtsträgern[755]. Auch hier kommt es nur darauf an, daß die Legitimationskette an keiner Stelle unterbrochen wird. Insbesondere ist eine derartige Erweiterung der Kette auch vor dem Hintergrund des Art. 23 I 1 GG zulässig[756]. So lang dieLegitimtionsketten auch sein mögen, jedes Organ wird jedenfalls mittelbar über das Volk eingesetzt.

---

750 So wohl *Waechter*, ZRP 1996, 167 (168).

751 So auch *Baldus*, ZRP 1997, 286 (289) mit überzeugender Argumentation.

752 Zu den unterschiedlichen Bezeichnungen sowie den Besetzungen vgl. *Breier* in *Lenz*, Vorbem. Art. 202 - 210 EGV, Rn. 1 und Rn. 3.

753 Sowohl die für ihre Regierungen jeweils handlungsbefugten Minister (Rat der Europäischen Union) als auch die Staats- und Regierungschefs der Mitgliedsstaaten (Europäischer Rat) weisen eine ausreichende demokratische Legitimation auf.

754 Vgl. *Böckenförde* in *Isensee/ Kirchhof*, Bd. I, § 22, Rn. 16.

755 Zu den Abstufungen der demokratischen Legitimation vgl. *Herzog* in *Maunz/ Dürig*, Art. 20 GG, Abschnitt II, Rn. 74 ff.

756 So jedenfalls *Baldus*, ZRP 1997, 286 (289).

c. Parlamentarische Kontrolle Europols

Das Demokratieprinzip kann in der Praxis nur umgesetzt werden, wenn das Volk auch die Möglichkeit der Kontrolle über die staatliche Gewalt hat. Die demokratische Kontrolle der Staatsgewalt ist damit Teil des Demokratieprinzips[757]. Die demokratische Kontrolle Europols ist nur dann möglich, wenn das Volk über ein repräsentierendes Parlament die Möglichkeit hat, das Handeln zu überwachen und gegebenenfalls auch einzugreifen[758].

Da Europol eine Behörde der Europäischen Union ist, muß die parlamentarische Kontrolle aus verfassungsrechtlicher Sicht in zweierlei Hinsicht überprüft werden. Zum einen kommt eine parlamentarische Kontrolle durch das Europäische Parlament in Betracht, zum anderen aber spielt wegen der dezentralen Ausprägung Europols insbesondere auch die Kontrolle durch die nationalen Parlamente – hier also des Bundestages – eine wichtige Rolle.

In der Maastricht-Entscheidung[759] hat das Bundesverfassungsgericht betont, daß aus Verfassungssicht das Demokratieprinzip die Bundesrepublik Deutschland nicht daran hindere, Mitglied einer supranational organisierten Staatengemeinschaft – gemeint ist die Europäische Union – zu sein, solange eine vom Volk ausgehende Legitimation und Einflußnahme auch innerhalb des Staatenverbundes gesichert sei[760]. Sofern der Staatenbund – also die Europäische Union bzw. ihre Einrichtungen – hoheitliche Aufgaben wahrnehme und dazu hoheitliche Befugnisse ausübe, seien es zuvörderst die Staatsvölker der Mitgliedstaaten, die dies über ihre nationalen Parlamente zu legitimieren haben. Allerdings komme insofern dem Europäischen Parlament nach und nach eine immer größere Bedeutung zu[761]. Die Bedeutung der Kontrolle durch das Europäische Parlament steigt insofern, als auch die auf die Europäische Union bzw.Europol übertragenen Kompetenzen und Hoheitsrechte sich ausweiten. Auch wenn die Staatsvölker über die nationalen Parlamente demokratische Legitimation vermitteln, sind

---

757 Vgl. *Böckenförde* in *Isensee/ Kirchhof*, Bd. I, § 22, Rn. 21.

758 Nicht untersucht wird hier die Kontrolle der Nationalen Stellen, die ausschließlich nach Maßgabe des nationalen Rechts erfolgt, vgl. Art. 4 II EuropolKonv.

759 BVerfGE 89, 155 (155 ff.) vom 12. 10. 1993 = BVerfG NJW 1993, 3047 (3047 ff.).

760 BVerfG NJW 1993, 3047 (3047) vom 12. 10. 1993 (Leitsatz 2).

761 BVerfG NJW 1993, 3047 (3047) vom 12. 10. 1993 (Leitsatz 3 a).

der Ausdehnung der Aufgaben und Befugnisse der Europäischen Gemeinschaften vom demokratischen Prinzip her Grenzen gesetzt[762].

Das bedeutet konkret, daß aus verfassungsrechtlicher Sicht die parlamentarische Kontrolle Europols vor dem Hintergrund des im Verhältnis zu anderen europäischen Behörden überdurchschnittlich exekutivischen Charakters der Organisation nicht mehr allein durch den Bundestag erfolgen kann. Die parlamentarische Kontrolle muß also sowohl durch das Europäische Parlament aus auch durch den Deutschen Bundestag gewährleistet sein.

aa. Parlamentarische Kontrolle durch das Europäische Parlament

Zunächst geht es also um die Kontrolle Europols durch das Europäische Parlament. Art. 34 I 1 EuropolKonv sieht die jährliche Übermittlung eines Sonderberichts von Europol an das Europäische Parlament vor. Weiterhin wird dem Europäischen Parlament mit Art. 34 I 2 EuropolKonv ein Anhörungsrecht bei etwaigen Änderungen der Europol-Konvention eingeräumt. Das Europäische Parlament selber hat in einer Entschließung seinen Unmut zu diesen nur eingeschränkten Rechten geäußert. Der bessere Schutz des Bürgers, den Europol leisten solle, müsse untrennbar mit einer uneingeschränkten demokratischen Kontrolle verbunden sein[763]. Auch in der Literatur werden die Rechte des Europäischen Parlaments für nicht ausreichend befunden mit der Begründung, die Befassung durch das Europäische Parlament sei unverbindlich und rechtlich folgenlos, ferner lebe Parlamentarische Kontrolle von der Debatte und vom Kompromiß nach öffentlichem Diskurs und Mehrheitsentscheidung, was es in Bezug auf Europol nicht geben werde[764].

In der Tat sind die Kontrollmöglichkeiten des Europäischen Parlaments in Bezug auf Europol sehr begrenzt. Gerade mit dem Maastricht-Urteil hat das Bundesverfassungsgericht die Kontrollfunktion - wenn auch nur in ergänzender Form - für notwendig erklärt. Hinzu kommt, daß die Vorschrift des Art. 34 EuropolKonv kaum hinreichend erkennen läßt, in welchem Umfang die Berichtspflicht des

---

762 Vgl. BVerfG NJW 1993, 3047 (3051) vom 12. 10. 1993.

763 Vgl. die Entschließung des Europäischen Parlaments vom 14. 03. 1996, ABl. der EG Nr. C 96/ 1 (224) vom 01. 04. 1996.

764 Vgl. *Weichert* DuD 1995, 450 (453); ähnlich *Waechter*, ZRP 1996, 167 (168).

Verwaltungsrates gegenüber dem Europäischen Parlament ausgeübt werden muß. Das damit eingeräumte Ermessen droht die Rechte des Europäischen Parlaments weiter auszuhöhlen[765]. Dieser Umstand trägt damit ebenfalls dazu bei, die Kontrolle Europols durch das Europäische Parlament auf einem nur niedrigen Niveau zu gewährleisten. Vor dem Hintergrund der schon als exekutivisch zu bezeichnenden Natur Europols behagen diese geringen Kontrollmöglichkeiten des Europäischen Parlaments nicht. Auf der anderen Seite aber muß im Auge behalten werden, daß es sich bei der Zusammenarbeit in den Bereich Justiz und Inneres um eine lediglich intergouvernementale Form der Zusammenarbeit handelt. In diesem Bereich sind die Beteiligungsformen des Europäischen Parlaments grundsätzlich abschließend auf Anhörung und Unterrichtung beschränkt[766]. Weitergehende Rechte des Europäischen Parlaments würden eine Aufhebung der intergouvernementalen Form Europols und damit einen - von den meisten Mitgliedsstaaten nicht gewünschten - Souveränitätsverlust der nationalen Parlamente bedeuten[767]. Im Hinblick auf die polizeiliche Zusammenarbeit hat sich daran auch durch die Amsterdamer Verträge nichts geändert[768]. Aufgrund dieser Umstände kann die Beteiligung des Europäischen Parlaments als unbefriedigender Kompromiß angesehen werden, der die Folge des Wunsches ist, eine effiziente Polizeibehörde aufzubauen[769]. Trotz der Zwänge, die sich hier also durch den intergouvernementalen Charakter Europols ergeben, stößt die nur geringe Einflußmöglichkeit des Europäischen Parlaments in Bezug auf Europol gerade wegen der - für intergouvernementale Organisationen untypischen - nicht geringen Eingriffsrechte auf ganz erhebliche Bedenken[770]. Die Einhaltung des Demokratieprinzips ist vor dem Hintergrund des Maastricht-Urteils[771] insofern nicht gewährleistet. Dies muß als Verstoß gegen die deutsche Verfassung angesehen werden.

---

765 Vgl. insofern *Petri*, KritV 1998, 441 (451).

766 Vgl. *Hailbronner* in *Hailbronner/ Klein/ Magiera/ Müller-Graff*, Art. K EUV, Rn. 130 ff.

767 Vgl. *Waechter*, ZRP 1996, 167 (168).

768 Vgl. *Karpenstein*, DVBl. 1998, 942 (945); ferner *Geiger*, EUV/ EGV, Art. 29 EUV, Rn. 2.

769 Vgl. *Martínez Soria*, VA 1998 (89), 400 (433 f.).

770 So im Ergebnis auch *Hirsch*, ZRP 1998, 10 (12); *Gleß*, EuR 1998, 748 (760 f.); *Petri*, KritV 1998, 441 (451 f.); *Weichert*, DuD 1995, 450 (453); *Fisahn*, KritJ 1998, 358 (368 f.).

771 BVerfGE 89, 155 (155 ff.) vom 12. 10. 1993 = BVerfG NJW 1993, 3047 (3047).

bb. Parlamentarische Kontrolle durch nationale Parlamente

Die Kontrollmöglichkeiten des Deutschen Bundestages in Bezug auf Europol erscheinen für sich gesehen nicht derart defizitär wie die des Europäischen Parlaments. Über die Umwege langer Legitimationsketten sichern letztlich nur die nationalen Parlamente die parlamentarische Kontrolle Europols[772]. Die Organe und Bediensteten Europols können – wie gezeigt – alle eine zumindest mittelbare Legitimierung vom Volk nachweisen. Damit einher geht somit auch die Kontrolle Europols. So ist zunächst das Mitglied der Bundesregierung im Rat – dieser setzt den Direktor Europols ein – dem deutschen Parlament verpflichtet. Auch die deutschen Vertreter im Verwaltungsrat und im Haushaltsausschuß sind als Entsandte der Bundesregierung durch das Parlament einer zumindest indirekten Kontrolle unterworfen. Gleiches gilt letztlich für den Finanzkontrolleur, der wiederum vom Verwaltungsrat eingesetzt wird[773]. Die zugrunde liegenden Legitimationsketten der Organe und Bediensteten Europols und damit auch die entsprechenden Kontrollmechanismen durch nationale Parlamente sind äußerst lang. Das ändert aber nichts daran, daß letztlich eine Kontrolle Europols zumindest durch die nationalen Parlamente in weiten Teilen gelingt[774]. Die Frage der Unmittelbarkeit einer Legitimation und damit auch der Kontrolle im Hinblick auf die Einhaltung des Demokratieprinzips spielt keine Rolle. Zumindest auf nationaler Ebene ist die parlamentarische Kontrolle Europols noch gewährleistet.

cc. Zwischenergebnis zu c.

Die parlamentarische Kontrolle Europols gelingt nur in Teilen. Insbesondere vor dem Hintergrund des Maastricht-Urteils, das gerade im Bereich der Übertragung von Hoheitsrechten eine Beteiligung des Europäischen Parlaments in besonderem Maße fordert, kann das Kontrollvolumen des Europäischen Parlaments aus verfassungsrechtlicher Sicht nicht für ausreichend erachtet werden. Auch läßt sich hier nicht mit Art. 23 I 1 GG argumentieren, denn die Anforderungen, die das Bundesverfassungsgericht in dem genannten Urteil stellt, sind gezielt auf die Strukturen der Europäischen Union ausgerichtet. Damit reicht es nicht etwa aus,

---

772 So auch *Waechter*, ZRP 1996, 167 (169); *Baldus*, ZRP 1997, 286 (289); *Petri*, KritV 1998, 441 (452).

773 Vgl. *Baldus*, ZRP 1997, 286 (289).

774 Kritisch insoweit jedoch *Hirsch*, ZRP 1998, 10 (12).

die Entscheidung nur in Grundsätzen zu befolgen. Eine stärkere Einbindung des Europäischen Parlaments ist deshalb hier unumgänglich. Art. 23 I 1 GG kann zumindest als Korrektiv herangezogen werden, wenn man der Auffassung ist, die nur indirekten und über lange Legitimationsketten definierten Kontrollformen entsprächen nicht den Anforderungen des Demokratieprinzips[775]. Wegen der nur mangelhaften Einbindung des Europäischen Parlaments ist beiEuropol nicht für eine ausreichende parlamentarische Kontrolle gesorgt. Selbst wenn in großen Teilen zumindest eine solche Kontrolle durch die jeweiligen nationalen Parlamente der beteiligten Staaten möglich ist, muß die derzeitige Handhabung gerade wegen des Maastricht-Urteils als verfassungswidrig betrachtet werden.

d. Weisungsunabhängigkeit Europols

Die Frage der Weisungsunabhängigkeit korrespondiert ebenfalls mit dem Problem der demokratischen Kontrolle Europols. Nach Art. 30 I EuropolKonv lassen sich der Direktor und die Bediensteten Europols bei ihrer Tätigkeit nur von den Zielen und Aufgaben von Europol leiten. Dabei dürfen sie von keiner Regierung, Behörde, Organisation oder nicht Europol angehörenden Personen Weisungen entgegennehmen oder anfordern. Mit dieser Vorschrift wird für die Europol-Bediensteten eine umfassende Weisungsfreiheit begründet. Daran ändert auch die Einrichtung des Verwaltungsrats von Europol nichts, der als Aufsichtgremium vorgesehen ist. Als Organ Europols kann er die Frage der Weisungsunabhängigkeit der Institution nicht beeinflussen[776]. Gerade in Deutschland mutet eine solche Weisungsfreiheit einer Polizeibehörde sonderbar an. Dem deutschen Demokratieverständnis ist eine politisch weitgehend unabhängige Polizei in dieser Form unbekannt[777]. Auch in den meisten anderen Nationalstaaten Europas sind die Polizeibehörden den jeweiligen zuständigen parlamentarisch verantwortlichen Ministern weisungsgebunden nachgeordnet[778]. Die in Art. 30 IEuropolKonv manifestierte Weisungsfreiheit Europols, die offenkundig der Weisungsfreiheit der EU-Kommission nachgebildet ist[779], hat in Bezug aufEuropol

---

775 Darauf weist *Baldus*, ZRP 1997, 286 (289) hin.

776 So aber wohl *Bull*, DRiZ 1998, 32 (36).

777 Vgl. *Waechter*, ZRP 1996, 167 (167); zu dieser Problematik auch eingehend *Tolmein*, StV 1999, 108 (112).

778 Ausnahme ist Großbritannien, hier besteht nur die Möglichkeit einer indirekten Einflußnahme, vgl. dazu *Hilse* in *Lisken/ Denninger*, Kapitel B, Rn. 73.

779 Vgl. *Waechter*, ZRP 1996, 167 (167).

den Zweck, daß die Behörde nicht als Instrument eines Mitgliedsstaates für die Durchsetzung von nationalen Partikularinteressen mißbraucht wird, die Organe Europols eigenständig bleiben und der intergouvernementale Charakter damit gewahrt wird [780].

aa. Anforderungen bei Weisungsunabhängigkeit

Das Problem der Weisungsfreiheit liegt darin, daß Europol als Polizeibehörde mit teilweise exekutivischen Kompetenzen Gefahr läuft, als gleichsam freischwebende Institution, die ohne ministerielle und politische Direktive handelt, keiner ausreichenden demokratischen Kontrolle mehr zu unterliegen[781]. Allerdings ist festzuhalten, daß die Weisungsgebundenheit nur eine potentielle Form der demokratischen Kontrolle darstellt. Sie stellt kein verfassungsrechtliches Dogma dar, wie der Blick auf Art. 97 I GG zeigt[782]. Gleichwohl ist die Weisungsgebundenheit - gerade im Polizeiwesen - klassisches Mittel zur Kontrolle der Exekutive. Die Abstandnahme von der Weisungsgebundenheit wird daher von hohen Anforderungen abhängig gemacht. So sind dafür in jedem Fall zwingende Gründe erforderlich. Außerdem muß dem Handeln des weisungsunabhängigen Organs eine inhaltlich ausreichend bestimmte Ermächtigung zugrunde liegen[783].

bb. Einhaltung der Anforderungen für die Zulässigkeit der Weisungsunabhängigkeit

Im Hinblick auf die Bestimmtheit der Ermächtigungsgrundlagen kann auf die vorangegangenen Ausführungen verwiesen werden[784]. Insofern muß auch hier

780 Vgl. etwa *Fisahn*, KritJ 1998, 358 (368); *Waechter*, ZRP 1996, 167 (167); *Baldus*, ZRP 1997, 286 (290); *Martínez Soria*, VA 1998, 400 (419).

781 Diese Gefahr sieht jedenfalls *Weichert*, Bürgerrechte und Polizei 50 (1995), 72 (74).

782 Auch wenn der Vergleich mit der Unabhängigkeit der Richter hinkt, wird deutlich, daß die Verfassung die Unabhängigkeit von Staatsorganen zum Zweck der besseren Aufgabenerfüllung grundsätzlich kennt. Undifferenzierter insoweit *Baldus*, ZRP 1997, 286 (290).

783 Vgl. *Böckenförde* in *Isensee/ Kirchhof*, Bd. I, § 22, Rn. 22.

784 Vgl. die Ausführungen zur Normenklarheit und Bestimmtheit im Rahmen der Europol-Konvention oben § 12 Abschnitt II Ziffer 1. b. bb. (1).

die geäußerte Kritik im Hinblick auf die ausreichende Bestimmtheit des Art. 10 EuropolKonv aufrecht erhalten werden[785].

Weiterhin stellt sich die Frage nach den zwingenden Gründen für eine Weisungsunabhängigkeit Europols. Ein nicht zu verkennendes Argument für die Weisungsunabhängigkeit Europols ist der intergouvernementale Charakter der Organisation. Die Mitgliedstaten der Europäischen Union haben sich im Rahmen der Zusammenarbeit in den Bereichen Inneres und Justiz nur auf eine intergouvernementale Form der Kooperation einigen können[786]. Dieser Charakter würde durchbrochen, wenn Europol als intergouvernementale Institution irgendeiner Behörde unterstellt würde. Weiterhin fällt ins Gewicht, daß Europol ohne Zweifel nicht so effektiv arbeiten könnte, wenn einzelne Mitgliedsstaaten die Möglichkeit hätten, ihre nationalen Interessen mit Hilfe der Institution durchzusetzen. Das würde dem Sinn und der Aufgabe Europols widersprechen[787]. Auch das Argument, der kriminalistische Sachverstand könne nur so ungestört von politischen Einflüssen arbeiten[788], ist nicht von der Hand zu weisen.

Demgegenüber ist aber zu berücksichtigen, daß es beispielsweise auf nationaler Ebene keine Besonderheit ist, wenn es darum geht, daß die Polizei eine bestimmte, durch rechtlich Normen abgesicherte Politik der Regierung gegen die Bürger durchsetzt[789]. Auch der Tenor des Maastricht-Urteils der Bundesverfassungsgerichts kann letztlich nicht die Weisungsfreiheit Europols rechtfertigen. In der Entscheidung wird zwar die Unabhängigkeit der Kommission vom Rat als "Motor der Integration" gebilligt[790]. Allerdings sind die wesentlichen Aufgaben Europols im Vergleich zu denen der Kommission von viel stärkerer Eingriffsqualität. Durch die im Zentrum der Arbeit Europols stehende Informationsverarbeitung werden regelmäßig Eingriffe in das Grundrecht auf informationelle Selbstbestimmung vorgenommen[791]. Die Ausübung dieser Form von Polizeigewalt spricht dafür, einen höheren Grad an Legitimation für Europol zu verlan-

785 Vgl. aber *Baldus*, ZRP 1997, 286 (290).
786 Dazu siehe oben § 1 Abschnitt I Ziffer 3.
787 Vgl. insoweit *Baldus*, ZRP 1997, 286 (290).
788 So jedenfalls *Bull*, DRiZ 1998, 32 (38).
789 Vgl. *Waechter*, ZRP 1996, 167 (167).
790 Vgl. *Waechter*, ZRP 1996, 167 (168) mit dem Hinweis auf BVerfGE 89, 155 (155 ff.) vom 12. 10. 1993; vgl. insoweit ferner *Bleckmann*, Europarecht, Rn. 53.
791 Siehe oben § 12 Abschnitt II Ziffer 1. a.

gen, als es mit der Maastricht-Entscheidung für die Kommission[792] gefordert wird[793]. Dieser wird aber durch die WeisungsfreiheitEuropols gerade verringert. Sind auch die Kontrollmechanismen innerhalb der Institution durch den Verwaltungsrat im wesentlichen nicht zu beanstanden, vermögen sie den Grad der demokratischen Legitimation nicht auf ein höheres Niveau anzuheben. Auch das Beispiel der weisungsfreien Polizei in Irland und England kann nicht aufEuropol appliziert werden. Grund für die Unabhängigkeit der Polizeibehörden dort sind völlig unterschiedliche Rechtstraditionen, die sich auf die Strukturen der Europäischen Union und der intergouvernementalen Zusammenarbeit in den Bereichen Justiz und Inneres nicht übertragen lassen[794]. Wesentliche Gründe für die Notwendigkeit der Unabhängigkeit Europols sind daher im Ergebnis kaum auszumachen.

Im Hinblick auf die Europol zugebilligten Eingriffsbefugnisse ist die in Art. 30 I EuropolKonv geregelte Weisungsfreiheit der Institution aus verfassungsrechtlicher Sicht nicht mehr zu verantworten. Die Regelung des Art. 30 IEuropolKonv darf nicht verharmlost werden. Sie als lediglich dem Schutz vor Einmischung Unbefugter dienend zu bezeichnen, ist verfehlt[795]. Die UnabhängigkeitEuropols ist selbst vor dem Hintergrund des Art. 23 I 1 GG verfassungsrechtlich nicht tolerierbar, da die Weisungsgebundenheit einer Behörde mit derartig nachhaltigen Eingriffsrechten als Teil des Demokratieprinzips schon zu den in der Vorschrift geforderten demokratischen Grundsätzen gezählt werden muß. Auch die Weisungsfreiheit der Europol-Bediensteten steht nicht in Einklang mit der deutschen Verfassung.

---

792 Die Kommission hat Regierungs- und Verwaltungsfunktionen inne, sie hat Initiativrechte für die Normsetzung, gibt Stellungnahmen ab und trifft Verwaltungsentscheidungen auch mit Außenwirkung gegenüber EU-Bürgern; vgl. *Waechter*, ZRP 1996, 167 (168) mit Hinweis auf *Oppermann*, Rn. 313 ff.

793 Überzeugend insoweit *Waechter*, ZRP 1996, 167 (168 f.); ähnlich *Fisahn*, KritJ 1998, 358 (368 f.), der die Schwierigkeiten eines derartigen Vergleichs zwischen Europol und der Kommission aufzeigt und im Ergebnis die Maastricht-Entscheidung ebenfalls nicht für auf Europol übertragbar hält. A.A. allerdings wohl *Bull*, DRiZ 1998, 32 (37).

794 Vgl. *Martínez Soria*, VA 1998, 400 (433), Anm. 200.

795 So aber das Bundesministerium des Innern, DP 1998, 196 (196) und *Daub* in *Baldus/ Soiné*, 86 (93).

e. Zwischenergebnis zu 1.

Die Einhaltung des Demokratieprinzips kann für Europol im Hinblick auf die mangelnde parlamentarische Kontrolle durch das Europäische Parlament sowie die ungerechtfertigte Weisungsfreiheit der Behörde nicht in vollem Umfang bejaht werden. An diesen Stellen sind Verstöße gegen das in Art. 20 I, II GG niedergelegte Verfassungsgrundprinzip zu verzeichnen.

2. Schengen

Auch im Rahmen des Schengener Durchführungsübereinkommens wird die Einhaltung des Demokratieprinzips mitunter nicht für ausreichend erachtet[796]. Bevor der Schengen-Besitzstand dem Rechtsrahmen der Europäischen Union angehörte, war eine Kontrolle etwa durch das Europäische Parlament kategorisch ausgeschlossen[797]. Mittlerweile sind die Probleme bei Schengen im Hinblick auf das Demokratieprinzip wohl als geklärt anzusehen. Aufgrund der unterschiedlichen Struktur von Europol und Schengen hängt die Frage nach der Einhaltung des Demokratieprinzips hier von anderen Gesichtspunkten ab. Schengen hat keine eigene institutionalisierte Behörde, deren Angehörige weisungsunabhängig sind[798]. Insofern kann ein Demokratiedefizit nicht auftreten. Probleme könnten sich höchstens bei der parlamentarischen Kontrolle Schengens im Hinblick auf die Rolle des Europäischen Parlaments ergeben.

a. Sachlich-inhaltliche demokratische Legitimation

Bezüglich der sachlich-inhaltlichen demokratischen Legitimation können Parallelen zu Europol gezogen werden. Auch das Schengener Durchführungsübereinkommen wurde in Form eines Transformationsgesetzes vom Deutschen Bundestag zu innerstaatlich geltendem Recht gemacht. Ob das Parlament hier nur

---

[796] Vgl. etwa *Weichert*, CR 1990, 62 (66); ferner *Bieber*, NJW 1994, 294 (296) und *Lavranos*, DuD 1996, 400 (405), diese allerdings ohne nähere Begründung der behaupteten Defizite.

[797] Vgl. dazu *Weichert*, CR 1990, 62 (66).

[798] Die einzige behördengleiche Einrichtung, die Zentralstelle des Schengener Informationssystem ("Technische Unterstützungseinheit", vgl. Art. 92 III SDÜ) wird nicht mit einer dem Art. 30 I EuropolKonv vergleichbaren Norm weisungsfrei gestellt.

eine "Statisten-Rolle"[799] gespielt hat, ist für die Frage der sachlich-inhaltlichen Legitimation nicht entscheidend. Insofern kommt es nicht primär auf die inhaltliche Gestaltungsmöglichkeiten des Bundestages bezüglich des Gesetzes an, sondern auf dessen Entscheidungsfreiheit, das Transformationsgesetz anzunehmen oder nicht. Diese vom Verfassungsgeber vorgesehene Vormachtstellung des Parlaments ist unabhängig von etwaigen politischen Zwängen[800] grundsätzlich gewährleistet. Im übrigen ist die Aufnahme des Schengen-Besitzstandes und damit auch der Regelungen des Schengener Durchführungsübereinkommens ausdrücklich im Amsterdamer Vertrag angesprochen[801], dem der Deutsche Bundestag durch ein Zustimmungsgesetz[802] ebenfalls zugestimmt hat. Die sachlich-inhaltliche Legitimation für die Schengen-Zusammenarbeit steht damit außer Frage.

b. Personell-organisatorische Legitimation

Eine personell-organisatorische Legitimation für Schengen gibt es nicht, da für diese Form der Zusammenarbeit keine eigenen Organe oder Personal zur Verfügung stehen. Die polizeiliche Zusammenarbeit über das Schengener Durchführungsübereinkommen ist bis auf die technische Unterstützungseinheit für das Schengener Informationssystem in keiner Form institutionalisiert. Akteure der Zusammenarbeit sind immer nur die nationalen Polizeibehörden, an deren personell-organisatorischer Legitimation in ihrem jeweiligen Staat kein Zweifel besteht.

Die Beamten, die in der technischen Unterstützungseinheit in Straßburg arbeiten, erfüllen nicht selber Aufgaben mit Eingriffscharakter. Ihnen kommt lediglich eine Koordinierungsaufgabe zu[803]. Insofern wird von hier aus also auch keine

---

799 So jedenfalls *Weichert*, CR 1990, 62 (66).

800 Kritisch zu den begrenzten Möglichkeiten des Bundestages bei der Ratifizierung von völkerrechtlichen Verträgen etwa *Ostendorf*, NJW 1997, 3418 (3419) sowie *Akmann*, JA 1994, 49 (55).

801 Vgl. insofern im Anhang zu den Amsterdamer Verträgen *Art. C des Protokolls zur Einbeziehung des Schengen-Besitzstands in den Rahmen der Europäischen Union*, BT-Drs. 13/ 9339 vom 03. 12. 1997, S. 49 ff.

802 Vgl. BGBl. 1998 II, 386.

803 Vgl. etwa *Martínez Soria*, VA 1998, 400 (411); näher auch *Gusy/ Gimbal* in *Baldus/ Soiné*, 124 (125).

öffentliche Gewalt ausgeübt. Die Frage nach der demokratischen Legitimation dieser "Hilfskräfte" für die Fahndung mit dem Schengener Informationssystem stellt sich damit nicht[804].

c. Parlamentarische Kontrolle

Auch die parlamentarische Kontrolle wirft vor dem Hintergrund des dezentralen Charakters der Zusammenarbeit nach dem Schengener Durchführungsübereinkommen keine echten Probleme auf. Im Gegensatz zu Europol ist bei Schengen eben keine intergouvernementale Organisation installiert. Es kommt für die demokratische Legitimation der Schengen-Kooperation also gar nicht darauf an, ob eine parlamentarische Kontrolle durch das Europäische Parlament erfolgt[805]. Das Maastricht-Urteil des Bundesverfassungsgerichts fordert die Kontrolle durch das Europäische Parlament gerade nur für mit hoheitlichen Befugnissen ausgestattete europäische *Institutionen*[806]. Eine solche Institutionalisierung fehlt im Rahmen der Schengen-Zusammenarbeit jedoch. Solange die Ausübung von Hoheitsrechten nur durch die einzelnen Vertragsstaaten erfolgt, kann die parlamentarische Kontrolle auf klassische Art und Weise durch die einzelnen Nationalparlamente erfolgen. Aus deutscher Sicht dürfte an der ausreichenden parlamentarischen Kontrolle der mit Hoheitsbefugnissen ausgestatteten deutschen Polizeistellen kein Zweifel bestehen. Ob es sich dabei um das Bundes- oder die Länderparlamente handelt, ist nicht von Bedeutung.

---

804 Diese These steht nicht in Widerspruch zu der oben § 8 Abschnitt III Ziffer 3 aufgestellten Behauptung, das Schengener Informationssystem habe wegen der Zentralstelle in Straßburg organisations- oder institutionsähnlichen Charakter. In dem dortigen Zusammenhang wird im untechnischen Sinne auf die äußere Erscheinung der Zentralstelle dem Bürger gegenüber abgestellt. Keine Rolle spielt es hingegen, ob in ihr eigenständig Hoheitsgewalt ausgeübt wird. Hier dagegen richtet sich die Frage nach der Einordnung als Behörde, die einer effektiven parlamentarischen Kontrolle unterliegen muß, nur nach der Ausübung originärer Hoheitsgewalt aus.

805 So aber wohl *Weichert*, CR 1990, 62 (66).

806 Vgl. BVerfGE 89, 155 (185) vom 12. 10. 1993.

d. Zwischenergebnis zu 2.

Die bewußt dezentral gehaltene Organisation der polizeilichen Zusammenarbeit nach dem Schengener Durchführungsübereinkommen führt zu dem Ergebnis, daß schon mit den vorhandenen Kontrollmechanismen zur klassischen innerstaatlichen Polizeiarbeit dem Demokratieprinzip in ausreichendem Maß Genüge getan wird. Ein Mehrerfordernis ist insoweit nicht zu erkennen.

3. Ergebnis zu III.

Europol als supranationale Organisation mit intergouvernementalem Charakter weist in zweifacher Hinsicht klare verfassungsrechtliche Defizite im Hinblick auf das Demokratieprinzip auf. Die Einbindung des Europäischen Parlaments ist nicht ausreichend, das Maastricht-Urteil setzt hier höhere Maßstäbe. Auch die Weisungsunabhängigkeit der Organe und Bediensteten Europols läßt sich mit dem Demokratieprinzip – selbst bei Berücksichtigung des Art. 23 I 1 GG – nicht vereinbaren. Hier weist die Europol-Konvention unverantwortbare verfassungsrechtliche Mängel auf. Das Schengener Durchführungsübereinkommen hat derartige Probleme nicht. Die Einrichtung einer eigenen Organisation ist umgangen worden, so daß neben der Kontrolle durch die nationalen Parlamente keine weitere Kontrolle durch das Europäische Parlament erforderlich ist. DasSchengener Durchführungsübereinkommen ist so konzipiert, daß keine Hoheitsrechte von den einzelnen Vertragsstaaten auf die europäische Ebene übertragen werden müssen. Damit ist auch keine zusätzliche Form der demokratischen und parlamentarischen Kontrolle erforderlich. Die nationalen Staatsstrukturen reichen insofern aus. Im Gegensatz zu Europol sind bei Schengen keine Verfassungsverstöße im Hinblick auf das Demokratieprinzip zu verzeichnen.

IV. Bundesstaatsprinzip (Art. 20 I GG)

Das Bundesstaatsprinzip[807] – ebenfalls Teil der in Art. 20 I GG festgelegten Staatsprinzipien für die Bundesrepublik Deutschland – spielt bei der polizeilichen Zusammenarbeit auf internationalem Gebiet gerade für die deutsche Seite

807 Zum Inhalt des Bundesstaatsprinzips vgl. oben § 11 Abschnitt III Ziffer 3.

eine besondere Rolle. Ausfluß des Bundesstaatsprinzips ist die originäre Einräumung von Kompetenzen auf die Bundesländer[808]. Auch in anderen Staaten der europäischen Union werden Kompetenzen auf untergliederte staatliche Ebenen übertragen[809]. Allerdings sind diese Kompetenzen nicht originär, sondern abgeleitet von der Souveränität des Zentralstaates[810]. In Deutschland indes ist mit Art. 30 GG die Subsidiarität der Bundesgewalt geregelt. Das Bundesstaatsprinzip verlangt Länder mit eigener, nicht vom Gesamtstaat abgeleiteter Gewalt[811]. Das gilt sowohl für Gesetzgebungs- als auch Verwaltungskompetenzen. Nach diesen Grundsätzen ist Polizei- und Ordnungsrecht klassischerweise Ländersache[812]. Der Bund hat die grundsätzlich bestehenden Kompetenzen der Länder in diesem Bereich zu respektieren[813]. Im Rahmen der verfassungsrechtlichen Untersuchung der polizeilichen Zusammenarbeit überEuropol und Schengen ist die Einhaltung des Bundesstaatsprinzips zum einen im Hinblick auf die Gesetzgebung, zum anderen aber auch im Hinblick auf die ausführende Gewalt zu beleuchten. Große Bedeutung hat in diesem Zusammenhang Art. 23 I 1 GG, da die Einhaltung des Bundesstaatsprinzips für die Bundesrepublik Deutschland in einem ständigen Spannungsverhältnis zum europäischen Integrationsprozeß steht[814]. Die Beachtung des Bundesstaatsprinzips – dabei insbesondere die ausreichende Berücksichtigung der einzelnen Bundesländer – bei der Verwirklichung der Europäischen Union soll auch mit Art. 23 II 1, IV, V, VI GG gesichert werden. Insbesondere im Hinblick aufEuropol wird beanstandet, daß die Rechte und Interessen der Bundesländer hier nicht ausreichend berücksichtigt worden seien[815]. Aber auch für die Schengen-Zusammenarbeit werden derartige Defizite beklagt[816].

---

808 Vgl. insoweit etwa *Gubelt* in *von Münch/ Kunig*, Art. 30 GG, Rn. 1.

809 Zu denken ist insofern an die Regionen in Italien oder die Autonomen Gemeinschaften in Spanien, vgl. *Aschmann*, S. 94.

810 Vgl. *Blanke* in *Heckmann/ Meßerschmidt*, 53 (53 f.).

811 Vgl. auch *Merten*, DVBl. 1987, 395 (396).

812 Vgl. nur *Friauf* in *Schmidt-Aßmann*, 2. Abschnitt, Rn. 14; *Merten*, DVBl. 1987, 395 (396) m.w.N.; ferner *Aschmann*, S. 43 f.

813 Zu Kompetenzkonflikten zwischen Bund und Ländern im Rahmen der innerstaatlichen polizeilichen Aufgabenverteilung vgl. etwa *Papier*, DVBl. 1992, 1 (1ff.), *Merten*, DVBl. 1987, 395 (395 ff.); *Lisken*, NWVBl. 1995, 281 (281 ff.); ferner *Becker*, DVBl. 1977, 845 (945 ff.).

814 Eingehend dazu *Blanke* in *Heckmann/ Meßerschmidt*, 53 (53 ff.).

815 Vgl. etwa *Weichert* in *Baldus/ Soiné*, 72 (76 f.); ferner die Stellungnahme des Bundesrates zur Europol-Konvention, BT-Drs. 13/ 7391 vom 10. 04. 1997, Anlage 2.

816 Vgl. *Weichert*, CR 1990, 62 (66) m.w.N.

1. Europol

Die Frage der ausreichenden Berücksichtigung der Länderrechte bemißt sich bei der Mitarbeit der Bundesrepublik Deutschland am Aufbau Europols zum einen daran, ob die Gesetzgebungskompetenzen und auch entsprechende Verwaltungskompetenzen insoweit dem Bund zustehen. Zum anderen kommt es darauf an, ob die Anforderungen des Art. 23 GG im Hinblick auf die Rolle der Bundesländer in ausreichender Form Berücksichtigung gefunden haben.

a. Gesetzgebungskompetenzen

Die Europol-Kooperation beruht von deutscher Seite aus auf einem Bundesgesetz. Das Europol-Gesetz[817], das die Europol-Konvention ratifiziert, stellt die innerstaatliche Rechtsgrundlage für die deutsche Mitwirkung am Aufbau und Betrieb von Europol dar. Vor dem Hintergrund, daß Polizeirecht wegen der Zuständigkeitsvermutung des Art. 30 GG[818] grundsätzlich Ländersache ist, stellt sich die Frage, woher der Bund seine Gesetzgebungskompetenz in diesem Fall ableitet. Zunächst ist festzuhalten, daß für den Bereich der Gesetzgebung Art. 70 GG als lex specialis zu Art. 30 GG gilt. Diese Norm schränkt die Zuständigkeitsvermutung zugunsten der Länder mit den Worten "..soweit dieses Grundgesetz keine andere Regelung trifft oder zuläßt" ein. Das Grundgesetz "trifft" eine dementsprechende Ausnahmeregelung, wenn es dem Bund eine bestimmte Zuständigkeit ausdrücklich vorbehält oder zuweist[819].

Mit Art. 73 GG trifft der Gesetzgeber solche Ausnahmeregelungen und durchbricht damit den Grundsatz des Art. 70 GG. Die Regelung des Art. 73 Nr. 10 GG, die dem Bund unter anderem die ausschließliche Gesetzgebungskompetenz über die internationale Verbrechensbekämpfung zuweist[820], drängt sich im Hin-

---

[817] BGBl. 1997 II, 2150.

[818] Vgl. insofern *Gubelt* in *von Münch/ Kunig*, Art. 30 GG, Rn. 1; *Maunz* in *Maunz/ Dürig*, Art. 30 GG, Rn. 2.

[819] Vgl. nur *Maunz* in *Maunz/ Dürig*, Art. 30 GG, Rn. 19; *Gubelt* in *von Münch/ Kunig*, Art. 30 GG, Rn. 8.

[820] Die Norm überträgt dem Bund ferner die Gesetzgebungskompetenzen über *die Zusammenarbeit des Bundes und der Länder (a) in der Kriminalpolizei, (b) zum Schutze der freiheitlichen demokratischen Grundordnung, des Bestandes und der Sicherheit des Bundes oder eines Landes (Verfassungsschutz) und (c) zum Schutze gegen Bestre-*

blick auf Europol geradezu auf. Keine andere Zuständigkeitsnorm kommt insoweit in Betracht. Allerdings stellt sich die Frage, inwiefern die Materie, die mit der Europol-Konvention geregelt wird, noch unter den Begriff der "Internationalen Verbrechensbekämpfung" fällt. Soweit der Bund mit der Ratifizierung der Europol-Konvention Bereiche geregelt hat, die nicht mehr in diesen Bereich fallen, hätte er die Gesetzgebungskompetenz der Bundesländer mißachtet.

Die internationale Verbrechensbekämpfung wird allgemein als Bekämpfung von solchen Straftaten definiert, zu der eine internationale Zusammenarbeit erforderlich ist[821]. Allerdings ist aufgrund der Ausrichtung des Art. 73 Nr. 10 GG eine materielle Befugnis zur Strafverfolgung nicht ableitbar. Vielmehr ist eine internationale Zusammenarbeit im Rahmen von Informationsaustausch, Amtshilfe und gemeinsamer Organisation gemeint[822]. Ob die Reichweite dieser Kompetenzzuweisung sich auch auf die in der Europol-Konvention geregelten Bereiche erstreckt, wird insbesondere von den Bundesländern angezweifelt. So seien etwa im Bereich des Datenschutzes Kompetenzbereiche der Länder berührt[823]. Die Bundesländer haben daher in einer Stellungnahme des Bundesrates verlangt, daß die Ratifizierung der Europol-Konvention erst nach Durchlauf des Lindauer Verfahrens[824] erfolgen solle[825]. Weiterhin führen Kritiker ins Feld, daß sog.

---

bungen im Bundesgebiet, die durch Anwendung von Gewalt oder darauf gerichtete Vorbereitungshandlungen auswärtige Belange der Bundesrepublik Deutschland gefährden, sowie die Einrichtung eines Bundeskriminalpolizeiamtes.

821 Vgl. etwa *Pieroth* in *Jarass/ Pieroth*, Art. 73 GG, Rn. 25; *Stettner* in *Dreier*, Art. 73 GG, Rn. 45; *Evers* in Bonner Kommentar, Art. 73 Nr. 10 GG, Rn. 39.

822 Vgl. *Maunz* in *Maunz/ Dürig*, Art. 73 GG, Rn. 166; *von Münch* in *von Münch/ Kunig*, Art. 73 GG, Rn. 69; *Evers* in Bonner Kommentar, Art. 73 Nr. 10 GG, Rn. 27; *von Mangoldt/ Klein/ Pestalozza*, Art. 73 Nr. 10 GG, Rn. 689; *Degenhart* in *Sachs*, Art. 73, Rn. 45; *Stettner* in *Dreier*, Art. 73 GG, Rn. 45.

823 Vgl. etwa BR-Drs. 404/ 95 (Beschluß) vom 14. 07. 1995; BR-Drs. 957/ 96 (Beschluß) vom 31. 01. 1997.

824 Nach dem Lindauer Abkommen vom 14. 11. 1957 haben der Bund und die Länder sich darauf geeinigt, daß der Bund auch im Bereich der Länderzuständigkeit völkerrechtliche Verträge abschließen und ihnen durch Gesetz nach Art. 59 II GG innerstaatliche Geltung verschaffen kann. Dabei sollen jedoch die Länder frühzeitig von der Absicht des Vertragsschlusses unterrichtet werden. Bei den Vertragsverhandlungen soll der Bund ein Gremium von Ländervertretern konsultieren und, soweit ausschließliche Zuständigkeiten der Länder berührt werden, ihr Einverständnis einholen; vgl. dazu nur *Pernice* in *Dreier*, Art. 32, Rn. 43 m.w.N.; zum Verhältnis des Lindauer Abkommens zum neuen Art. 23 GG eingehend *Winkelmann*, DVBl. 1993, 1128 (1128 ff.).

"Vorfeldbefugnisse"[826] Europols nicht mehr in den zulässigen Regelungsbereich des Bundes fallen[827]. Die Regelung von Vorfeldbefugnissen gehöre weder dem Bereich des Strafrechts noch dem des klassischen Polizeirechts als Gefahrenabwehr an, vielmehr handele es sich um einen materiellrechtlich voraussetzungslosen Bereich der polizeilichen Prävention, der mangels spezieller Zuständigkeitsregelung ebenso wie das klassische Polizeirecht der Gesetzgebungskompetenz der Länder unterfalle[828].

Dieser Meinung ist allerdings nicht zu folgen. Sie verkennt, daß diese Befugnisse Europols sich lediglich im Bereich des Informationsaustauschs bewegen und zu Zwecken der Beratung und Zusammenarbeit der Bediensteten verschiedener nationaler Strafverfolgungsbehörden ausgeübt werden. Gerade die Regelung solcher Zusammenarbeit meint Art. 73 Nr. 10 GG[829]. Europol nimmt also lediglich unterstützende Funktionen wahr. Die Entscheidung, ob polizeiliche Maßnahmen gegen Personen ergriffen werden, bleibt am Ende immer den nationalen Polizeibehörden überlassen. Insofern hat Europol auch keine darüber hinaus gehenden Befugnisse zu eigenen Aktivitäten[830]. Im Ergebnis ist es daher sogar als verfehlt anzusehen, von "Vorfeldbefugnissen" für Europol zu sprechen[831]. Diese Bezeichnung ist irreführend. Gerade die unterstützende Funktion – insbesondere in Form des Informationsaustauschs – ist von der Gesetzgebungskompetenz des Art. 73 Nr. 10 GG umfaßt. Die Tätigkeiten Europols, die mit der Europol-Konvention geregelt werden, haben ausnahmslos diesen unterstützenden Charakter. Insofern kann festgehalten werden, daß sich die in der Europol-

825 Vgl. BT-Drs. 13/ 7391 vom 10. 04. 1997, Anlage 2, Ziffer 2. b); vgl. dazu auch *Tolmein*, StV 1999, 108 (109) sowie *Wachholz*, Krim 1995, 715 (719).

826 Gemeint ist etwa Art. 8 I Nr. 2 EuropolKonv, wonach schon über Personen Daten erhoben werden können, bei denen bestimmte schwerwiegende Tatsachen die Annahme rechtfertigen, daß sie Straftaten begehen werden; vgl. insoweit *Weichert*, Bürgerrechte & Polizei 50 (1995), 72 (73).

827 Vgl. *Weichert* in *Baldus/ Soiné*, 72 (75 f.)

828 Vgl. *Weichert*, in *Baldus/ Soiné*, 72 (75 f.); a.A. *Soiné*, CR 1998, 257 (260); *von Mangoldt/ Klein/ Pestalozza*, Art. 73 Nr. 10 GG, Rn. 686 f.

829 Vgl. *Kunig* in *von Münch/ Kunig*, Art. 73 GG, Rn. 42; *von Mangoldt/ Klein/ Pestalozza*, Art. 73 Nr. 10 GG, Rn. 689.

830 Vgl. *Bull*, DRiZ 1998, 32 (32 f.).

831 So wohl auch *Daub* in *Baldus/ Soiné*, 86 (90).

Konvention geregelten Aufgaben innerhalb der vorgegebenen Kompetenzzuweisung bewegen[832].

Entsprechendes gilt für das Vorbringen der Bundesländer im Hinblick auf den Datenschutz. Es ist zwar richtig, daß die von den Länderpolizeien zur Verfügung gestellten Daten zum Teil dem jeweiligen Landesdatenschutzgesetz unterfallen[833]. Daher werden auch Regelungsbereiche berührt, die der Landesgesetzgebung angehören[834]. Allerdings hat der Bund durch die Einbeziehung der Länder im Rahmen der Verhandlungen zur Europol-Konvention die Interessen derselben ausreichend berücksichtigt.

Die Einbindung der Bundesländer erfolgt im Rahmen der Verwirklichung der Europäischen Union in erster Linie nach Art. 23 IV, V, VI GG[835]. Die Intensität der Mitwirkungsbefugnisse der Länder[836] hängt davon ab, inwieweit es um Fragen geht, für die die Länder die Gesetzgebungskompetenz haben. Nach Art. 23 V 2 GG hat der Bund bei seiner Willensbildung die Stellungnahme des Bundesrates maßgeblich zu berücksichtigen, soweit im Schwerpunkt beispielsweise Gesetzgebungsbefugnisse der Länder betroffen sind. In den Fällen, in denen die Gesetzgebungskompetenz des Bundes gegeben ist, allerdings Länderinteressen berührt werden, hat der Bund die Stellungnahme des Bundesrates lediglich zu berücksichtigen, Art. 23 V 1 GG. Das bedeutet, daß die Bundesregierung in diesen Fällen die Stellungnahme des Bundes in ihre Entscheidung einbeziehen muß. Allerdings ist eine letztendliche Bindung an diese Stellungnahme in allen Fällen ausgeschlossen[837]. Vorliegend sind mit der Europol-Konvention keine Gesetzeskompetenzen der Länder im Schwerpunkt untergraben worden. Die Europol-Konvention verhält sich lediglich am Rande zu Fragen des Datenschutzes, maß-

---

832 So im Ergebnis auch *Daub* in *Baldus/ Soiné*, 86 (91); *Aschmann*, S. 65 ff.; *DiFabio*, DÖV 1997, 89 (100).

833 Vgl. BR-Drs. 957/ 96 (Beschluß) vom 31. 01. 1997.

834 Nach *Weichert* in *Baldus/ Soiné*, 72 (77) begründe der Umgang mit von Ländern erhobenen Daten allein keine Landeskompetenz bzgl. des weiteren Umgangs mit diesen Daten. Vielmehr werde bei der Datenbeschaffung in das Verwaltungsverfahren von Länderbehörden eingegriffen, was der Gesetzgebungskompetenz der Länder unterfalle.

835 Ausführlich zu den Anforderungen des Art. 23 GG im Hinblick auf "föderative Grundsätze" *Konow*, DÖV 1996, 845 (848 ff.).

836 Die Mitwirkung der Länder vollzieht sich nicht über deren unmittelbare Beteiligung, sondern über den Bundesrat, vgl. *Clostermeyer/ Lehr*, DÖV 1998, 148 (149).

837 Vgl. *Jarass* in *Jarass/ Pieroth*, Art. 23 GG, Rn. 57; *Streinz* in *Sachs*, Art. 23 GG, Rn. 112.

geblicher Zweck des Übereinkommens ist die internationale Verbrechensbekämpfung i.S.v. Art. 73 Nr. 10 GG.

Damit geht es innerhalb der Europol-Konvention nur peripher um Fragen, für die die Länder Gesetzgebungskompetenzen inne haben[838]. Die Einbindung der Länder nach Art. 23 GG ist vor diesem Hintergrund in ausreichendem Maße erfolgt. Bei den Arbeitsgruppen zu Europol wurden Ländervertreter beteiligt, ferner nahmen sie auch an ressortübergreifenden Vorgesprächen statt. Des weiteren war ein Ländervertreter Teilnehmer der Delegation bei den unmittelbaren Beratungen der Arbeitsgruppe Europol in Brüssel[839]. Auch mit den Stellungnahmen des Bundesrates zur Europol-Konvention hat die Bundesregierung sich ausreichend auseinandergesetzt. Daß sie im Ergebnis nicht alle Forderungen des Bundesrates auf internationaler Ebene umsetzen konnte - beispielsweise war die Verankerung einer "Föderalismus-Klausel" in der Europol-Konvention nicht durchsetzbar[840] -, spielt im Ergebnis für die Frage der hinreichenden Berücksichtigung der Bundesratsstellungnahme keine Rolle.

Auch durch die Regelungen über die Einbeziehung der Länder im Europol-Gesetz ist eine ausreichende Berücksichtigung der Bundesländer gesichert. So werden beispielsweise jeweils Ländervertreter in die Gemeinsame Datenschutzkontrollinstanz sowie in den Verwaltungsrat vonEuropol entsandt[841]. Weiterhin haben die Länder über ihre Landeskriminalämter die Möglichkeit des indirekten Zugriffs auf die Europol-Dateien. Nach § 3 I 1 EuropolG sind die Landeskriminalämter innerstaatlich befugt, über das Bundeskriminalamt Daten unmittelbar in das Informationssystem einzugeben und abzurufen[842]. Damit wird auf nationaler Ebene die Forderung der Bundesländer nach einem Online-Zugriff auf die bei Europol einzurichtende Informationsdatei[843] erfüllt[844]. Der Direktverkehr der

---

838 So wohl auch *DiFabio*, DÖV 1997, 89 (100), der davon spricht, daß das dem Bundeskriminalamt eröffnete Aufgabenfeld nur "europäisch extrapoliert" werde.

839 Vgl. dazu *Wachholz*, Krim 1995, 715 (718) sowie *DiFabio*, DÖV 1997, 89 (100).

840 Damit sollte der direkte Zugriff der Länder auf das Europol-Informationssystem gesichert werden, vgl. etwa *Martínez Soria*, VA 1998, 400 (423); ferner *Wachholz*, Krim 1995, 715 (715, 718); *Weichert*, DuD 1995, 450 (454); eingehend dazu *Aschmann*, S. 130 ff., der die Gründe für das Scheitern dieser Klausel untersucht, die im weiteren Verlauf zur Aufnahme der sog. "Kompromißklausel" des Art. 4 II 2 EuropolKonv führten.

841 Vgl. insoweit *Daub* in *Baldus/ Soiné*, 86 (91).

842 Zum genauen Verfahren vgl. *Martínez Soria*, VA 1998, 400 (423).

843 Vgl. BR-Drs. 404/ 95 (Beschluß) vom 14. 07. 1995.

Landeskriminalämter mit den Verbindungsbeamten bei Europol wird nach § 2 IV 1 EuropolG ermöglicht[845]. Das Europol-Gesetz, dessen Inhalt im wesentlichen schon 1995 im sog. "Eckpunktpapier" der IMK von 1995 einvernehmlich zwischen Bund und Ländern abgestimmt wurde[846], ist damit eine Garantie der hinreichenden Berücksichtigung der Länderinteressen.

Die ursprüngliche Forderung der Bundesländer nach einer Ingangsetzung des Lindauer Verfahrens war indes unberechtigt. Durch den Europa-Artikel im Grundgesetz (Art. 23 GG) wird eine spezielle Form der Einbeziehung der Länder gesetzlich geregelt. Das Lindauer Abkommen - dessen rechtliche Gültigkeit und Verfassungsmäßigkeit im übrigen von manchen nach wie vor in Frage gestellt wird[847] - muß daher an dieser Stelle zurücktreten[848]. Wenn ein Artikel des Grundgesetzes den Inhalt des Lindauer Abkommens im wesentlichen wiedergibt[849] und damit das Verfahren für einen bestimmten Rechtsbereich - hier die Verwirklichung der Europäischen Union - gesetzlich manifestiert, muß die Anwendung dieser Verfassungsnorm Vorrang vor der sonst gültigen Bund-Länder-Absprache haben[850].

b. Verwaltungskompetenzen

Auch die Frage der Verwaltungskompetenzen für den Bereich der internationalen Verbrechensbekämpfung wirft keine größeren Probleme auf. Es geht insoweit um die Kompetenz zur Betreibung einer Nationalen Stelle in Deutschland,

844 Der Zugang der Landeskriminalämter zu den Analysedateien zu Arbeitszwecken Europols kam von vornherein nicht in Frage, da selbst das Bundeskriminalamt nicht zugriffsberechtigt ist; vgl. insoweit *Aschmann*, S. 168.

845 *Aschmann*, S. 169 kritisiert in diesem Zusammenhang allerdings die zu hohen tatbestandlichen Voraussetzungen für einen Direktkontakt mit den Verbindungsbeamten.

846 Vgl. *Daub* in *Baldus/ Soiné*, 86 (91).

847 Vgl. dazu nur *Rojahn* in *von Münch/ Kunig*, Art. 32 GG, Rn. 53 f. m.w.N.

848 So auch *Pernice* in *Dreier*, Art. 32 GG, Rn. 44; *Scholz* in *Maunz/ Dürig*, Art. 23 GG, Rn. 142; *Winkelmann*, DVBl. 1993, 1128 (1128 ff.); ferner die Gegenäußerung der Bundesregierung zur Stellungnahme des Bundesrates zum Entwurf eines Europol-Gesetzes, BT-Drs. 13/ 7391 vom 10. 04. 1997, Anlage 3, zu Nr. 2 b); im Ergebnis auch *Aschmann*, S. 148.

849 Ähnlich *Pernice* in *Dreier*, Art. 32 GG, Rn. 44 sowie *Winkelmann*, DVBl. 1993, 1128 (1128 f.).

850 A.A. *Weichert* in *Baldus/ Soiné*, 72 (75) sowie *Clostermeyer/ Lehr*, DÖV 1998, 148 (150), die das Lindauer Abkommen als lex specialis zu Art. 23 GG ansehen wollen.

die als Kontaktstelle im Rahmen der internationalen polizeilichen Zusammenarbeit über Europol mit den anderen Mitgliedstaaten dient. In Betracht kommt für diese Aufgabe lediglich das Bundeskriminalamt als Bundesoberbehörde. Die Herleitung der entsprechenden Verwaltungskompetenz für den Bund wird unterschiedlich vorgenommen.

Zum Teil wird vertreten, die Kompetenz für den Bund ergebe sich insoweit aus dem Sinnzusammenhang von Art. 73 Nr. 10 GG und Art. 87 I GG[851]. Art. 87 I GG beinhalte eine Bezugnahme auf Art. 73 Nr. 10 GG und räume dem Bund quasi im Gleichschritt mit den Gesetzeskompetenzen die entsprechenden Verwaltungskompetenzen für die Zusammenarbeit mit dem Ausland ein. Art. 87 I 2 GG ermächtige letztlich *indirekt* zum Erlaß einer bundesgesetzlichen Vorschrift, die dem Bundeskriminalamt in seiner Funktion als Nationale Stelle den Dienstverkehr mit ausländischen Polizei- und Justizbehörden erlaube[852]. Daß es eine dem Art. 87 I 2 GG vergleichbare *ausdrückliche* Kompetenz des Bundes für die Errichtung einer Nationalen Stelle für Europol nicht gebe, liege in der Natur der Sache, da Gegenstand der Kompetenznormen für die bundeseigene Verwaltung grundsätzlich nur das Verhältnis zwischen dem Bund und den Ländern sei[853]. Der Rückschluß aber, Art. 87 GG mit der Überschrift "Gegenstände bundeseigener Verwaltung" erlaube nicht die Zulassung europäischer Behörden in Deutschland[854], sei gleichwohl falsch.

Auf der anderen Seite wird die vorbenannte Verwaltungskompetenz für den Bund im Bereich der internationalen Verbrechensbekämpfung aus Art. 87 III GG abgeleitet[855]. Diese Auffangnorm für neue Verwaltungskompetenzen sei deshalb vorzuziehen, weil Art. 87 I 2 GG die internationale Verbrechensbekämpfung ja gerade nicht nenne. Im Gegensatz dazu seien aber die anderen Regelungsbereiche des Art. 73 Nr. 10 GG dort sehr wohl erwähnt.

Im Ergebnis führen beide Ansichten dazu, daß dem Bund auch die Verwaltungskompetenz für die internationale Verbrechensbekämpfung und damit die Unter-

851 Vgl. *Evers* in Bonner Kommentar, Art. 73 GG, Rn. 28; ähnlich *Daub* in *Baldus/ Soiné*, 86 (90 f.) sowie *DiFabio*, DÖV 1997, 89 (100).

852 Der Bund hat mit § 3 I BKAG von dieser Möglichkeit Gebrauch gemacht.

853 Vgl. *Daub* in *Baldus/ Soiné*, 86 (91).

854 So jedenfalls *Weichert* in *Baldus/ Soiné*, 72 (76 f.).

855 Vgl. *Endres*, S. 142 ff.

haltung des Bundeskriminalamts als Nationale Stelle von Europol zusteht. Wenngleich die Argumente der zuerst genannten Meinung wohl überzeugender sind[856], muß der Streit letztlich nicht entschieden werden. Die Verwaltungskompetenzen des Bundes für die internationale Verbrechensbekämpfung und damit für die Beteiligung am Aufbau und Betrieb von Europol in Deutschland stehen außer Frage.

c. Zwischenergebnis zu 1.

Das Bundesstaatsprinzip wird durch die Mitarbeit der Bundesrepublik Deutschland bei Europol aufgrund der Europol-Konvention nicht verletzt. Die Gesetzgebungs- und Verwaltungskompetenzen im Hinblick auf Europol liegen beim Bund, ferner wurde auch eine genügende Einbeziehung der Länder nach Maßgabe des Art. 23 GG realisiert. Verfassungsverstöße sind insoweit also nicht festzustellen.

2. Schengen

Auch für die polizeiliche Zusammenarbeit nach dem Schengener Durchführungsübereinkommen stellt sich die Frage nach der Einhaltung des Bundesstaatsprinzips. Zumindest im Hinblick auf die Gesetzgebungszuständigkeit des Bundes[857] für die im Schengener Durchführungsübereinkommen getroffenen Regelungen werden vereinzelt Bedenken erhoben[858]. Allerdings kann insoweit in weiten Teilen auf die Ausführungen zu Europol[859] verwiesen werden. Die Gesetzgebungskompetenz des Bundes ergibt sich auch hier aus Art. 73 Nr. 10 GG. Der Begriff "Internationale Verbrechensbekämpfung" umfaßt gerade auch die grenzüberschreitende Verfolgung strafbarer Handlungen, wobei es nicht auf die "Internationalität" - d.h. die grenzüberschreitende Natur - des Verbrechens, son-

---

856 So auch *Aschmann*, S. 68.

857 Fragen nach der Verwaltungskompetenz des Bundes müssen nicht erhoben werden, da im Rahmen der Schengen-Zusammenarbeit keine eigenständige Behörde geschaffen wurde.

858 Vgl. Stellungnahme des Bundesrates zum Gesetzesentwurf zu dem Schengener Durchführungsübereinkommen, BT-Drs. 12/ 2453 vom 23. 04. 1992, Anlage 2, S, 98; kritisch auch *Weichert*, CR 1990, 62 (66) m.w.N.

859 Vgl. oben § 12 Abschnitt III Ziffer 1. a.

dern auf die Notwendigkeit der internationalen Bekämpfung ankommt[860]. Gerade diesem Zweck dienen die Vorschriften über die polizeiliche Zusammenarbeit nach dem Schengener Durchführungsübereinkommen. Jede Form von Kriminalität, der nur durch internationale Zusammenarbeit der Schengen-Staaten beizukommen ist, soll durch die einschlägigen Vorschriften des Schengener Durchführungsübereinkommens bekämpft werden. Dabei handelt es sich in erster Linie um die mit Art. 73 Nr. 10 GG gemeinte "Benachrichtigung über Taten, Täter, Beweismittel und ergriffene oder geplante spezielle Strafverfolgungsmaßnahmen sowie die Beratung und Zusammenarbeit der Bediensteten verschiedener nationaler Strafverfolgungsbehörden"[861]. Mit dem Kernstück des Schengener Durchführungsübereinkommens, dem Schengener Informationssystem, wird exakt die genannte Materie geregelt. Der Informationsaustausch über dieses Fahndungssystem stellt die typische Form gegenseitiger kriminalistischer Unterstützungshandlungen dar.

Die im Rahmen der Europol-Konvention kritisierte Unterminierung der landesrechtlichen Datenschutzstandards ist hier ebenfalls kein Problem. So dürfen Daten gemäß Art. 99 I SDÜ nur nach Maßgabe des nationalen Rechts im Schengener Informationssystem gespeichert werden. Ferner sieht Art. 104 I SDÜ eine Rückbindung an das nationale Recht für Ausschreibungen nach dem Schengener Informationssystem vor, wenn nicht die Vorschriften des Schengener Durchführungsübereinkommens enger sind[862]. Die datenschutzrechtliche Verantwortung der Länder kann damit gewährleistet werden, eine gesetzgeberische Kompetenzmißachtung der Länder durch den Bund ist insoweit von vornherein ausgeschlossen.

Auch die Gesetzgebungskompetenzen für nach dem Schengener Durchführungsübereinkommen mögliche Maßnahmen der grenzüberschreitenden Observation und Nacheile (vgl. Art. 40, 41 SDÜ) liegen beim Bund. Derartige Maßnahmen fallen als klassische Strafverfolgungshandlungen in den Bereich der

---

860 Vgl. etwa *Kunig* in *von Münch/ Kunig*, Art. 73 GG, Rn. 42; *von Mangoldt/ Klein/ Pestalozza*, Art. 73 Nr. 10 GG, Rn. 6.

861 Vgl. insoweit nur *von Mangoldt/ Klein/ Pestalozza*, Art. 73 Nr. 10 GG, Rn. 689; *Maunz* in *Maunz/ Dürig*, Art. 73 GG, Rn. 166.

862 Vgl. *Weichert*, DuD 1995, 450 (454) sowie *Mokros* in *Lisken/ Denninger*, Kapitel N, Rn. 117.

konkurrierenden Gesetzgebung nach Art. 74 I Nr. 1 GG[863]. Da der Bund hier eine Regelung vorgenommen hat, entfällt nach Art. 72 I GG die Gesetzgebungskompetenz für die Länder. Verstöße gegen des Bundesstaatsprinzip von Seiten des Bundes sind insoweit nicht zu erkennen.

Im Hinblick auf die ausreichende Einbeziehung der Bundesländer ergeben sich ebenfalls keine Probleme[864]. Zunächst ist festzuhalten, daß die Vorschrift des Art. 23 GG n.F. zum Zeitpunkt des Abschlusses des Schengener Durchführungsübereinkommens noch gar nicht existierte. Des weiteren war die Zusammenarbeit nach dem Schengener Durchführungsübereinkommen zunächst auch kein Vorhaben der Europäischen Union, so daß auch insofern eine Anwendung des neuen Art. 23 GG ausgeschlossen gewesen wäre[865]. Die Bundesregierung ist den Ländern durch die Zusage, im Hinblick auf das Schengener Durchführungsübereinkommen das Lindauer Verfahren anzuwenden[866], entgegengekommen, und hat damit in jedem Fall eine ausreichende Beteiligung der Bundesländer gesichert.

3. Ergebnis zu IV.

Bei beiden völkerrechtlichen Verträgen, sowohl der Europol-Konvention als auch dem Schengener Durchführungsübereinkommen, hat die Bundesregierung im Ergebnis nicht gegen das Bundesstaatsprinzip verstoßen. Die Gesetzgebungs- und Verwaltungskompetenzen für den Bund sind in beiden Fällen gegeben. Auch erfolgte eine ausreichende Einbeziehung der Bundesländer über Art. 23 GG bzw. das Lindauer Verfahren.

---

863 Vgl. insoweit *Degenhart* in *Sachs*, Art. 74 GG, Rn. 21; *Maunz* in *Maunz/ Dürig*, Art. 74 GG, Rn. 82, die Norm ist "auch für die Befugnisse der Polizei im Ermittlungsverfahren maßgeblich".

864 Dazu kurz *Aschmann*, S. 143 f.

865 Vgl. *Clostermeyer/ Lehr*, DÖV 1998, 148 (152).

866 Vgl. die Gegenäußerung der Bundesregierung zur Stellungnahme des Bundesrates, BT-Drs. 12/ 2453 vom 23. 04. 1992, Anlage 3, S. 99.

V. Rechtsschutz (Art. 19 IV GG)

Viel diskutiert ist die Frage des hinreichenden Rechtsschutzes[867] für den Bürger im Zusammenhang mit Europol und der Schengen-Kooperation. Die Erforderlichkeit des Rechtsschutzes wird gerade dann um so drängender, je mehr Eingriffsbefugnisse einer Internationalen Organisation übertragen sind[868]. Das in der Verfassung verbriefte Recht auf eine effektive Form des Rechtsschutzes (vgl. Art. 19 IV GG) findet in beiden Fällen eine Anzahl normativer Konkretisierungen. Es ist zu untersuchen, auf welchem Niveau die Anforderungen des Art. 19 IV GG bei den hier thematisierten Formen internationaler polizeilicher Zusammenarbeit umgesetzt werden müssen und inwieweit die jeweiligen Vorschriften über den Rechtsschutz den verfassungsrechtlichen Vorgaben genügen.

Wichtigste Ausformung des Prinzips der rechtlichen Kontrolle und des wirksamen Rechtsschutzes ist das Erfordernis eines umfänglichen gerichtlichen Individualschutzes gegen jegliche Form öffentlicher Gewalt[869]. Dabei ist allerdings zu berücksichtigen, daß die Rechtsweggarantie des Art. 19 IV GG für zwischenstaatliche Organisationen wie Europol nicht unmittelbar gilt, da hier keine deutsche öffentliche Gewalt ausgeübt wird[870]. Gleichwohl setzt selbst dann die deutsche Beteiligung an einer derartigen intergouvernementalen Organisation im Rahmen der Europäischen Union nach Art. 23 I 1 GG voraus, daß sie rechtsstaatlichen Grundsätzen verpflichtet und in ihr ein dem Grundgesetz im wesentlichen vergleichbaren Grundrechtsschutz gewährleistet ist. Konkret bedeutet das, daß der Bürger gegen alle Amtshandlungen mit Hoheitscharakter, die nach der Europol-Konvention und dem Schengener Durchführungsübereinkommen vorgesehen sind, gerichtlichen Schutz auf einem gewissen Niveau erlangen können muß.

Eine besondere Ausformung erfährt der Rechtsschutz in dem Bereich der Datenverarbeitung. Das Bundesverfassungsgericht hat im Volkszählungsurteil festge-

---

867 Zum Inhalt des Prinzips der rechtlichen Kontrolle und des wirksamen Rechtsschutzes vgl. eingehend oben § 11 Abschnitt III Ziffer 4.

868 Vgl. *Seidl-Hohenveldern/ Loibl*, Rn. 1359.

869 Vgl. nur *Schmidt-Aßmann* in *Maunz/ Dürig*, Art. 19 IV GG, Rn. 174 m.w.N.; ferner *Krebs* in *von Münch/ Kunig*, Art. 19 GG, Rn. 49.

870 Vgl. insofern *DiFabio*, DÖV 1997, 89 (99); *Frowein/ Krisch*, JZ 1998, 589 (592) mit Verweis auf BVerfGE 58, 1 (27) vom 23. 06. 1981 und BVerfGE 73, 339 (372) vom 22. 10. 1986.

legt, daß der Gesetzgeber organisatorische und verfahrensrechtliche Vorkehrungen zu treffen hat, die der Gefahr einer Verletzung des Persönlichkeitsrechts entgegenwirken[871]. Damit bringt das Gericht zum Ausdruck, daß der Gesetzgeber für ein bestimmtes Maß an Betroffenenrechten zu sorgen hat. Diese datenschutzrechtlichen Betroffenenrechte sind gewissermaßen antizipierte Formen des gerichtlichen Rechtsschutzes. Sie sind zumindest eng verknüpft mit dem individuellen Rechtsschutz des Bürgers[872] und sollen daher im Rahmen der Überprüfung des wirksamen Rechtsschutzes i.S.v. Art. 19 IV GG untersucht werden. Die Betroffenenrechte dienen dem Schutz des Bürgers vor Rechtsverletzungen im Bereich des Datenschutzes durch die öffentliche Gewalt im Vorfeld eines gerichtlichen Verfahrens. Teil dieser Betroffenenrechte sind etwa der Zugang zu den eigenen personenbezogenen Daten[873] sowie die Garantie von Löschungs- und Berichtigungsrechten[874]. Diese Rechte sind auch Ausfluß des oben schon angesprochenen Transparenzgebotes, sie dienen der Ermöglichung einer Kontrolle durch die Betroffenen selbst und verwirklichen damit nicht zuletzt die Vermeidung von Grundrechtsverletzungen im Hinblick auf das informationelle Selbstbestimmungsrecht.

1. Europol

Die Einhaltung der Anforderungen des Art. 19 IV GG im Hinblick aufEuropol wurde im Schrifttum schon früh problematisiert[875]. Abgesehen von der immer wieder vorgetragenen Kritik des fehlenden justitiellen Überbaus in Form einer die Polizeibehörde Europol kontrollierenden Staatsanwaltschaft[876] wird nach wie vor insbesondere die unzureichende Möglichkeit gerichtlicher KontrolleEuro-

---

871 Vgl. BVerfGE 65, 1 (44) vom 15. 12. 1983.

872 Vgl. *Petri*, KritV 1998, 441 (457).

873 Das gilt im übrigen nicht nur für die maschinelle Datenverarbeitung, das Bundesverfassungsgericht hat aus dem Recht auf informationelle Selbstbestimmung auch Einsichtname-Ansprüche in Akten abgeleitet, vgl. BVerfG NJW 1991, 2411 (2412) vom 11. 06. 1991.

874 Vgl. etwa *Bäumler* in *Lisken/ Denninger*, Kapitel J, Rn. 14; ferner *Oberleitner*, S. 149 ff.

875 Vgl. nur *Weichert*, DuD 1995, 450 (456); *Waechter*, ZRP 1996, 167 (168); *Prantl*, DRiZ 1997, 234 (234 ff.); *Ostendorf*, NJW 1997, 3418 (3419 f.).

876 Vgl. etwa *Ostendorf*, NJW 1997, 3418 (3419); *Prantl*, DRiZ 1997, 234 (235); *Bull*, DRiZ 1998, 32 (41 f.); *Kalk*, DuD 1999, 442 (445).

pols beklagt[877]. In diesem Zusammenhang erhebt sich vor allem gegen die im Immunitätenprotokoll[878] gesondert geregelte Immunität der Europol-Bediensteten massiver Widerstand[879].

a. Betroffenenrechte

Zunächst stellt sich die Frage nach der ausreichenden Einrichtung von Betroffenenrechten, wie sie das Bundesverfassungsgericht in seinem Volkszählungsurteil gefordert hat. Die Betroffenenrechte hinsichtlich der personenbezogenen Daten gliedern sich in den Auskunftsanspruch sowie in den Anspruch auf Berichtigung bzw. Löschung von Daten[880].

aa. Auskunftsanspruch, Art. 19 EuropolKonv

Ausgangspunkt der Betroffenenrechte im Hinblick auf den Datenschutz ist Art. 19 EuropolKonv. Diese Norm räumt jeder Person die Möglichkeit der kostenfreien Geltendmachung eines Auskunftsanspruchs über die sie betreffenden bei Europol gespeicherten Daten ein. Der Antrag kann bei der zuständigen nationalen Behörde (in Deutschland also beim Bundeskriminalamt) jedes Mitgliedsstaates gestellt werden, die diesen an Europol weiterleitet. Europol beantwortet sodann den Antrag, wobei sich die materiellen Anspruchsvoraussetzungen nach dem nationalen Recht desjenigen Mitgliedsstaates richten, in dem der Antrag gestellt wurde (vgl. Art. 19 III S. 1 EuropolKonv)[881]. Die Entscheidung, ob eine Auskunft erteilt wird, hängt allerdings zusätzlich davon ab, ob der Mitgliedsstaat, der die Daten eingegeben hat, und die Mitgliedsstaaten, die unmittelbar betroffen sind, eine Auskunft nicht ablehnen (vgl. Art. 19 IV EuropolKonv)[882].

---

877 Vgl. etwa *Kalk*, DuD 1999, 442 (445); *Frowein/ Krisch*, JZ 1998, 589 (589 ff.); *Petri*, KritV 1998, 441 (457 f.); *Bull* DRiZ 1998, 32 (40 f.); *Lisken*, DRiZ 1998, 75 (77 f.).

878 Vgl. dazu oben § 4 Abschnitt III Ziffer 4.

879 Dazu eingehend *Nachbaur*, KritJ 1998, 231 (231 ff.); *Hirsch*, ZRP 1998, 10 (10 ff.); *Hailbronner*, JZ 1998, 283 (283 ff.);

880 Vgl. insoweit auch *Oberleitner*, S. 149 ff.

881 Vgl. *Martínez Soria*, VA 1998, 400 (428).

882 Für eine Mitteilung von Daten aus den Arbeitsdateien zu Analysezwecken ist eine Konsensentscheidung von Europol und den an der Analyse beteiligten Mitgliedsstaaten erforderlich, vgl. Art. 19 IV Nr. 3 EuropolKonv.

Außerdem kann Europol die Auskunftserteilung verweigern, wenn dies erforderlich ist für die ordnungsgemäße AufgabenerfüllungEuropols, zum Schutz der Sicherheit der Mitgliedsstaaten und der öffentlichen Ordnung oder zur Bekämpfung von Straftaten oder zum Schutz der Rechte und Freiheiten Dritter (vgl. Art. 19 III S. 2 Nr. 1 - 3 EuropolKonv). Dieses Auskunftsverfahren ist zweifellos sehr kompliziert[883]. Von einer unverhältnismäßigen Erschwerung des Zugangs des Betroffenen zu den eigenen personenbezogenen Daten[884] kann allerdings noch nicht gesprochen werden. Die Auskunftsbeschränkungen haben alle einen nachvollziehbaren Sinn. Die Beschränkungen sind auch präzise an klare Tatbestände gebunden. Auch der auf den ersten Blick umständlich erscheinende Antragsweg über die jeweilige nationale Stelle führt nicht zu einer tatsächlichen Behinderung. Mitunter kann es auch als komfortabel angesehen werden, daß das Anliegen nicht direkt an Europol, sondern an die jeweilige nationale Stelle herangetragen werden muß[885]. Des weiteren ist aus deutscher Sicht zu beachten, daß die Modalitäten eines in Deutschland gestellten Auskunftsanspruchs sich nach deutschen Recht richten. Damit ist hier im Gegensatz zu anderen Ländern, die nur einen indirekten Auskunftsanspruch (lediglich reine Rechtmäßigkeitsüberprüfung) vorsehen, ein direkter Auskunftsanspruch (also Bekanntgabe der gespeicherten Daten) möglich[886]. Diese Möglichkeit der Auskunftserlangung über eigene personenbezogene Daten wird daher im Ergebnis rechtsstaatlichen Anforderungen im Hinblick auf die Art. 19 IV, 23 I 1 GG gerecht.

bb. Berichtigungs- und Löschungsanspruch, Art. 20 und 21 EuropolKonv

Art. 20 EuropolKonv unterscheidet hinsichtlich eines Berichtigungs- und Löschungsanspruchs zwischen Daten, die Drittstaaten oder Drittstellen übermittelt wurden oder Daten, die sich aus seiner Analysetätigkeit ergeben (vgl. Art. 20 I EuropolKonv) und auf der anderen Seite Daten, die bei Europol von den Mitgliedsstaaten selber eingegeben wurden. In den Fällen des Abs. 1 sind unrichtige

---

883 So auch *Bull*, DRiZ 1998, 32 (42); ferner *Weichert*, DuD 1995, 450 (456).

884 Vgl. *Weichert*, DuD 1995, 450 (456).

885 Zu denken ist an ganz praktische Gesichtspunkte wie Sprachbarrieren, Portokosten, das Herausfinden von Adressen im Ausland etc.

886 Einen direkten Auskunftsanspruch gibt es derzeit innerhalb der Europäischen Union nur in Deutschland, den Niederlanden und Österreich, vgl. *Oberleitner*, S. 150.

Daten sofort von Europol zu berichtigen oder zu löschen[887]. In den Fällen des Abs. 2 erfolgt die Berichtigung oder Löschung unrichtiger Daten durch die Mitgliedsstaaten, die die Daten eingegeben haben in Abstimmung mit Europol[888]. Die Unrichtigkeit der Daten wird anhand der Vorgaben der Europol-Konvention bemessen. Das kann auch nicht anders gehandhabt werden, um im Sinne einer gerechten Behandlung aller Betroffenen einheitliche Standards zu gewährleisten[889]. Ferner wäre es widersinnig, in einem Vertragstext zunächst Vorgaben für die Erhebung und Verarbeitung personenbezogener Daten festzulegen (etwa die Anforderungen der Art. 7 - 11 EuropolKonv), deren Unrichtigkeit dann aber nicht an diesen Vorgaben, sondern an nationalen Gesetzen zu bemessen. Mithin realisiert die Vorschrift des Art. 20 EuropolKonv die Möglichkeit der Berichtigung und Löschung unrichtiger Daten als Teil datenschutzrechtlicher Betroffenenrechte in ausreichendem Maße.

Auch die sich in Art. 21 EuropolKonv anschließende Regelung zu den Speicherungs- und Löschungsfristen für Dateien ist letztlich nicht zu bemängeln[890]. Selbst wenn nach Einstellung eines Verfahrens bzw. nach einem Freispruch nicht die sofortige Löschung erfolgt, weil die betroffene Person weiterhin verdächtig ist, in Zukunft Straftaten zu begehen[891], erfolgt nach spätestens 3 Jahren eine Überprüfung der Daten im Informationssystem auf die weitere Erforderlichkeit ihrer Speicherung (vgl. Art. 21 I 2 EuropolKonv) sowie sogar eine automatische Löschung der Daten in der Analysedatei (vgl. Art. 21 III 1 EuropolKonv). Eine langfristige unberechtigte Speicherung ist damit ausgeschlossen.

---

887 Die Datenpflege obliegt hier allein Europol, eine Löschung oder Berichtigung unrichtiger Daten erfolgt nicht nur nach Antrag eines Betroffenen sondern in allen Fällen, in denen die Unrichtigkeit bekannt wird, vgl. *Oberleitner*, S 150.

888 D.h. zwischen den beteiligten Staaten muß Einvernehmen über die Berichtigung oder Löschung erzielt werden, vgl. *Oberleitner*, S. 151 sowie *Weichert*, DuD 1995, 450 (456).

889 So müssen beispielsweise nach Art. 8 V EuropolKonv Daten gelöscht werden, soweit das Verfahren gegen die betreffende Person eingestellt oder sie rechtskräftig freigesprochen wird. Kritisch insofern *Weichert*, DuD 1995, 450 (456), der bemängelt, daß eine nach nationalem Recht unzulässige Erhebung oder Übermittlung folgenlos bleibe.

890 Kritisch aber im Hinblick auf die Durchbrechung des Grundsatzes der datenschutzrechtlichen Verantwortung *Aschmann*, S. 183 f.

891 Insoweit kritisch *Martínez Soria*, VA 1998, 400 (428) sowie *Zieschang*, ZRP 1996, 427 (428).

cc. Zwischenergebnis zu a.

Die datenschutzrechtlichen Betroffenenrechte in der Europol-Konvention sind grundsätzlich so ausgestaltet, daß vor dem Hintergrund des Art. 23 I 1 GG ausreichender Rechtsschutz i.S.v. Art. 19 IV GG für den Bürger gewährleistet ist[892]. Verfassungsrechtliche Verstöße sind insoweit bei Europol nicht ersichtlich.

b. Gerichtlicher Individualrechtsschutz

Da es sich bei Europol um eine intergouvernementale Organisation der Europäischen Union handelt, die keine deutsche öffentliche Gewalt ausübt, gilt auch die Rechtsweggarantie nach Art. 19 IV GG nicht direkt. Allerdings sind die Maßstäbe des Art. 23 I 1 GG sehr wohl zu beachten. Das bedeutet insbesondere bei der Übertragung von Hoheitsrechten auf eine intergouvernementale Organisation, daß Ersatzrechtsschutz durch unabhängige Gerichte geschaffen werden muß, die mit hinlänglicher Gerichtsbarkeit über tatsächliche und rechtliche Fragen ausgerüstet sind, auf Grund eines Verfahrens entscheiden, das rechtliche Gehör und angemessene Angriffs- und Verteidigungsmittel ermöglicht, und deren Entscheidungen die Verletzung eines Grundrechts wirksam sanktionieren[893]. Durch die Europol-Konvention und die entsprechenden Transformationsgesetze werden Europol Hoheitsrechte übertragen. Allein das Sammeln und Analysieren von personenbezogenen Daten ist als hoheitliches Handeln anzusehen[894]. Die Frage nach einer ausreichenden gerichtlichen Kontrolle Europols ist auf zwei Ebenen zu beantworten. Zum einen geht es hier um die Möglichkeit der Rechtsverfolgung gegen Europol vor nationalen Gerichten sowie der Gemeinsamen Kontrollinstanz (vgl. Art. 24 EuropolKonv), zum anderen aber auch um die Einbindung des Europäischen Gerichtshofs.

---

892 So im Ergebnis auch *Oberleitner*, S. 149, der von „gelungenen Regelungen" spricht; a.A. jedoch *Weichert*, DuD 1995, 450 (456).

893 Vgl. BVerfGE 73, 339 (376) vom 22. 10. 1986.

894 Vgl. *Hailbronner*, JZ 1998, 283 (287); ferner *Hirsch* ZRP 1998, 10 (11) sowie *DiFabio*, DÖV 1997, 89 (99).

aa. Nationale Gerichte

Art. 38 I EuropolKonv sieht zunächst einen verschuldensunabhängigen Schadensersatzanspruch des Bürgers für Schäden vor, die durch in rechtlicher oder sachlicher Hinsicht fehlerhafte Daten, die von Europol gespeichert oder verarbeitet wurden, verursacht worden sind. Der Anspruch richtet sich gegen den Mitgliedsstaat, in dem der Schaden eingetreten ist. Inhalt und Umfang des Anspruchs bemessen sich nach dem jeweiligen nationalen Recht[895]. Diese Handhabung entspricht der Praxis bei intergouvernementalen Organisationen. Die Bezeichnung als „bürgerfreundlich"[896] ist indes verfehlt, da die Rechtsverfolgung dieses Anspruchs nicht ohne erhebliche Schwierigkeiten funktioniert. Abgesehen von der zu Recht kritisierten Rechtszersplitterung[897], die aufgrund unterschiedlicher Ansprüche der Bürger in den verschiedenen Mitgliedsstaaten eintritt, wird ein nationales Gericht in der Praxis größte Probleme haben, den Sachverhalt aufzuklären. Das liegt zum einen daran, daß nach Art. 3 Immunitätenprotokoll die Archive Europols unverletzlich, die Bediensteten von Europol nach Art. 8 Immunitätenprotokoll immun und gem. Art. 32 EuropolKonv zur Verschwiegenheit verpflichtet sind. Damit ist es für ein Gericht kaum noch möglich, eine ausreichende Sachverhaltsaufklärung durchzuführen[898]. Selbst mit Art. 12 II Immunitätenprotokoll wird dieser Problematik kein wirksames Korrektiv zur Seite gestellt, denn die Verpflichtung zur Aufhebung der Unverletzlichkeit der Archive unter bestimmten Tatbestandsvoraussetzungen[899] wird in das Ermessen des Europol-Direktors gestellt. Damit kann kein Gericht Europol verpflichten, Akten bzw. Daten herauszugeben oder Aussagegenehmigungen für Zeugenvernehmungen von Europol-Bediensteten zu erteilen. Die Rechtsverfolgung über Art. 38 I EuropolKonv muß damit als äußerst uneffektiv bezeichnet werden. Ein Rechtsschutzersatz[900] kann in diesem Anspruch nicht gesehen werden.

---

895 In der Bundesrepublik Deutschland käme insoweit ein Amtshaftungsanspruch in Betracht, vgl. *DiFabio*, DÖV 1997, 89 (99).

896 Vgl. *Martínez Soria*, VA 1998, 400 (429).

897 Vgl. insoweit *Petri*, KritV 1998, 441 (458).

898 Vgl. *Frowein/ Krisch*, JZ 1998, 589 (591); ähnlich *Fisahn*, KritJ 1998, 358 (367).

899 Die Unverletzlichkeit ist danach aufzuheben, „wenn sie verhinderte, daß der Gerechtigkeit Genüge getan wird, und wenn die Aufhebung ohne Schädigung der Interessen Europols möglich ist".

900 So aber *Bull*, DRiZ 1998, 32 (41).

Auch der Rechtsschutz für den Bürger gegen verweigerte Auskünfte oder unrichtige Datenspeicherung kann grundsätzlich vor nationalen Gerichten erlangt werden, da Europol nur begrenzte Immunität genießt[901]. Allerdings tun sich hier die gleichen praktischen Schwierigkeiten auf, die in den meisten Fällen dazu führen, daß letztlich eine effektive Form der Rechtsverfolgung unmöglich ist. Eine Aufklärung, welche Daten gespeichert und ob diese etwa unrichtig sind, ist einem nationalen Gericht damit praktisch verwehrt[902]. Die Klage vor einem nationalen Gericht gegen Europol auf Auskunftserteilung oder Änderung bzw. Löschung unrichtiger Daten hätte daher keine besonderen Aussichten auf Erfolg. Im übrigen ist jedes nationale Gericht an vorausgegangene Entscheidungen der Gemeinsamen Kontrollinstanz über entsprechende Beschwerden gebunden[903]. Nach Art. 24 VII EuropolKonv sind die Entscheidungen über Auskunfts-, Berichtigungs- und Löschungsansprüche durch die Gemeinsame Kontrollinstanz rechtskräftig. In diesen Fällen existiert für den Bürger nicht einmal der Rechtsweg vor nationalen Gerichten[904]. Selbst, wenn man angesichts der Regelung des Art. 23 I 1 GG Einschränkungen bezüglich des Rechtsschutzes hinzunehmen hat, kann eine derartige totale Ohnmacht nationaler Gerichte nicht mehr akzeptiert werden.

Im Ergebnis müssen damit die justitiellen Kontrollmechanismen durch nationale Gerichte im Hinblick auf die Organisation Europol als in der Praxis völlig unzureichend angesehen werden. Die genannten Regelungen in der Europol-Konvention sowie im Immunitätenprotokoll vereiteln hier eine effektive Rechtsverfolgung.

bb. Gemeinsame Kontrollinstanz

Die bisher aufgezeigten Mängel im Hinblick auf Europols rechtliche Kontrolle durch nationale Gerichte können letztendlich auch nicht durch die gem. Art 24 I

901 Vgl. Art. 2 I Immunitätenprotokoll; ferner *Hailbronner*, JZ 1998, 283 (283 ff.) sowie *Frowein/ Krisch*, JZ 1998, 589 (591).

902 Vgl. *Frowein/ Krisch*, JZ 1998, 589 (594).

903 Der Bürger, dem von Europol Auskunft, Löschung oder Berichtigung verweigert wurde, wird in der Regel zunächst die Gemeinsame Kontrollinstanz als Beschwerdeinstanz im Hinblick auf diese Betroffenenrechte anrufen; näher dazu unten § 12 Abschnitt IV Ziffer 1. b. bb.

904 Vgl. insoweit *Gleß*, EuR 1998, 748 (759); *Frowein/ Krisch*, JZ 1998, 589 (594).

EuropolKonv eingerichtete Gemeinsame Kontrollinstanz überwunden werden[905]. Die Gemeinsame Kontrollinstanz entscheidet unter anderem rechtskräftig über Beschwerden gegen die Verweigerung von Auskünften über personenbezogene Daten[906] sowie die Geltendmachung von Berichtigungs- und Löschungsansprüchen[907]. Abgesehen von dem - nicht unerheblichen - rein formalen Argument, daß die Gemeinsame Kontrollinstanz kein förmliches Gericht i.S.v. Art. 19 IV GG ist[908] – es ist nicht einmal die Besetzung mit Juristen erforderlich[909] –, können erhebliche Bedenken gegen die Unabhängigkeit dieses Gremiums erhoben werden[910]. Denn die Aufgaben der Gemeinsamen Kontrollinstanz erschöpfen sich nicht in der Entscheidung über die genannten Beschwerden[911]. Vielmehr wird die Gemeinsame Kontrollinstanz in die VerwaltungEuropols eingebunden und nimmt Beratungsaufgaben wahr. Es ist nur schwer vorstellbar, daß ein solches Gremium unparteiisch über Fragen zu entscheiden hat, in denen es zuvor mit beratender Stimme mitgewirkt hat[912]. Eine persönliche und sachliche Unabhängigkeit kann damit nicht umfassend gewährleistet werden[913]. Die einzige Eigenschaft der Gemeinsamen Kontrollinstanz, die für ihre Objektivität und Unabhängigkeit spricht, ist ihre Internationalität. Es sind Vertreter aus allen Mitgliedsstaaten in der Gemeinsamen Kontrollinstanz vertreten. Das spricht zumindest dafür, daß das Gremium keinen der Mitgliedsstaaten bei seinen Entscheidungen bevorzugen wird[914]. Allerdings heißt das noch nicht, daß die Gemeinsame Kontrollinstanz durch ihre Eingebundenheit in die VerwaltungstätigkeitEuropols bei ihren Entscheidungen über Beschwerden nicht einseitig beeinflußt wird. In dieser Hinsicht kann Objektivität und insbesondere Unabhängigkeit der Kontrollinstanz nicht erwartet werden. Diese Unabhängigkeit ist aber gerade

905 So im Ergebnis auch *Simitis*, Süddeutsche Zeitung vom 03./ 04. 05. 1997; *Kalk*, DuD 1999, 442 (445); *Frowein/ Krisch*, JZ 1998, 589 (596).

906 Vgl. Art. 19 VII EuropolKonv.

907 Vgl. Art. 20 IV und 22 III EuropolKonv.

908 Vgl. insoweit *Martínez Soria*, VA 1998, 400 (432) m.w.N.

909 Vgl. *Frowein/ Krisch*, JZ 1998, 589 (590).

910 So auch *Petri*, KritJ 1998, 441 (457 f.); *Frowein/ Krisch*, JZ 1998, 589 (592); einschränkend *Bull*, DRiZ 1998, 32 (41). A.A. wohl *Röben* in *Grabitz/ Hilf*, Band 1, Art. 30 EUV, Rn. 23 sowie *Martínez Soria*, VA 1998, 400 (432).

911 Zu weiteren Aufgaben der Gemeinsamen Kontrollinstanz vgl. *Kalk*, DuD 1999, 442 (445).

912 Insofern ebenfalls äußerst kritisch *Frowein/ Krisch*, JZ 1998, 589 (592); wohl a.A. *Harings*, S. 324 ff.

913 So auch *Martínez Soria*, VA 1998, 400 (432).

914 Mit diesem Argument will *Martínez Soria*, VA 1998, 400 (432) die Objektivität der Gemeinsamen Kontrollinstanz im Ergebnis bejahen.

Voraussetzung für ein Gremium, das Rechtsschutz gegenüber einerintergouvernementalen Organisation gewähren soll[915]. Zwar ist es richtig, daß eine Übertragung der gesamten innerstaatlichen verfassungsrechtlichen Anforderungen bei der rechtlichen Ausgestaltung einer zwischenstaatlichen Einrichtung wieEuropol kaum durchsetzbar ist[916]. Dem trägt auch gerade Art. 23 I 1 GG Rechnung. Allerdings muß die Unabhängigkeit eines den Rechtsschutz gegenüberEuropol gewährleistenden Gremiums als grundlegend und als unverzichtbare Voraussetzung ihrer rechtlichen Ausgestaltung betrachtet werden. Dieses Kriterium kann selbst vor dem Hintergrund des Art. 23 I 1 GG nicht übergangen werden. Es wäre ein Leichtes gewesen, eine Gemeinsame Kontrollinstanz fürEuropol zu schaffen, die nicht an der sonstigen Arbeit der Organisation beteiligt ist[917]. Insoweit ist nicht davon auszugehen, daß die Bundesrepublik Deutschland nicht zu einem Vertragsabschluß über Europol gekommen wäre, wenn sie auf eine unabhängige Rechtsschutzinstanz beharrt hätte. Daher kann man hier auch nicht von zu hohen verfassungsrechtlichen Anforderungen sprechen, die zu einer „faktischer Vertragsunfähgkeit" für die Bundesrepublik Deutschland führen würden.

Auch im Hinblick auf das Verfahren bei der Ablehnung der Mitteilung von Daten sowie die in der Gemeinsamen Kontrollinstanz für Entscheidungen erforderliche 2/3-Mehrheit sind verfassungsrechtliche Bedenken angebracht[918]. Da die Ablehnung der Mitteilung von Daten gegenüber dem Bürger ohne jegliche Begründung erfolgt, wird es für diesen auch nicht möglich sein, sich mit der Ablehnungsbegründung auseinanderzusetzen. Die Gewährleistung effektiver Rechtskontrolle[919] steht damit zumindest in Frage, denn dem Betroffenen wird es schwer fallen, unter diesen Voraussetzungen die Verletzung eines Grundrechts überhaupt beanstanden zu können[920]. Die für die Abhilfe einer Beschwerde vor der Gemeinsamen Kontrollinstanz erforderliche 2/3-Mehrheit stellt für den

---

915 Vgl. insoweit *Hailbronner*, JZ 1998, 283 (288); ähnlich auch BVerfGE 73, 339 (376) vom 22. 10. 1986.

916 Vgl. insoweit BVerfGE 89, 155 (179) vom 12. 10. 1993 (das Bundesverfassungsgericht spricht hier von „faktischer Vertragsunfähigkeit der Bundesrepublik Deutschland"); ferner *Hailbronner*, JZ 1998, 283 (288) sowie *Martínez Soria*, VA 1998, 400 (431 f.) m.w.N.

917 Diese Forderung stellt auch *Petri*, KritJ 1998, 441 (458).

918 Dazu eingehend *Frowein/ Krisch*, JZ 1998, 589 (592 f.).

919 Vgl. BVerfGE 30, 1 (23) vom 15. 12. 1970.

920 Einschränkend *Frowein/ Krisch*, JZ 1998, 589 (592 f.), die darauf hinweisen, daß eine nähere Begründung der Ablehnung schon einer Mitteilung gleichkommen könnte, womit eine möglicherweise zulässige Geheimhaltung der Daten vereitelt würde.

rechtsuchenden Bürger eine weitere hohe Hürde dar. Insbesondere vor dem Hintergrund des Prinzips der Waffengleichheit als Teil des wirksamen Rechtsschutzes[921] besteht hier Grund zur Kritik. Beiden Parteien eines Rechtsstreits müssen vor einer richterlichen Entscheidungsinstanz die gleichen Chancen und Voraussetzungen gewährt werden[922]. Wenn nun aber der einen Partei von vornherein und ohne Berücksichtigung der Rechtslage ein Vorteil eingeräumt wird, ist die Gleichwertigkeit der prozessualen Ausgangslage für die Parteien nicht mehr gegeben. Gerade das ist hier der Fall, wenn im Rahmen des Verfahrens vor der Gemeinsamen Kontrollinstanz der einen Partei – nämlich dem Bürger – die Bürde auferlegt wird, eine erheblich höhere Anzahl von Richtern zu überzeugen, als die andere Seite[923]. Gerade weil in der Gemeinsamen Kontrollinstanz nach Art. 24 I 3 EuropolKonv bis zu 2 Delegierte eines jeden Mitgliedsstaates vertreten sind, ist das Erreichen einer 2/3-Mehrheit überaus schwierig[924]. Somit stellt auch dieser Umstand eine wesentliche Erschwerung des Rechtsschutzes des Bürgers gegen Europol dar.

Die Rechtsschutzmöglichkeiten des Bürgers gegen Europol vor der Gemeinsamen Kontrollinstanz sind daher ebenfalls unzureichend. Eine Kompensation des mangelhaften Rechtsschutzes vor den nationalen Gerichten erfolgt hier in keiner Weise. Selbst vor dem Hintergrund, daß die strengen Anforderungen des Grundgesetzes im Rahmen der Bewertung der rechtlichen Ausgestaltung einer zwischenstaatlichen Organisation nur beschränkt zu berücksichtigen sind (vgl. Art. 23 I 1 GG), müssen eklatante rechtsstaatliche Defizite auch im Rahmen des „Rechtsschutzes" durch die Gemeinsame Kontrollinstanz verzeichnet werden.

cc. Europäischer Gerichtshof

Die Rolle des Europäischen Gerichtshofs für den Rechtsschutz gegen Europol ist vergleichsweise gering. Die Mitgliedsstaaten konnten sich bei den Verhandlungen über Europol 1995 in Cannes nicht auf eine Einbindung des Europäischen

---

921 Vgl. insoweit BVerfGE 35, 263 (276 f.) vom 19. 06. 1973; ferner *Schmidt-Aßmann* in *Isensee/ Kirchhof*, Bd. I, § 24, Rn. 74.

922 Vgl. BVerfGE 74, 78 (94) vom 03. 12. 1986.

923 Überzeugend *Frowein/ Krisch*, JZ 1998, 589 (593).

924 Je größer ein Entscheidungsgremium ist, desto schwieriger ist das Erreichen einer 2/3-Mehrheit. Daher erfordert Art. 79 II GG beispielsweise für die Abänderung des Grundgesetzes eine solche Mehrheit im Deutschen Bundestag und im Bundesrat.

Gerichtshof einigen[925]. Alle Mitgliedsstaaten bis auf Großbritannien erklärten sich in einer gesonderten Erklärung zu Art. 40 II EuropolKonv bereit, Streitigkeiten zwischen den Mitgliedsstaaten über die Auslegung und Anwendung der Konvention (vgl. Art. 40 I EuropolKonv) systematisch dem Europäischen Gerichtshof vorzulegen[926]. In einem entsprechenden Protokoll[927] erkennen die 14 genannten Mitgliedsstaaten die Zuständigkeit des Europäischen Gerichtshofes für die Auslegung der Europol-Konvention im Wege der Vorabentscheidung an. Bis auf Frankreich und Irland[928] haben alle beteiligten Staaten sämtliche nationalen Gerichte für vorlageberechtigt erklärt.

Mit der Möglichkeit zur Stellung eines Vorabentscheidungsersuchens kann der Europäische Gerichtshof in ein Verfahren einbezogen werden, das zur Klärung individueller Rechtsschutzfragen angestrengt wurde[929]. So ist es beispielsweise vorstellbar, daß ein nationales Gericht[930], vor dem ein Schadensersatzanspruch gegen Europol gem. Art. 38 I EuropolKonv geltend gemacht wird, den Europäischen Gerichtshof bei Zweifelsfragen um die Auslegung der Europol-Konvention um eine Vorabentscheidung ersucht. Allerdings muß hier festgehalten werden, daß der Europäische Gerichtshof nur als Hilfsinstrument zur Auslegung der Europol-Konvention im Rahmen der ohnehin schon gegebenen Rechtswege gegen Europol dient[931]. Ein eigener Rechtsweg – etwa in Form der vom Europäischen Parlament geforderten Möglichkeit einer Individualbe-

---

925 Großbritannien verhinderte die Einbeziehung des Europäischen Gerichtshofes, da es befürchtete, Europol würde sich dadurch über ein reines Koordinationsorgan hinaus entwickeln und der Schritt in die Vergemeinschaftung wäre getan; vgl. *Zieschang*, ZRP 1996, 427 (427); *Wachholz*, Krim 1995, 715 (715); *Nicolaus*, NVwZ 1996, 40 (42); *DiFabio*, DÖV 1997, 89 (99).

926 Vgl. BGBl. 1997 II, 2169; ABl. der EG Nr. C 316/ 1 (32) vom 27. 11. 1995.

927 Vgl. ABl. der EG Nr. C 299/ 1 vom 09. 10. 1996; BGBl. 1997 II, 2172; mit vollem Titel „*Protokoll auf Grund von Art. K.3 des Vertrages über die Europäische Union betreffend die Auslegung des Übereinkommens über die Errichtung eines Europäischen Polizeiamtes durch den Gerichtshof der Europäischen Gemeinschaften im Wege der Vorabentscheidung*". Das Protokoll wurde vom Deutschen Bundestag am 17. 12. 1997 in nationales Recht transformiert; vgl. BGBl. 1997 II, 2170.

928 Hier sind nur letztinstanzliche Gerichte vorlageberechtigt, vgl. die entsprechenden Erklärungen Frankreichs und Irlands: BGBl 1997 II, 2173.

929 Vgl. insoweit *Harings*, S. 128.

930 Die Gemeinsame Kontrollinstanz ist nicht zur Vorlage beim Europäischen Gerichtshof befugt, vgl. *Harings*, S. 133.

931 Vgl. *Gleß*, EuR 1998, 748 (762); *Bull*, DRiZ 1998, 32 (41).

schwerde[932] – gegen Europol vor dem Europäischen Gerichtshof existiert indes nicht.

Der individuelle Rechtsschutz des Bürgers gegen Europol wird vor dem Europäischen Gerichtshof nicht ermöglicht. Zwar ermöglicht das mit der Europol-Konvention sowie dem Auslegungsprotokoll vorgesehenen Verfahren bezüglich Europol vor dem Europäischen Gerichtshof eine begrenzte gerichtliche Kontrolle Europols. Es vermag allerdings nicht zur Verwirklichung eines wirksamen Individualrechtsschutzes i.S.v. Art. 19 IV GG i.V.m. Art. 23 I 1 GG beizutragen.

dd. Zwischenergebnis zu b.

Die Individualrechtsschutz gegen Europol ist als äußerst dürftig zu bezeichnen. Die Verfahren, die der Bürger gegen Europol vor einem nationalen Gericht anzustrengen hat, sind durch erhebliche Probleme in der Praxis in ihrer Effektivität sehr eingeschränkt. Die Immunitäts-, Geheimhaltungs- und Unverletzlichkeitsregelungen bei Europol stehen der in einem gerichtlichen Verfahren zwingend notwendigen Sachverhaltsaufklärung entgegen. Auch der durch die Gemeinsame Kontrollinstanz gebotene Rechtsschutz ist für den Bürger vollkommen unzureichend. Die Unabhängigkeit des Gremiums ist äußerst zweifelhaft, ferner stellt die für einen Beschwerdeerfolg des Bürgers erforderliche 2/3-Mehrheit innerhalb der Gemeinsamen Kontrollinstanz vor dem Hintergrund des Prinzips der Waffengleichheit eine unzumutbare Erschwerung des Rechtswegs dar. Im Ergebnis müssen die Rechtsschutzmöglichkeiten des Bürgers gegen Europol aus verfassungsrechtlicher Sicht für nicht ausreichend angesehen werden. Diese Einstufung berücksichtigt die niedrigeren verfassungsrechtlichen Anforderungen an intergouvernementale Organisationen. Gleichwohl ist hier von einem Verfassungsverstoß auszugehen.

c. Rechtliche Kontrolle und Immunität der Europol-Bediensteten

Ein weiterer Punkt, der die rechtliche Kontrolle Europols entscheidend begrenzt, ist die Regelung der Immunität der Europol-Bediensteten. Art. 8 I lit. a Immu-

---

[932] Vgl. die Entschließung des Europäischen Parlaments zu Europol A4-0061/ 96 vom 14. 03. 1996, ABl. der EG Nr. C 96/ 288 (290) vom 01. 04. 1996, Erwägung S; dazu auch *Petri*, KritV 1998, 441 (459).

nitätenprotokoll bestimmt, daß die Mitglieder der Organe und des Personals von Europol unbeschadet des Art. 32 und, soweit anwendbar, des Artikels 40 Absatz 3 des Übereinkommens Immunität von jeglicher Gerichtsbarkeit hinsichtlich der von ihnen in Ausübung ihres Amtes vorgenommenen mündlichen und schriftlichen Äußerungen sowie Handlungen genießen. Diese Immunität gilt auch noch nach Beendigung der Tätigkeit für Europol. Die im Immunitätenprotokoll niedergelegte Immunität entspricht weitgehend der international üblichen Praxis internationaler Organisationen[933]. Damit bleibt etwa den Bürgern, die – nach oben Gesagtem erwartungsgemäß – erfolglos Rechtsschutz gegen die Organisation Europol selber gesucht haben, nicht einmal die Möglichkeit, gegen einen Europol-Bediensteten selber vorzugehen. Die Behauptung, Lücken im Rechtsschutzsystem würden dadurch geschlossen, daß Art. 9 Immunitätenprotokoll eine Ausnahme für Ansprüche aus Verkehrsunfällen mache[934], ist insofern nur schwer nachvollziehbar. Auch die strafrechtliche Kontrolle der Europol-Bediensteten ist durch das Immunitätenprotokoll sehr eingegrenzt. Mit Art. 32 EuropolKonv, der die strafrechtliche Ahndung der Verletzung von Verschwiegenheits- und Geheimhaltungspflichten durch Europol-Bedienstete aufrecht erhält[935], sind längst nicht alle Delikte erfaßt, die in Ausübung eines Amtes bei Europol denkbar sind[936]. Ein weiter Teil von Delikten, die Europol-Bedienstete verüben könnten, bleibt damit unsanktioniert. Gerade im Hinblick auf die Tätigkeit Europols, die mit massiven Eingriffen in Grundrechte der Bürger einhergeht, ist die weitgehende Straffreistellung der Europol-Bediensteten fragwürdig[937]. Daran vermag auch die Vorschrift des Art. 12 II Immunitätenprotokoll nichts zu ändern. Zwar ist hier eine Aufhebung der Immunität durch den Direk-

---

933 Vgl. *Hailbronner*, JZ 1998, 283 (285); *Nachbaur*, KritJ 1998, 231 (233).

934 So jedenfalls *Martínez Soria*, VA 1998, 400 (436).

935 Ob die damit im deutschen Recht gemeinten §§ 203 II, 204, 353 b I StGB bei Europol überhaupt große praktische Bedeutung haben, stellt *Nachbaur*, KritJ 1998, 231 (234) nachhaltig in Frage.

936 Zu denken ist etwa an Formen der mittelbaren Täterschaft im Hinblick auf Freiheitsberaubung (§ 239 StGB), Hausfriedensbruch (§ 123 StGB) oder Verletzung der Vertraulichkeit des nichtöffentlich gesprochenen Wortes (§ 201 StGB) indem falsche Daten weitergegeben oder in das Informationssystem eingegeben werden, vgl. insoweit *Ostendorf*, NJW 1997, 3418 (3420) und *Nachbaur*, KritJ 1998, 231 (236).

937 *Lisken*, DRiZ 1998, 75 (76) bezeichnet diese „Exemtion“ als beispiellos und als nicht mit der Immunität von Abgeordneten oder Diplomaten vergleichbar, da diese örtlich, zeitlich und sachlich beschränkt sei. *Hirsch*, ZRP 1998, 10 (11) weist darauf hin, daß ein Diplomat in seinem Heimatland nach wie vor der nationalen Gerichtsbarkeit unterliege.

tor im Einzelfall vorgesehen, allerdings sind die Tatbestandsvoraussetzungen so vage[938], daß sie keine ausreichende Rechtssicherheit bieten können[939]. Im übrigen ist davon auszugehen, daß das umständliche Aufhebungsverfahren einen erheblichen Zeitraum in Anspruch nehmen dürfte[940]. Es ist also festzuhalten, daß mit der Immunitätenregelung bezüglich der Europol-Bediensteten die rechtliche Kontrolle – Ausfluß des Art. 19 IV GG – von mit hoheitlichen Befugnissen ausgestatteten Amtswaltern weitgehend fehlt[941]. Grundsätzlich kann eine derartige rechtliche Konzeption auch vor dem Hintergrund des Art. 23 I 1 GG verfassungsrechtlich nicht bestehen.

Befürworter der Immunitätenregelung berufen sich auf das rein formale Argument, eine derartige Immunität der Bediensteten sei für intergouvernementale Organisationen völkerrechtliche Praxis[942]. Ferner „zeige die Erfahrung, daß mit Strafanzeigen ganze Behörden lahmgelegt werden können"[943]. Im Vorfeld der Ratifizierung des Immunitätenprotokolls wurde sogar das Scheitern der Arbeitsaufnahme von Europol ohne das Immunitätenprotokoll prognostiziert[944].

Es erscheint äußerst fragwürdig, ob diese Argumente die rechtliche Kontrolle der Europol-Bediensteten im Großteil entfallen lassen können. Unstreitig ist die internationale Praxis der Mitarbeiter-Immunität bei intergouvernementaler Organisationen grundsätzlich sinnvoll. Die Gefahr der Funktionsbeeinträchtigung durch unterschiedliche Bewertungen der Amtshandlungen durch die verschiedenen nationalen Gerichte liegt auf der Hand. Auch die Vermeidung der Verfolgung einzelstaatlicher Interessen ist ein nachvollziehbares Anliegen, dem mit der Immunität der Beschäftigten begegnet werden kann[945]. Allerdings ist dem entge-

---

938 Die Vorschrift erlaubt die Aufhebung, „wenn andernfalls verhindert würde, daß der Gerechtigkeit Genüge geschieht" und zudem eine „Schädigung der Interessen von Europol nicht zu befürchten ist".

939 So auch *Nachbaur*, KritJ 1998, 231 (233).

940 Zum genauen Verlauf des Aufhebungsverfahrens vgl. *Gleß*, EuR 1998, 748 (753).

941 A.A. wohl *Herzog*, ZRP 1998, 371 (371).

942 Vgl. etwa *Kanther*, Die Welt vom 22. 06. 1997; *Storbeck*, Süddeutsche Zeitung vom 10. 10. 1997; ferner die Bundesregierung in der Denkschrift zum Gesetzesentwurf, BT-Drs. 13/ 9084 vom 17. 11. 1997, S. 10; vgl. in diesem Zusammenhang auch *Bull/ Baldus*, Frankfurter Allgemeine Zeitung vom 20. 01. 1998.

943 So *Storbeck*, Süddeutsche Zeitung vom 10. 10. 1997; kritisch insofern *Lisken*, DRiZ 1998, 75 (76).

944 Vgl. *Schelter*, Frankfurter Rundschau vom 03. 11. 1997.

945 Vgl. dazu insgesamt *Hailbronner*, JZ 1998, 283 (285) m.w.N.

genzuhalten, daß Europol mit anderen intergouvernementalen Organisationen nicht auf eine Stufe gestellt werden kann. Zu bedenken ist, daß Europol eine – wenngleich derzeit noch nicht mit umfassenden Exekutivkompetenzen ausgestattete – Polizeibehörde ist, die im grundrechtsrelevanten Bereich in einer für die Ausübung staatlicher Hoheitsrechte charakteristischen Weise agiert[946]. Polizeiliche Machtbefugnisse – beschränken sie sich derzeit auch noch lediglich auf Informationssammlung und -austausch – bedürfen wegen der Gefahr ihres Mißbrauchs ausnahmslos rechtsstaatlicher Sicherungsmechanismen[947]. Hier kann ein Vergleich Europols zu anderen internationalen Organisationen nicht mehr aufrecht erhalten werden. Funktionalitätsgesichtspunkte können hier kaum noch ins Gewicht fallen. Die Interessen des Bürgers an einem Schutz seiner Rechte durch gerichtliche Kontrolle überwiegen deutlich, wenn es um eine Behörde geht, die typischerweise in Grundrechte eingreift. Die derzeitigen Eingriffsbefugnisse Europols reichen für eine solche Bewertung schon aus. Die Beantwortung der Frage nach der Verfassungsmäßigkeit der Immunitätenregelung hängt also nicht davon ab, ob Europol – wie in den Amsterdamer Verträgen vorgesehen[948] – in Zukunft mit noch weiterreichenden, echten exekutiven Befugnissen ausgestattet wird. Schon jetzt ist die Immunitätenregelung bei Europol wegen des eklatanten Mangels der rechtlichen Kontrolle über die Bediensteten und Mitarbeiter in der Behörde verfassungsrechtlich nicht mehr tragbar.

Die rechtliche Kontrolle über die Mitarbeiter bei Europol ist derzeit auf ein Minimum beschränkt, Rechtsschutzmöglichkeiten tendieren für den Einzelnen auch hier gegen Null. Das erscheint insbesondere vor dem Hintergrund der grundrechtsrelevanten Tätigkeit Europols aus verfassungsrechtlicher Sicht nicht mehr als akzeptabel.

d. Zwischenergebnis zu 1.

Europol wird den Anforderungen des Art. 19 IV GG i.V.m. Art. 23 I 1 GG im Hinblick auf eine ausreichende rechtliche Kontrolle sowie wirksamen Indivi-

---

946 Überzeugend *Nachbaur*, KritJ 1998, 231 (237); ähnlich *Lisken*, DRiZ 1998, 75 (76) sowie *Hirsch*, ZRP 1998, 10 (12).

947 Vgl. auch *Hirsch*, ZRP 1998, 10 (12).

948 Vgl. dazu unten § 14.

dualrechtsschutz nicht gerecht[949]. Klagen gegen Europol selber vor nationalen Gerichten haben kaum Aussicht auf Erfolg, da die Vorschriften der Europol-Konvention und des Immunitätenprotokolls eine Sachaufklärung in großen Teilen vereiteln. Die Gemeinsame Kontrollinstanz ist kein unabhängiges Gremium und vermag insbesondere deshalb den mangelnden Rechtsschutz auf nationaler Ebene gegen Europol nicht zu kompensieren. Der Europäische Gerichtshof hat zumindest für den Individualrechtsschutz keine besondere Bedeutung. Seine rechtliche Kontrolle Europols erfolgt im übrigen nur auf indirekte Veranlassung durch Vorlage zur Vorabentscheidung durch ein nationales Gericht. Auch die Immunität der Europol-Bediensteten ist im Hinblick auf Art. 19 IV GG i.V.m. Art. 23 I 1 GG angesichts der nicht zu unterschätzenden Eingriffsbefugnisse der Polizeibehörde Europol verfassungsrechtlich nicht mehr zu halten. Die Berufung auf „gängige Praxis" bei intergouvernementalen Einrichtungen kann hier wegen der aufgezeigten Besonderheiten Europols nicht als ausreichende Begründung herangezogen werden.

2. Schengen

Die polizeiliche Kooperation nach dem Schengener Durchführungsübereinkommen ist zunächst im Hinblick auf den im Rahmen des Schengener Informationssystems praktizierten Austausch von Fahndungsdaten zu überprüfen. Hier geht es im wesentlichen um außergerichtliche Betroffenenrechte (Auskunfts-, Berichtigungs- und Löschungsansprüche im Hinblick auf eigene personenbezogene Daten), Schadensersatzansprüche sowie deren gerichtliche Durchsetzbarkeit. Rechtsschutzfragen tun sich des weiteren hinsichtlich der grenzüberschreitenden Observation und Nacheile gemäß der Art. 40 und 41 SDÜ auf. Hier sind verschiedene Konstellationen für deutsche Staatsbürger denkbar, in denen sie eines rechtlichen Schutzes bedürfen. Zum einen sind Fälle vorstellbar, in denen deutsche Staatsangehörige auf fremdem Hoheitsgebiet von deutschen Beamten observiert oder festgenommen werden. Zum anderen ist der Rechtsschutz für Fälle zu überprüfen, in denen ausländische Polizeibeamte aufgrund der Art. 40

---

949 So wohl auch *Kalk*, DuD 1999, 442 (445); *Petri*, KritV 1998, 441 (458); *Fisahn*, KritJ 1998, 358 (367); *Gleß*, EuR 1998, 748 (753 ff.); *Lisken*, DRiZ 1998, 75 (77); *Hirsch*, ZRP 1998, 10 (12); *Frowein/ Krisch*, JZ 1998, 589 (594); einschränkend *Bull*, DRiZ 1998, 32 (41 f.); a.A. wohl *Waechter*, ZRP 1996, 167 (168); *Herzog*, ZRP 1998, 371 (371); *Martínez Soria*, VA 1998, 400 (431 ff.).

oder 41 SDÜ gegen einen deutschen Staatsbürger auf deutschem Hoheitsgebiet tätig werden.

Im Unterschied zur Behörde Europol – einer zwischenstaatlichen Einrichtung – kann sich der Rechtsschutz im Rahmen der Schengen-Kooperation nicht gegen ein überstaatliches Organ richten. Akteure der polizeilichen Zusammenarbeit aufgrund des Schengener Durchführungsübereinkommens sind regelmäßig nationale Polizeibehörden, als mögliche Anspruchs- und Klagegegner kommen daher hier von vornherein nur die jeweils betroffenen Vertragsstaaten in Betracht.

a. Betroffenenrechte

Im Rahmen der Speicherung und Verarbeitung personenbezogener Daten – bei der Fahndung über das Schengener Informationssystem ist das an der Tagesordnung – sind seit dem mehrfach erwähnten Volkszählungsurteil[950] als Ausformung der Betroffenenrechte in jedem Fall ein Auskunfts-, ein Berichtigungs- und ein Löschungsanspruch erforderlich. Das Schengener Durchführungsübereinkommen sieht derartige Ansprüche in den Art. 109 und 110 SDÜ vor.

aa. Auskunftsanspruch des Betroffenen

Nach Art. 109 I SDÜ hat jede Person das Recht, Auskunft über die zu ihr im Schengener Informationssystem gespeicherten Daten zu erhalten. Maßgeblich ist für diesen Anspruch das nationale Recht des Staates, in dessen Hoheitsgebiet der Anspruch geltend gemacht wird. Eine Vertragspartei, die selbst die Ausschreibung nicht vorgenommen hat, kann Auskunft zu den beanspruchten Daten nur dann erteilen, wenn sie vorher der ausschreibenden Vertragspartei Gelegenheit zur Stellungnahme gegeben hat. Jedoch geht die Auskunftserteilung nicht auf die Stelle über, die die Ausschreibung vorgenommen hat. Vielmehr bleibt sie der Stelle vorbehalten, bei der um Auskunft ersucht wurde[951].

---

950 BVerfGE 63, 1 (1 ff.) vom 15. 12. 1983.

951 Vgl. *Würz*, Rn. 288.

Die Fälle der Auskunftsverweigerung sind klar umrissen. Nach Art. 109 II SDÜ unterbleibt die Auskunft, wenn dies zur Durchführung einer rechtmäßigen Aufgabe im Zusammenhang mit der Ausschreibung oder zum Schutz der Rechte und Freiheiten Dritter unerläßlich ist. Während der Ausschreibung zur verdeckten Ermittlung unterbleibt eine Auskunftserteilung generell. Die deutsche Seite hat in dem Transformationsgesetz zum Schengener Durchführungsübereinkommen festgelegt, daß eine Benachrichtigungspflicht und eine Pflicht zur Nachholung der Auskunftserteilung bei Ausschreibungen zur verdeckten Ermittlung für die deutschen Polizeibehörden besteht[952]. Mit Art. 109 I SDÜ wird der dezentrale Charakter der Rechtsschutzvorschriften des Schengener Durchführungsübereinkommens deutlich[953]. Unklarheiten werden auf diesem Weg beseitigt, jeder Bürger kann ohne weiteres herausfinden, welche Rechte durch Geltendmachung des Anspruchs in welchem Staat er erwarten kann.

Der Einwand, die Rechte der Betroffenen seien damit unterschiedlich[954], kann nicht ohne weiteres stehen gelassen werden. Denn zwar sind die Rechte hinsichtlich einer Auskunftserteilung in den verschiedenen Vertragsstaaten nicht identisch, allerdings stehen die Rechte den Bürgern in jedem der Staaten – quasi überstaatlich – zu, d.h. daß der Betroffene im Land seiner Wahl die Auskunft begehren kann[955]. Beispielsweise hat danach ein italienischer Bürger die Möglichkeit in Deutschland seinen Auskunftsanspruch geltend zu machen. Damit spielt es rechtlich für ihn keine Rolle, ob er deutscher oder italienischer Staatsangehöriger ist. Die zuständige deutsche Polizeibehörde befindet nach deutschem Recht über den geltend gemachten Auskunftsanspruch. Diese Rückverweisung auf nationales Recht führt auch nicht zu Rechtsschutzlücken[956], da jedem Bürger in „Schengen-Land" die gleichen Auskunftsrechte auf höchstem Niveau zustehen.

---

952 Vgl. Art. 5 Vertragsgesetz zum Schengener Durchführungsübereinkommen, BGBl. 1993 II, 1010.

953 Vgl. insofern auch *Werner*, CR 1997, 34 (35), der den direkten Vergleich mit Europol bezüglich des Datenschutzes anstellt.

954 So jedenfalls *Lavranos*, DuD 1996, 400 (405).

955 Vgl. *DiFabio*, DÖV 1997, 89 (94); *Wehner* in *Achermann/ Bieber/ Epiney/ Wehner*, S. 176.

956 So aber *Bieber*, NJW 1994, 294 (296).

Daß aufgrund der bürgerfreundlichen Datenschutzregeln eine Überbeanspruchung deutscher Behörden und Gerichte droht[957], hat für die verfassungsrechtliche Beurteilung des wirksamen Rechtsschutzes keine Bedeutung. Maßgeblich ist, daß der Bürger überhaupt die Möglichkeit hat, eine Auskunft über eventuell über ihn gespeicherte Daten zu bekommen. Diese dezentrale rechtliche Handhabung des Auskunftsanspruchs ist damit im Ergebnis bürgerfreundlich und bringt auch keine schwerwiegenden tatsächlichen Probleme mit sich[958]. Dem Einwand, nur rechtlich versierte Bürger kämen auf die Idee, in dem Land ihren Anspruch geltend zu machen, in dem sie die meisten Rechte hätten, kann entgegengehalten werden, daß selbst Kleinkriminelle, die unter Umständen im Schengener Informationssystem erfaßt sind, nicht ohne anwaltlichen Beistand versuchen werden, einen Auskunftsanspruch durchzusetzen. Einem Rechtsanwalt wiederum muß eine derartige Kenntnis im zusammenwachsenden Europa zugemutet werden.

Die Kritik an Beschränkungen des Auskunftsrechts in Deutschland (etwa § 13 BDSG), mit der die Wahrnehmung anderer Rechtsschutzansprüche de facto vereitelt werde[959], leistet keinen Beitrag im Hinblick auf die Frage der Verfassungsmäßigkeit der Regelung des Auskunftsanspruchs imSchengener Durchführungsübereinkommen. Das gleiche gilt für den Einwand, Auskunftsersuchen seien selten, da der Bürger entweder nicht mit einer Speicherung rechne oder vermeiden wolle, daß die Polizei auf ihn aufmerksam werde. Dem kann nur entgegnet werden, daß es sich dabei um ein faktisches Problem in allen Fällen der Auskunftsbeanspruchung handelt, das sich „aus der Natur der Sache" ergibt. Die entsprechende gesetzliche Ausgestaltung hat darauf keinen Einfluß.

bb. Berichtigungs- und Löschungsanspruch

Art. 110 SDÜ hat den Berichtigungs- und Löschungsanspruch des Bürgers zum Gegenstand. Mit dieser Vorschrift wird jedem das Recht gegeben, auf seine Person bezogene unrichtige Daten berichtigen oder unrechtmäßig gespeicherte Daten löschen zu lassen. Im Gegensatz zur Auskunft darf die Berichtigung oder Löschung von Daten nur durch die ausschreibende Vertragspartei vorgenommen

---

957 Vgl. insofern *Wehner* in *Achermann/ Bieber/ Epiney/ Wehner*, S. 148.

958 So aber *Weichert*, CR 1990, 62 (65).

959 Vgl. erneut *Weichert*, CR 1990, 62 (65).

werden[960]. Hiermit wird das *Besitzerprinzip* im Schengener Informationssystem konstituiert[961]. Es kommt zum Ausdruck, daß die Verantwortlichkeit für die Richtigkeit und Rechtmäßigkeit der Datenspeicherung bei der ausschreibenden Vertragspartei liegen soll. Mit dieser Handhabung wird das Ziel verfolgt, daß nur die Vertragspartei mit der meisten Sachkenntnis im Hinblick auf die in das Schengener Informationssystem eingegebenen Daten Einfluß auf deren Inhalt haben soll[962]. Dieses Ziel ist sinnvoll und erklärt nachvollziehbar, weshalb die Geltendmachung des Berichtigungs- und Löschungsanspruchs nur gegenüber dem ausschreibenden Staat erfolgen kann.

Der Beitrag, der hierdurch zur Rechtssicherheit und damit auch zum Rechtsschutz geleistet wird, ist ungleich größer als der Vorteil, den der Bürger hätte, wenn er auch diesen Anspruch in jedem Vertragsstaat geltend machen könnte. Eine Verkürzung des Rechtsschutzes im Verhältnis zu Art. 109 SDÜ kann deshalb bei Art. 110 SDÜ im Ergebnis nicht angenommen werden. Der Bürger hat im Gegenteil die Gewißheit, daß nur solche Stellen über die Berichtigung oder Löschung von Daten entscheiden, die mit der Angelegenheit vertraut sind, die der Speicherung zugrunde liegt. Seiner inhaltlichen Ausformung nach entspricht Art. 110 SDÜ im übrigen den üblichen deutschen Regelungsstandards im Datenschutzrecht, etwa § 19 IV BDSG oder § 15 II BVerfSchG[963]. Der Anspruch aus Art. 110 SDÜ entspricht den verfassungsrechtlichen Anforderungen im Hinblick auf datenschutzrechtliche Betroffenenrechte.

cc. Zwischenergebnis zu a.

Die außergerichtlichen Betroffenenrechte im Rahmen der Verarbeitung personenbezogener Daten über das Schengener Informationssystem sind auf einem verfassungsrechtlich nicht zu beanstandenden Niveau gewährleistet. Der Bürger hat in diesem Bereich ausreichende Möglichkeiten zur Wahrung seiner Rechte.

---

960 Vgl. Art. 106 I SDÜ.

961 Vgl. *Würz*, Rn. 286.

962 Diese Handhabung ist damit eine Konkretisierung des Art. 105 SDÜ.

963 Vgl. *Wehner* in *Achermann/ Bieber/ Epiney/ Wehner*, S. 147, Anm. 52.

b. Gerichtlicher Individualrechtsschutz

Der gerichtliche Rechtsschutz im Schengener Durchführungsübereinkommen teilt sich auf in den Schutz gegen Verletzungen von Datenschutzrechten – also die Durchsetzung der angesprochenen Betroffenenrechte sowie von Schadensersatzansprüchen – und den Schutz gegen grenzüberschreitende polizeiliche Maßnahmen wie Observation und Nacheile.

aa. Durchsetzung der Betroffenenrechte

Die Durchsetzung der Betroffenenrechte mit gerichtlicher Hilfe wird mit Art. 111 SDÜ geregelt. Klagen wegen der Verweigerung von Auskunft, Berichtigung oder Löschung können – ebenso wie Schadensersatzklagen[964] – im Hoheitsgebiet jeder Vertragspartei vor dem nach nationalem Recht zuständigen Gericht[965] oder der zuständigen Behörde[966] geltend gemacht werden. Die gegenseitige Verpflichtung der Vertragsparteien, unanfechtbare Entscheidungen der Gerichte oder Behörden über die Berichtigung, Löschung, Auskunftserteilung oder Schadensersatz zu vollziehen[967], ist dabei von zentraler Bedeutung, da die Vertragsparteien damit die Durchsetzung fremder Gerichtsentscheidung garantieren. Damit haben auch die Entscheidungen ausländischer Gerichte und Behörden für den rechtsuchenden Bürger einen nicht zu unterschätzenden Wert. In der Regel wird ein betroffener deutscher Staatsangehöriger seine Ansprüche gegen die Bundesrepublik Deutschland vor einem deutschen Verwaltungsgericht durchzusetzen versuchen [968].

---

964 Vgl. Art. 116 I SDÜ

965 In Deutschland das Verwaltungsgericht, vgl. *Würz*, Rn. 290.

966 Etwa in Frankreich die Datenschutzkommission CNIL, vgl. *Würz*, Rn. 290.

967 Vgl. Art. 111 II SDÜ.

968 Zur Problematik, ob – vor dem Hintergrund der Vollstreckbarkeit einer fremdstaatlichen Gerichtsentscheidung – vor einem nationalen Gericht auch ein anderer Vertragsstaat auf Auskunft, Berichtigung, Löschung oder Schadensersatz verklagt werden kann, vgl. *Harings*, S. 266 f.

bb. Durchsetzung von Schadensersatzansprüchen

Mit Art. 116 I SDÜ wird dem Bürger die Möglichkeit eingeräumt, bei Schädigungen durch den Betrieb eines nationalen Bestandes desSchengener Informationssystems Schadensersatz gegenüber einer beliebigen Vertragspartei geltend zu machen. Er kann sich also auch hier wiederum aussuchen, in welchem Land die Anspruchsvoraussetzungen am günstigsten für ihn sind. Sofern der verklagte Staat nicht selber die ausschreibende Partei ist, hat die in Anspruch genommene Seite gemäß Art. 116 II SDÜ in der Regel einen entsprechenden Ausgleichsanspruch. Das bedeutet im Ergebnis, daß dem Betroffenen entgegen gekommen wird, indem er sich seinen Klagegegner aussuchen kann, auf der anderen Seite aber der „Schadensverursacher" im Innenverhältnis zur Rechenschaft gezogen wird. Auf diesem Weg wird es vermieden, rechtsschutztechnische Schwierigkeiten, die sich aus der Internationalität des Schengener Informationssystems ergeben, auf den Bürger abzuwälzen. Die wirkungsvolle Verfolgung eines Schadensersatzanspruchs ist für den Betroffenen daher in ausreichenden Maßen mit Art. 116 SDÜ gesichert. Durch dieses Haftungssystem wird verhindert, daß die einzelnen Vertragsstaaten sich zum Nachteil eines anderen Vertragsstaates zu entlasten versuchen und der klagende Bürger immer wieder vor anderen Gerichten tätig werden muß[969]. Daß die deutschen Standards im Datenschutzbereich auch bezüglich etwaiger Schadensersatzansprüche sehr hoch sind[970], kommt dem deutschen Kläger entgegen und trägt dazu bei, ausreichenden Rechtsschutz gegen das Schengener Informationssystem zu garantieren.

cc. Grenzüberschreitende Nacheile und Observation

Der Schutz gegen Rechtsverletzungen deutscher Polizeibeamter auf fremdem Hoheitsgebiet im Rahmen der grenzüberschreitenden Observation oder Nacheile wirft keine Probleme auf. In diesem Fall wird deutsche Hoheitsgewalt ausgeübt. Der Bürger kann so vor Gericht gegen die Rechtsverletzung vorgehen, als wäre sie im Inland geschehen. Anspruchsgegner wäre ohne Probleme die Bundesrepublik Deutschland. Auch strafrechtlich kann eventuelles Fehlverhalten der

---

969 So auch *Schreckenberger*, VA 1997, 389 (408), der damit die Haftungsproblematik für entschärft ansieht.

970 Vgl. *Wehner* in *Achermann/ Bieber/ Epiney/ Wehner*, S. 148; weiterhin auch *Würz*, Rn., 292.

deutschen Beamten geahndet werden. Nach dem sog. passiven Personalitätsprinzip[971] gilt das deutsche Strafrecht auch für Taten, die im Ausland begangen wurden und sich gegen deutsche Staatsangehörige richten[972].

Bei Fällen, in denen ausländische Polizeibeamte aufgrund der Art. 40 oder 41 SDÜ gegen einen deutschen Staatsbürger auf deutschem Hoheitsgebiet tätig werden, hilft in erster Linie Art. 43 SDÜ. Nach Absatz 2 haftet die Vertragspartei, auf deren Hoheitsgebiet die Maßnahmen nach den Art. 40, 41 SDÜ durch ausländische Beamte erfolgten, so für den dabei entstandenen Vermögensschaden, als hätten ihre eigenen Beamten diesen verursacht. Konkret bedeutet das, daß die Bundesrepublik Deutschland nach nationalem Recht für die durch ausländische Polizeibeamte bei der Observation oder Nacheile verursachten privaten Vermögensschäden einzustehen hätte. Die Rechtsverfolgung soll damit für die Bewohner des Gebietsstaates erleichtert werden[973]. Auch in diesem Fall spielt es für den Bürger also keine Rolle, ob die Rechtsverletzung von einem ausländischen oder deutschen Beamten begangen wurde. Die Rechtsverfolgung fällt für ihn identisch aus, da er in beiden Fällen die Bundesrepublik Deutschland auf Schadensersatz verklagen kann. Damit wird hier zum Schutz des Bürgers ausnahmsweise das hoheitlichen Handeln ausländischer Polizeibeamter dem Gebietsstaat zugerechnet[974].

Ansonsten ist die Rechtmäßigkeit hoheitlichen Handelns eines anderen Staates nach den völkerrechtlichen Grundsätzen zur Staatenimmunität in Deutschland nicht durch nationale Gerichte überprüfbar[975]. Das steht auch in Einklang mit dem Art. 19 IV GG, der Rechtsschutz ohnehin nur gegen deutsche Hoheitsakte garantiert[976]. Etwas anderes gilt nur dann, wenn das Handeln der ausländischen Beamten der deutschen Hoheitsgewalt zugerechnet werden kann. Für diese Fälle kann ein den Anforderungen des Art. 19 IV GG entsprechender Rechtsschutz gewährleistet werden. Eine Zurechnung nach völkerrechtlichen Gesichtspunkten im Wege der Organleihe scheidet allerdings aus. Gegen eine derartige rechtliche Einordnung spricht insbesondere, daß die ausländischen Polizeibehörden in ei-

---

971 Vgl. § 7 I StGB, auch sog. *Schutzgrundsatz.*

972 Vgl. insoweit nur *Wessels/ Beulke*, Rn. 71.

973 Vgl. *Harings*, S. 262.

974 Vgl. *Martínez Soria*, VA 1998, 400 (415 f.).

975 Vgl. nur *Geiger*, NJW 1987, 1124 (1125) m.w.N.

976 Vgl. nur *Krebs* in *von Münch/ Kunig*, Art. 19 GG, Rn. 53 m.w.N.

genem Interesse tätig werden. Sie handeln nicht im Namen des Aufenthaltsstaates, sondern lediglich mit dessen Zustimmung[977]. Die Differenzierung, ob von deutscher Hoheitsgewalt ausgegangen werden kann oder nicht, hängt im Ergebnis eher davon ab, ob die ausländischen Beamten völlig ungebunden arbeiten oder aber der Aufenthaltsstaat konkrete Weisungen für ihre Ermittlungstätigkeit gibt. Sofern das der Fall ist, sind die Maßnahmen der ausländischen Polizeibeamten auf deutschem Hoheitsgebiet den inländischen Polizeibehörden und damit letztlich der Bundesrepublik Deutschland zuzurechnen[978]. Art. 40 III lit. a SDÜ regelt ausdrücklich, daß die observierenden Beamten die Anordnungen der zuständigen örtlichen Behörden zu befolgen haben. Art. 41 V lit. a SDÜ trifft eine entsprechende Regelung für die grenzüberschreitende Nacheile. Vor dem Hintergrund, daß sowohl bei der grenzüberschreitenden Observation als auch bei der grenzüberschreitenden Nacheile nur in wenigen Ausnahmefällen die örtlichen Polizeibehörden nicht umgehend über das Handeln der ausländischen Kollegen informiert werden müssen, ist in der Regel von alsbaldigen Weisungen der ortsansässigen Polizei auszugehen. Das führt dazu, daß die Handlungen der ausländischen Polizisten der deutschen Staatsgewalt zugerechnet werden. Gegen diese ist ausreichender Rechtsschutz zweifellos gewährleistet. Aber auch in den Fällen, in denen das Handeln der ausländischen Beamten nicht der deutschen Staatsgewalt zugerechnet werden kann, kann der Betroffene eine gerichtliche Überprüfung der Maßnahmen erreichen. Hierzu muß er allerdings vor einem Gericht klagen, aus dessen Staat die observierenden oder nacheilenden Beamten stammen[979].

Der Individualrechtsschutz in den Fällen der grenzüberschreitenden Observation und Nacheile ist damit im Ergebnis ebenfalls zufriedenstellend ausgestaltet.

dd. Zwischenergebnis zu b.

Der gerichtliche Individualrechtsschutz gegen Rechtsverletzungen im Rahmen der polizeilichen Zusammenarbeit nach dem Schengener Durchführungsübereinkommen fällt deutlich positiver aus als bei Europol. Auffällig ist insbesonde-

---

977 Eingehend zu diesem Bereich *Harings*, S. 252 ff.

978 Vgl. insoweit erneut *Harings*, S. 254.

979 Vgl. *Martínez Soria*, VA 1998, 400 (416), der dies im Ergebnis als dem Bürger für zumutbar ansieht.

re, daß es keine übermäßigen praktischen Probleme durch Geheimhaltungspflichten, Immunitäten oder Unverletzlichkeitsregelungen gibt. Hier kommen vielmehr die Mechanismen zur Anwendung, die aus gewöhnlichen innerstaatlichen Gerichtsverfahren bekannt sind. Der Grund dafür ist, daß es im Rahmen der Schengen-Zusammenarbeit keine überstaatliche Organisation gibt, sondern nur die agierenden nationalen Polizeibehörden. Diese setzen letztlich die Schengen-Zusammenarbeit um. Daher richtet sich der Rechtsschutz auch gegen diese aus. Die Unterschiede zu einem rein innerstaatlichen Verfahren sind kaum spürbar. Der Bürger kommt ohne größere Schwierigkeiten zu seinem Recht. Das wird auch dadurch garantiert, daß die Klagemöglichkeiten in jedem der Vertragsparteien gegeben sind und darüber hinaus keine außergerichtlichen Entscheidungsgremien mit besonderen Verfahrensmechanismen eingesetzt werden. Der Betroffene kann trotz der Internationalität auf fast identische Weise Rechtsschutz erlangen, wie es ihm in einem Gerichtsverfahren ohne Auslandsbezug möglich wäre.

c. Zwischenergebnis zu 2.

Die Rechtsschutzmöglichkeiten im Schengen-Verbund sind insgesamt als befriedigend anzusehen[980]. Sowohl die datenschutzrechtlichen Betroffenenrechte als auch die gerichtlichen Überprüfungsmöglichkeiten werden bei der polizeilichen Zusammenarbeit nach dem Schengener Durchführungsübereinkommen den verfassungsrechtlichen Anforderungen des Art. 19 IV GG gerecht. Hauptgrund dafür ist, daß die handelnden Akteure die nationalen Polizeibehörden sind. Ob diese nun Rechtsverletzungen im Rahmen internationaler polizeilicher Zusammenarbeit oder bei der Aufgabenerfüllung mit lediglich inländischem Bezug begehen, spielt für den Bürger keine Rolle. In beiden Fällen kann er gegen den Staat rechtlich vorgehen. Aber auch in den Fällen der Rechtsverletzung durch andere Vertragsstaaten bieten sich dem Bürger genügend Möglichkeiten des Rechtsschutzes. Hier ist insbesondere die für die Praxis häufig relevante bürgerfreundliche Vorschrift des Art. 43 SDÜ zu nennen, nach der Schadensersatzansprüche wegen der im Rahmen von grenzüberschreitender Nacheile und Obser-

---

[980] So auch *Martínez Soria*, VA 1998, 400 (416); *Mokros* in *Lisken/ Denninger*, Kapitel N, Rn. 129; ähnlich *Wehner* in *Achermann/ Bieber/ Epiney/ Wehner*, S. 146 ff.; *Schreckenberger*, VA 1997, 389 (407 f.).

vation erlittenen privaten Vermögensschäden ohne Rücksicht auf die Herkunft der handelnden Beamten vom Gebietsstaat reguliert werden müssen.

Die Einbeziehung des Europäischen Gerichtshofes ist bei derartigen Formen polizeilicher Zusammenarbeit nicht zwingend und spielt deshalb zu Recht keine Rolle für Individualrechtsschutzfragen im Rahmen der Schengen-Kooperation[981].

3. Ergebnis zu V.

Die polizeiliche Zusammenarbeit über Europol weist derzeit ganz erhebliche Rechtsschutzmängel auf. Mit der Europol-Konvention werden umfassende Regelungen zum Rechtsschutz getroffen, die in der Praxis allerdings nur sehr eingeschränkte Effektivität erreichen. Im Gegensatz zur Schengen-Kooperation wurde mit Europol eine eigenständige überstaatliche Polizeibehörde geschaffen, für die im Hinblick auf Verfahren vor staatlichen Gerichten nach der Europol-Konvention eine Reihe von Sonderrechten gelten, die für nationale Polizeibehörden nicht in Frage kommen. Die verfassungsrechtlichen Defizite erstrecken sich auch auf die Gemeinsame Kontrollinstanz Europols, die die Mängel im Hinblick auf Rechtsschutz vor nationalen Gerichten nicht kompensieren kann. Die Schengen-Zusammenarbeit ist aufgrund ihres dezentralen Charakters im Hinblick auf gerichtliche Überprüfungsmöglichkeiten und Individualrechtsschutz unproblematisch. Hier geht es im Ergebnis nur um innerstaatliche Polizeibehörden, die der üblichen staatlichen Gerichtsbarkeit unterliegen.

Der Rechtsschutz ist nur im Hinblick auf die polizeiliche Zusammenarbeit über Schengen verfassungsrechtlich zufriedenstellend. Die verfassungsrechtlichen Rechtsschutzanforderungen des Art. 19 IV GG werden bei Europol aus deutscher Sicht nicht ausreichend gewahrt. Auch hier verstößt die Europol-Konvention gegen deutsches Verfassungsrecht.

---

981 Im Hinblick auf die Schengen-Regelungen, die dem Bereich der „Dritten Säule“ der Europäischen Union unterfallen, hat der Europäische Gerichtshof - wie bei Europol - eine Auslegungskompetenz. Er nimmt also auch hier nur unterstützende Aufgaben wahr, vgl. insoweit *Hailbronner/ Thiery*, EuR 1998, 583 (611).

VI. Übertragung von Hoheitsrechten (Art. 23, 24 GG)

Die Einhaltung der verfassungsrechtlichen Vorgaben durch die Art. 23 und 24 GG im Hinblick auf die Übertragung von Hoheitsrechten ist zu großen Teilen in den vorausgegangen Abschnitten schon abgehandelt worden.

Wie schon dargestellt, hatte sich die Bundesrepublik Deutschland bei der Übertragung von Hoheitsrechten auf Europol[982] an den Maßstäben des Art. 23 GG zu orientieren, da die Organisation Europol Teil der Verwirklichung eines vereinten Europas ist. Die Übertragung von Hoheitsrechten kann nach Art. 23 I 2 GG nur durch Gesetz mit Zustimmung des Bundesrates erfolgen. Das Europol-Gesetz[983], die innerstaatliche Umsetzung der Europol-Konvention, ist als Zustimmungsgesetz verabschiedet worden. Die Übertragung der Hoheitsrechte erfolgte damit entsprechend Art. 23 I 2 GG. Bei der Übertragung von Hoheitsrechten gilt als Grenze Art. 79 III GG. Auch insoweit sind keine Beanstandungen anzubringen, da die Gliederung des Bundes in Länder, die grundsätzliche Mitwirkung der Länder bei der Gesetzgebung oder die in Art. 1 und 20 GG niedergelegten Grundsätze[984] mit der Übertragung der Hoheitsrechte auf Europol nicht tangiert wurden. Sofern Hoheitsrechte der Bundesländer übertragen werden, darf dies nur unter Einbeziehung der Länder geschehen[985]. Abgesehen von der Tatsache, daß keine Gesetzgebungskompetenzen der Bundesländer durch die Übertragung von Hoheitsrechten auf Europol berührt worden sind, hat es im Ergebnis bei den Beratungen über die Europol-Konvention eine ausreichende Beteiligung der Ländervertreter gegeben[986].

Allerdings sind nicht alle der in Art. 23 I 1 GG genannten Prinzipien bei Europol gewahrt worden. Die Vorschrift verlangt, daß demokratische, rechtsstaatliche, soziale und föderative Grundsätze sowie der Grundsatz der Subsidiarität beachtet werden. Ferner ist ein dem Grundgesetz im wesentlichen vergleichbarer Grundrechtsschutz zu gewährleisten. Die vorausgegangenen Ausführungen haben gezeigt, daß im Rahmen von Europol nur in bestimmten Bereichen die Stan-

---

982 Durch die Verarbeitung personenbezogener Daten nimmt Europol hoheitliche Aufgaben wahr, vgl. nur *Hailbronner*, JZ 1998, 283 (287); ferner *Hirsch*, ZRP 1998, 10 (11).

983 BGBl. 1997 II, 2150.

984 Vgl. etwa *Klein* in *Schmidt-Bleibtreu/ Klein*, Art. 23 GG, Rn. 17.

985 Vgl. etwa *Pernice* in *Dreier*, Art. 23 GG, Rn. 85 f.; ferner *Rojahn* in *von Münch/ Kunig*, Art. 23 GG, Rn. 42.

986 Vgl. insofern oben die Ausführungen unter § 12 Abschnitt IV Ziffer 1.

dards des Art. 23 I 1 GG eingehalten sind. Das Grundrecht auf informationelle Selbstbestimmung aus Art. 2 I i.V.m. 1 I GG wird im Rahmen der Europol-Konvention nicht ausreichend berücksichtigt[987]. Ferner ergeben sich erhebliche verfassungsrechtliche Bedenken im Hinblick auf die Einhaltung demokratischer und rechtsstaatlicher Grundsätze bei Europol. Einmal fehlt es an einer ausreichenden parlamentarischen Kontrolle durch das Europäische Parlament. Auch die Weisungsfreiheit der Europol-Bediensteten läßt sich nicht mit dem Demokratieprinzip vereinbaren[988]. Ferner werden die Anforderungen des Art. 19 IV GG mit der Europol-Konvention nur unzureichend erfüllt[989]. Logische Konsequenz dieser verfassungsrechtlichen Defizite im Hinblick auf Art. 23 I 1 GG ist, daß der Bund keine Hoheitsrechte auf Europol hätte übertragen dürfen.

Im Rahmen der Schengen-Zusammenarbeit gibt es zumindest für die polizeilichen Kooperationsformen keine zwischenstaatliche Organisation, auf die mit dem Schengener Durchführungsübereinkommen und dem dazugehörigen Bundesgesetz Hoheitsrechte übertragen wurden[990]. Das Konzept der Schengen-Kooperation liegt in erster Linie darin, die polizeilichen Kompetenzen möglichst bei den nationalen Behörden zu belassen. Das gilt insbesondere für den rechtlich brisanten Bereich der Datenverarbeitung. Das Schengener Informationssystem wird durch seinen dezentralen Charakter geprägt. Hier wird ein klarer Unterschied zur Informationssammlung bei Europol deutlich. Einzige Ausnahme im Hinblick auf die Übertragung von polizeilichen Hoheitsrechten im Schengener Durchführungsübereinkommen sind die Institutionen der grenzüberschreitenden Observation und Nacheile gem. Art. 40 und 41 SDÜ. Hier verzichten die Vertragsstaaten auf Teile ihrer staatlichen Souveränität und räumen Polizeikräften anderer Staaten das Recht ein, unter bestimmten Bedingungen selbständig auf ihrem Hoheitsgebiet tätig zu werden[991]. Aufgrund der Tatsachen, daß der neue Europa-Artikel erst 1992 in das Grundgesetz eingefügt wurde und der gesamte Schengen-Besitzstand auch 1997 mit den Amsterdamer Verträgen in den Rechts-

---

987 Vgl. oben § 12 Abschnitt II Ziffer 1.

988 Vgl. dazu insgesamt oben § 12 Abschnitt III Ziffer 1.

989 Vgl. § 12 Abschnitt V Ziffer 1.

990 Insofern kann es dahinstehen, ob der Exekutivausschuß (vgl. Art. 131 SDÜ) eine zwischenstaatliche Einrichtung i.S.v. Art. 24 GG ist. Polizeiliche Hoheitsbefugnisse werden ihm in keiner Weise übertragen. Vgl. insoweit *Dörr*, DÖV 1993, 696 (700 ff.).

991 Vgl. *nur Würz*, Rn. 82.

rahmen der Europäischen Union übernommen wurde[992], kam bei der Verabschiedung des Transformationsgesetzes zum Schengener Durchführungsübereinkommen die Übertragung von Hoheitsrechten nach Maßgabe des Art. 23 GG nicht in Betracht. Demzufolge hatte man sich an den Anforderungen des Art. 24 I GG zu orientieren. Diese Norm spricht zwar nur von der Übertragung von Hoheitsrechten auf zwischenstaatliche Einrichtungen. Allerdings ist es sinnvoll, die Norm weit auszulegen und auch die Übertragung von Hoheitsrechten auf andere Staaten darunter zu fassen. Wenn es keiner Verfassungsänderung bedarf, um einzelne Gebietsteile komplett an andere Staaten abzutreten, muß es – argumentum a maiore ad minus – auch möglich sein, einzelne Hoheitsbefugnisse auf andere Staaten zu übertragen[993]. Entsprechendes gilt für Art. 23 GG. Selbst wenn man annimmt, daß die erwähnte Übertragung von Hoheitsrechten auf die benachbarten Vertragsstaaten seit der Einbeziehung des Schengen-Besitzstands in den Rahmen der Europäischen Union nur noch bei Einhaltung des Art. 23 GG verfassungsrechtlich verantwortbar ist, ergeben sich keine Probleme. Das Schengener Durchführungsübereinkommen entspräche – wie gezeigt – selbst den strengeren Voraussetzungen des Art. 23 GG. Die genannten Prinzipien sind eingehalten, der Grundrechtsschutz ist ausreichend gewährleistet. Die Bundesländer wurden in ausreichender Form – nicht zuletzt durch die Anstrengung des Lindauer Verfahrens – beteiligt. Insofern ergeben sich im Hinblick auf die Übertragung von Hoheitsrechten auf andere Staaten im Rahmen der grenzüberschreitenden Observation und Nacheile keine verfassungsrechtlichen Bedenken.

VII. Ergebnis zu § 12

Die beiden Flaggschiffe der zukünftigen polizeilichen Zusammenarbeit innerhalb der Europäischen Union sind verfassungsrechtlich unterschiedlich zu bewerten. Während sich bei der Schengen-Kooperation keine verfassungsrechtlichen Einwände finden lassen, müssen bei der Zusammenarbeit überEuropol aus deutscher Sicht erhebliche verfassungsrechtliche Mängel beklagt werden. Im einzelnen sind bei Europol die nicht ausreichende Beachtung des Grundrechts auf informationelle Selbstbestimmung (Art. 2 I i.V.m. 1 I GG), Verstöße gegen

---

992 Sog. *Überführungsprotokoll zur Einbeziehung des Schengen-Besitzstands in den Rahmen der Europäischen Union*, BT-Drs. 13/ 9339 vom 03. 12. 1997, S. 49 ff.

993 Vgl. insoweit ausführlich *Rauser*, S. 315 ff.; zustimmend *Schmidt-Aßmann*, AöR 116 (1991), 329 (340 f.) und *Harings*, S. 62.

das Demokratieprinzip sowie gegen das Rechtsstaatsprinzip (als Teil davon Art. 19 IV GG) zu verzeichnen. Selbst das auf europäischer Ebene für die Bundesrepublik Deutschland geltende Korrektiv des Art. 23 I 1 GG, das die Beachtung der wichtigsten Verfassungsprinzipien nur in Grundsätzen verlangt, führt zu keiner anderen Bewertung. Die Europol-Konvention und das entsprechende Transformationsgesetz sind in der derzeitigen Fassung verfassungsrechtlich nicht mehr zu verantworten.

Teil 4

Schlußbetrachtung und Zukunftsprognose

Zum Abschluß der Untersuchungen bleibt die Frage nach der zukünftigen Ausgestaltung der polizeilichen Zusammenarbeit in Europa und insbesondere innerhalb der Europäischen Union. Mit Europol und Schengen sind zwei ihrer Struktur nach kaum zu vergleichende Kooperationsformen entwickelt worden. Die Frage, welche dieser beiden Formen polizeilicher Zusammenarbeit sich mittelfristig in Europa durchsetzen wird, kann bisher noch nicht beantwortet werden.

Der abschließende Teil soll nach einer Gesamtzusammenfassung kurz die zukünftigen Aussichten Europols und Schengens skizzieren. Maßgabe sind insoweit insbesondere die Neuregelungen des Amsterdamer Vertrages in den Bereichen Justiz und Inneres (Titel VI EUV) im Hinblick auf polizeiliche Kooperation.

§ 13 Schlußbetrachtung

Die vorliegende Untersuchung hat gezeigt, daß aus verfassungsrechtlicher Sicht gerade bei der institutionalisierten Zusammenarbeit über Europol erhebliche Konflikte für die Bundesrepublik Deutschland auftreten. Die aufgezeigten Gründe für das zwingende Erfordernis überstaatlicher polizeilicher Zusammenarbeit in Europa[994] sprechen für sich. Gerade die immer ausgefeilteren Formen der Organisierten Kriminalität und des Internationalen Verbrechens drängen zur Entwicklung neuer, staatenübergreifender Bekämpfungsstrategien. Um in einem vereinten Europa – das sich im übrigen auch dem Postulat der Freizügigkeit verschrieben hat[995] – dem Anspruch des Bürgers auf Innere Sicherheit weiterhin gerecht werden zu können, muß auch die Europäisierung der Polizeiarbeit vorangetrieben werden. Der Schritt zu Europol und Schengen ist damit grundsätzlich als richtig und konsequent zu bewerten.

Allerdings darf in Deutschland im Zuge der Entwicklung dieser Formen polizeilicher Zusammenarbeit mit den europäischen Staaten der Blick auf verfassungsrechtliche Anforderungen nicht zu kurz kommen. Die teilweise übereuphorische Stimmung unter Befürwortern Europols führt dazu, daß nahezu nach dem Sprichwort „Der Zweck heiligt die Mittel" vorgegangen wird. Die Innere Sicherheit ist zweifellos ein hohes Schutzgut, sie wird zum Teil sogar als Grundrecht des Bürgers bezeichnet[996]. Um sie zu gewährleisten, muß die Bundesrepublik Deutschland allerdings genauso alle anderen Individualrechte des Bürgers sowie grundlegende Verfassungsprinzipien beachten. Teilweise werden allerdings derartige Verfassungsprinzipien von höchstem Rang allzu sorglos vernachlässigt, da der Wille nach einer effektiveren Polizeikooperation zu stark von dem - verständlichen - Wunsch geprägt ist, endlich rechtliche Bedingungen zu schaffen, aufgrund derer den europäischen Polizeien Mittel an die Hand gegeben werden, die mit den modernen Kriminalitätsstrukturen Schritt zu halten versprechen.

Auch die insbesondere aus Art. 23 GG abzuleitende Grundentscheidung der Bundesrepublik Deutschland für eine internationale Zusammenarbeit sowie den Aufbau eines vereinten Europas hat nicht ein derartiges verfassungsrechtliches

---

994 Vgl. die Ausführungen oben § 1 Abschnitt I.

995 Vgl. Art. 14 EGV.

996 Eingehend *Isensee*, Das Grundrecht auf Sicherheit, 1983.

Gewicht, als daß damit die Vernachlässigung insbesondere der in Art. 20 GG manifestierten Grundprinzipien des deutschen Verfassungsrechts gerechtfertigt werden könnte.

Deutschland hat sich bei dem Aufbau des Europäischen Polizeiamts (Europol) aus innerstaatlicher verfassungsrechtlicher Sicht schlicht übernommen. Der gerade bei der deutschen Seite stark ausgeprägte Innovationssinn im Bereich der internationalen polizeilichen Zusammenarbeit war bislang zu stark von polizeipraktischen und auch europäischen Integrationsüberlegungen überlagert[997]. Das mag daran gelegen haben, daß Deutschland zu den treibenden Kräften gehörte, als es um die Frage der Einrichtung eines Europäischen Polizeiamtes ging.

Gleichwohl sind die aufgezeigten verfassungsrechtlichen Defizite nicht von einer solchen Schwere, als daß sie nicht behoben werden könnten. Das Konzept „Europol" als solches ist nicht falsch, insbesondere die Institutionalisierung eines Europäischen Polizeiamtes als solche ist verfassungsrechtlich nicht zu beanstanden. Nur muß die Bundesrepublik Deutschland dafür Sorge tragen, daß – trotz des Art. 23 GG – wichtigen Verfassungsprinzipien ausreichend Rechnung getragen wird.

Die Mängel im Hinblick auf das Grundrecht auf informationelle Selbstbestimmung[998] könnten durch einige Textpräzisierungen in der Europol-Konvention behoben werden, ohne daß dadurch auf die vorgesehenen Befugnisse Europols verzichtet werden müßte. Auch die Defizite bezüglich des Demokratieprinzips[999] könnten insbesondere durch eine verstärkte Einbindung des Europäischen Parlaments behoben werden. Auch die verfassungsrechtlich bedenkliche Weisungsunabhängigkeit der Europol-Bediensteten ist kein Dogma für Europol. Der Ruf nach einem justitiellen Überbau[1000] – etwa in Form einer übergeordneten europäischen Staatsanwaltschaft – findet insbesondere in diesem Zusammenhang seine Berechtigung, da damit das Problem des Mißbrauchs Europols zur Durchsetzung einzelstaatlicher Interessen beseitigt wäre. Rechtsschutzdefizite könnten bei Europol durch dem Schengener Durchführungsübereinkommen angepaßte Vorschriften ausgeglichen werden. Der Rechtsschutz ist dort auf einem weitaus

997 Ähnlich auch *Leyendecker* in *Weidenfeld*, S. 49.
998 Vgl. dazu oben § 12 Abschnitt II Ziffer 1.
999 Vgl. oben § 12 Abschnitt III Ziffer 1.
1000 Vgl. nur *Ostendorf*, NJW 1997, 3418 (3420).

höheren Niveau gewährleistet, da eine gerichtliche Überprüfung vollumfänglich den nationalen Gerichten zugebilligt wird[1001]. Auch bei Europol wäre es möglich, effektivere Formen des Individualrechtsschutzes für den Bürger einzurichten. Die dualistische Konstruktion des Rechtsschutzes gegen Europol (Nationale Gerichte einerseits sowie Gemeinsame Kontrollinstanz andererseits) erweist sich für den Bürger in der Praxis als nicht ausreichend. Wichtigster Schritt wäre insofern zumindest die Lockerung der Unverletzlichkeits- und Immunitätsregelungen für Europol und seine Bediensteten. Abgesehen von der Tatsache, daß diese Besonderheiten bei Europol – immerhin Polizeibehörde mit Eingriffsbefugnissen – aus dem Blickwinkel der demokratischen Kontrolle kaum verantwortbar sind, müssen sie als größtes Hindernis bei der im Rahmen eines Gerichtsverfahrens zwingend erforderlichen Sachaufklärung zu Gunsten eines effektiven Rechtsschutzes beseitigt werden. Alternativ wäre an intensivere Einbindung des Europäischen Gerichtshofes zu denken[1002]. Allerdings ist nicht davon auszugehen, daß diesbezüglich in absehbarer Zeit ein Konsens zwischen den Mitgliedsstaaten gefunden wird[1003].

Im Rahmen der Schengen-Kooperation muß sich die Bundesrepublik Deutschland mit derartigen verfassungsrechtlichen Problemen nicht auseinandersetzen. Die dezentrale Konzeption der Zusammenarbeit erleichtert die Einhaltung der innerstaatlichen Verfassungsanforderungen immens. Letztlich handelt es sich hier um eine echte Form der internationalen Zusammenarbeit. Es wurde keine neuen supranationalen Einrichtungen geschaffen, sondern die in den beteiligten Staaten ohnehin schon tätigen Polizeistellen verbesserten ihre Kooperation. Insofern wird im Gegensatz zur Informationssammlung von Europol auch kein Mehrwert durch das Erstellen von Analysedateien erzielt. Vielmehr beschränkt man sich auf den Austausch der Daten, die ohnehin schon in den nationalen Beständen vorhanden sind.

1001 Dies entspricht der horizontalen Kooperationsstruktur des Schengener Durchführungsübereinkommens, das insbesondere auch keine supranationale Exekutivinstanz vorsieht, vgl. insofern *Harings*, S. 337.

1002 Vgl. etwa *Petri*, KritV 1998, 441 (459).

1003 Vgl. zu der Problematik *Zieschang*, ZRP 1996, 427 (427).

§ 14 Zukunftsprognose

Schengen und Europol sind – obwohl sie mittlerweile beide Bestandteil der Zusammenarbeit in den Bereichen Justiz und Inneres[1004] sind – völlig unterschiedliche Formen polizeilicher Kooperation innerhalb der Europäischen Union. Es ist nicht zu erwarten, daß es mittelfristig zu einer Verschmelzung dieser beiden Einrichtungen kommt[1005]. Das liegt an der schon mehrfach erwähnten divergierenden rechtlichen und organisatorischen Konstruktion von Schengen und Europol.

Während die polizeiliche Zusammenarbeit über Schengen mittlerweile gut funktioniert und in weiten Teilen schon das realisiert, was ursprünglich mit dieser Zusammenarbeit beabsichtigt war[1006], befindet sich Europol noch in der Aufbauphase. Das langsame Voranschreiten bei Europol hängt in erster Linie mit den ambitionierten Zielen zusammen. Gerade weil ein überstaatliches Polizeiamt etabliert werden soll, sind die Fortschritte – insbesondere wegen vieler nationaler Vorbehalte der beteiligten EU-Staaten – nur in geringen Maßen zu verzeichnen.

Daß Europol noch nicht dort angekommen ist, wo es in Zukunft stehen soll, läßt sich auch an den Vorschriften des Amsterdamer Vertrages erkennen. Insbesondere mit Art. 30 II EUV wird deutlich, wie Europol noch ausgebaut werden soll. Während Art. 30 I EUV zu allgemein beabsichtigten Maßnahmen im Bereich der polizeilichen Zusammenarbeit enthält, nennt Art. 30 II EUV die vorgesehenen Tätigkeitserweiterungen für Europol. Innerhalb von fünf Jahren nach Inkrafttreten des Amsterdamer Vertrages soll der Rat danach folgende Ziele verwirklichen:

a. *Er ermöglicht es Europol, die Vorbereitung spezifischer Ermittlungsmaßnahmen der zuständigen Behörden der Mitgliedsstaaten, einschließlich operativer Aktionen gemeinsamer Teams mit Vertretern von Europol in unterstützender Funktion, zu erleichtern und zu unterstützen und die Ko-*

1004 Vgl. Titel VI des EU-Vertrages.

1005 A.A. wohl *Tuffner*, Krim 2000, 39 (43), der eine zukünftige SIS-Fahndung in Form eines weiteren Bausteins von Europol für möglich hält.

1006 Vgl. nur zuletzt *Wilkesmann*, NStZ 1999, 68 (68 ff.).

ordinierung und Durchführung solcher Ermittlungsmaßnahmen zu fördern;

b. *Er legt Maßnahmen fest, die es zum einen Europol ermöglichen, sich an die zuständigen Behörden der Mitgliedsstaaten mit dem Ersuchen zu wenden, Ermittlungen in speziellen Fällen vorzunehmen und zu koordinieren, und die es zum anderen gestatten, spezifisches Fachwissen zu entwickeln, das den Mitgliedsstaaten zu deren Unterstützung bei Ermittlungen in Fällen organisierter Kriminalität zur Verfügung gestellt werden kann;*

c. *Er fördert Mechanismen für die Zusammenarbeit zwischen Beamten der Strafverfolgungs-/ Ermittlungsbehörden, deren Spezialgebiet die Bekämpfung der organisierten Kriminalität ist und die eng mit Europol zusammenarbeiten;*

d. *Er richtet ein Netz für Forschung, Dokumentation und Statistik über die grenzüberschreitende Kriminalität ein.*

Insbesondere mit dieser Vorschrift wird deutlich, welche Stellung die Mitgliedsstaaten dem Europäischen Polizeiamt in Zukunft einräumen wollen. Die Tätigkeit Europols bewegt sich in die Richtung „Exekutivbefugnisse“. Da die Einräumung derartiger Befugnisse nach wie vor heftig umstritten ist, hat man in den Amsterdamer Verträgen auf das Reizwort verzichtet und nur von beabsichtigten *operativen* Tätigkeiten Europols gesprochen. Diese dürften zumindest als eine „Vorstufe“ von exekutiven Tätigkeiten angesehen werden[1007]. Gleichwohl ist zu bedenken, daß die Vorschriften in den Amsterdamer Verträgen keine direkten rechtlichen Auswirkungen für Europol haben. Vielmehr geht es mit Art. 30 II EUV darum, daß der Rat durch einen völkerrechtlichen Vertrag die Voraussetzungen für die in der Vorschrift genannten Tätigkeiten schafft. Dieser völkerrechtliche Vertrag würde die Europol-Konvention ändern und bedürfte für sein Inkrafttreten eines deutschen Zustimmungsgesetzes[1008]. Der Weg bis zu den operativen Tätigkeitserweiterungen für Europol ist also noch weit. Das im Rahmen der nur intergouvernementalen Zusammenarbeit in den Bereichen Justiz und Inneres nach wie vor geltende Einstimmigkeitsprinzip läßt nicht erwarten, daß in Kürze echte Exekutivbefugnisse für Europol geschaffen werden. Immerhin hat der Rat durch den Amsterdamer Vertrag die Möglichkeit, Rahmenbeschlüsse zur

---

1007 Zu dem unklaren Begriff der „Operativbefugnisse“ vgl. eingehend *Aschmann*, S. 207 ff.

1008 Vgl. *Pechstein*, DÖV 1998, 569 (576).

Angleichung der Rechts- und Verwaltungsvorschriften der Mitgliedsstaaten und andere Beschlüsse, deren Zweck mit den Zielen des Titels VI des EU-Vertrags in Einklang steht, mit Ausnahme von Maßnahmen zur Angleichung der Rechts- und Verwaltungsvorschriften der Mitgliedsstaaten, anzunehmen[1009]. Damit kann der Rat für die Mitgliedsstaaten verbindliche Beschlüsse schaffen[1010] und die Erreichung der in Art. 30 EUV genannten Ziele beschleunigen. Im Ergebnis ist aber festzuhalten, daß Europols Zukunft von dem Progressionswillen eines jeden einzelnen EU-Staates abhängt.

Gleichwohl sollte die Untersuchung u.a. deutlich machen, daß Europol für den Fall der Einräumung echter Exekutivbefugnisse aus deutscher Sicht in dieser Form verfassungsrechtlich nicht mehr tragbar wäre[1011]. Die aufgezeigten Verfassungsverstöße im Rahmen der Europol-Zusammenarbeit würden sich in diesem Fall um ein Vielfaches potenzieren. Gerade dann wäre es dem Bürger noch weniger zuzumuten, einer europäischen Polizeibehörde ausgesetzt zu sein, die nur beschränkt demokratisch und rechtlich kontrollierbar ist. Das Festhalten an der Rechtsform einer intergouvernementalen Organisation im Rahmen der „Dritten Säule" der Europäischen Union wäre dann unverantwortbar. Nur eine Vergemeinschaftung und damit verbundene Einbeziehung Europols in den Rechtsrahmen der Europäischen Gemeinschaft würde eine angemessene parlamentarische und insbesondere gerichtliche Kontrolle gewährleisten[1012].

1009 Vgl. Art. 34 II lit. b und lit. c EUV.

1010 Indes fehlt es ihnen an der Durchgriffswirkung, vgl. *Aschmann*, S. 201 m.w.N.

1011 Insofern ist die Vorstellung, Europol könne in Kürze als europäisches Pendant zum amerikanischen FBI (Federal Bureau of Investigation) in Erscheinung treten, unrealistisch; vgl. dazu *Aschmann*, S. 205 f.

1012 Ähnlich *Harings*, S. 344 f. sowie *Röben* in *Grabitz/ Hilf*, Band 1, Art. 30 EUV, Rn. 28 m.w.N.

Literaturverzeichnis

Achermann, Alberto/ *Bieber*, Roland/ *Epiney*, Astrid/ *Wehner*, Ruth: Schengen und die Folgen. Bern u.a. 1995. Zit.: Bearbeiter in Achermann/ Bieber/ Epiney/ Wehner.

Afanasjew, W.S.: Organisiertes Verbrechen und Wirtschaftskriminalität in Rußland. In: WiRO 1994, S. 286.

Ahlers, Henrik: Grenzbereich zwischen Gefahrenabwehr und Strafverfolgung. Frankfurt a.M. 1998. Zit.: Ahlers.

Ahlf, Ernst-Heinrich: Das Bundeskriminalamt als Zentralstelle. Sonderband der BKA-Forschungsreihe. Wiesbaden 1985. Zit.: Ahlf.

Akmann, Torsten: Die Zusammenarbeit in den Bereichen Justiz und Inneres als „3. Säule" des Maastrichter Unionsvertrages. In: JA 1984, S. 49.

Aschmann, Gerrit: Europol aus Sicht der deutschen Länder. Frankfurt a. M. 2000. Zit.: Aschmann.

Aulehner, Josef: Das Europäische Polizeiamt und das Recht auf informationelle Selbstbestimmung. In: Rechtsprobleme der internationalen polizeilichen Zusammenarbeit (Hrsg. Baldus, Manfred/ Soiné, Michael). 1. Auflage, Baden-Baden 1999, S. 99. Zit.: Aulehner in Baldus/ Soiné.

Aulehner, Josef: Polizeiliche Gefahren- und Informationsvorsorge: Grundlagen, Rechts- und Vollzugsstrukturen, dargestellt auch im Hinblick auf die deutsche Beteiligung an einem Europäischen Polizeiamt. Berlin 1998. Zit.: Aulehner.

Badura, Peter/ *Scholz*, Rupert (Hrsg.): Wege und Verfahren des Verfassungslebens, Festschrift für Peter Lerche. München 1993.

Badura, Peter: Staatsrecht. Systematische Erläuterung des Grundgesetzes für die Bundesrepublik Deutschland. 2. Auflage, München 1996. Zit.: Badura.

Baldus, Manfred/ *Soiné*, Michael (Hrsg.): Rechtsprobleme der internationalen polizeilichen Zusammenarbeit. 1. Auflage, Baden-Baden 1999. Zit.: Bearbeiter in Baldus/ Soiné.

Baldus, Manfred: Europol und Demokratieprinzip. In: ZRP 1997, S. 286.

Barbey, Günther: Der Status des Richters. In: Handbuch des Staatsrechts der Bundesrepublik Deutschland (Hrsg.: Isensee, Josef/ Kirchhof, Paul), Band III, § 74. Heidelberg 1988. Zit.: Barbey in Isensee/ Kirchhof.

Battis, Ulrich: Der Verfassungsverstoß und seine Rechtsfolgen. In: Handbuch des Staatsrechts der Bundesrepublik Deutschland (Hrsg.: Isensee, Josef/ Kirchhof, Paul), Band VII, § 165. Heidelberg 1992. Zit.: Battis in Isensee/ Kirchhof.

Bäumler, Helmut: Polizeiliche Informationsverarbeitung. In: Handbuch des Polizeirechts (Hrsg.: Lisken, Hans/ Denninger, Erhard), Kapitel J. 2. Auflage, München 1996. Zit.: Bäumler in Lisken/ Denninger.

Bäumler, Helmut: Schengener Abkommen und Wirtschaftskriminalität.In: CR 1994, S. 487.

Baun, Arne: Intensivierung der europäischen Zusammenarbeit im Rahmen der IKPO – Interpol. In: Internationale Verbrechensbekämpfung (Hrsg.: Bundeskriminalamt). BKA-Vortragsreihe Bd. 30. Wiesbaden 1985, S. 35.

Becker, Bernd: Organisation und Umfang des Zugriffs des Bundes auf bundes- und landeseigene Polizeien. In: DVBl. 1977, S. 945.

Becker, Bernd: Zentralstellen gemäß Art. 87 I 2 GG. In: DÖV 1978, S. 551.

Becker, Klaus-Herbert: Innere Sicherheit in Europa. In: Politische Studien 7/ 8 1989, S. 491.

Beinhofer, Paul: Europäischer Abbau der Grenzkontrollen und polizeiliche Aufgabenerfüllung. In: BayVBl. 1995, S. 193.

Benda, Ernst/ *Maihofer*, Werner/ *Vogel*, Hans-Joachim (Hrsg.): Handbuch des Verfassungsrechts der Bundesrepublik Deutschland. 2. Auflage, Berlin/ New York 1994. Zit.: Bearbeiter in Benda/ Maihofer/ Vogel.

Benda, Ernst: Menschenwürde und Persönlichkeitsrecht. In: Handbuch des Verfassungsrechts der Bundesrepublik Deutschland (Hrsg.: Benda, Ernst/ Maihofer, Werner/ Vogel, Hans-Joachim), § 6. 2. Auflage, Berlin/ New York 1994. Zit.: Benda in Benda/ Maihofer/ Vogel.

Benyon, John/ *Turnbull*, Lynne/ *Willis*, Andrew/ *Woodward*, Rachel/ *Beck*, Adrian: Police Co-operation in Europe: An Investigation. Leicester 1993. Zit.: Benyon/ Turnbull/ Willis/ Woodward/ Beck.

Bettermann, Karl August: Die verfassungskonforme Auslegung. Heidelberg 1986. Zit.: Bettermann.

Bieber, Roland: Die Abkommen von Schengen über den Abbau der Grenzkontrollen. In: NJW 1994, S. 294.

Blanke, Hermann-Josef: Die Bundesländer im Spannungsverhältnis zwischen Eigenstaatlichkeit und Europäischer Integration. In: Gegenwartsfragen des öffentlichen Rechts, 1. Teil: Bundesstaatliche Ordnung und Europäische Integration (Hrsg.: Heckmann, Dirk/ Meßerschmidt, Klaus). Berlin 1988, S. 53. Zit.: Blanke in Heckmann/ Meßerschmidt.

Bleckmann, Albert: Europarecht. 6. Auflage, Köln u.a. 1997. Zit.: Bleckmann, Europarecht.

Bleckmann, Albert: Staatsrecht II – Die Grundrechte. 4. Auflage, Köln u.a. 1997. Zit.: Bleckmann, Staatsrecht II.

Böckenförde, Ernst-Wolfgang: Demokratie als Verfassungsprinzip. In: Handbuch des Staatsrechts der Bundesrepublik Deutschland (Hrsg.: Isensee, Josef/ Kirchhof, Paul), Band I, § 22. Heidelberg 1987. Zit.: Böckenförde in Isensee/ Kirchhof.

Boge, Heinrich: Die internationale Verbrechensbekämpfung – Lage und Perspektiven -. In: Internationale Verbrechensbekämpfung (Hrsg.: Bundeskriminalamt), BKA-Vortragsreihe Bd. 30, Wiesbaden 1985, S. 49.

Bonner Kommentar zum Grundgesetz (Hrsg.: Dolzer, Rudolf). Gegründet 1950, Loseblattsammlung (Stand November 1999). Zit.: Bearbeit in Bonner Kommentar.

Bornmann, Ulrich: Rechtsfragen polizeilicher Zusammenarbeit zwischen Sachsen und Polen sowie der Tschechischen Republik. In: Rechtsprobleme der internationalen polizeilichen Zusammenarbeit (Hrsg. Baldus, Manfred/ Soiné, Michael). 1. Auflage, Baden-Baden 1999, S. 157. Zit.: Bornmann in Baldus/ Soiné.

Brübach, Thomas: Die Zusammenarbeit der Mitgliedstaaten der Europäischen Union auf dem Gebiet Inneres und Justiz unter besonderer Berücksichtigung der Asyl- und Einwanderungspolitik sowie der polizeilichen Zusammenarbeit. Aachen 1997. Zit.: Brübach.

Bull, Hans Peter: Das Europäische Polizeiamt – undemokratisch und rechtsstaatswidrig? In: DRiZ 1998, S. 32.

Bull, Hans Peter: Notwendigkeit und Grenzen internationaler polizeilicher Zusammenarbeit – praktische und rechtliche Grundsatzfragen. In: Rechtsprobleme der internationalen polizeilichen Zusammenarbeit (Hrsg. Baldus, Manfred/ Soiné, Michael). 1. Auflage, Baden-Baden 1999, S. 9. Zit.: Bull in Baldus/ Soiné.

Bundeskriminalamt (Hrsg.): Internationale Verbrechensbekämpfung. BKA-Vortragsreihe Bd. 30. Wiesbaden 1985.

Bundeskriminalamt (Hrsg.): Internationale Verbrechensbekämpfung. BKA-Vortragsreihe Bd. 12. Wiesbaden 1960.

Bundeskriminalamt (Hrsg.): Lagebild Organisierte Kriminalität Bundesrepublik Deutschland 1992. Wiesbaden 1993.

Bundesministerium des Innern: EUROPOL: Kritik und Fakten. In: DP 1998, S. 196.

Burmeister, Joachim: Das Bundesverfassungsgericht als Revisionsinstanz. In: DVBl. 1969, S. 605.

Clostermeyer, Claus-Peter/ *Lehr*, Stefan: Ländermitwirkung bei völkervertraglichem Handeln auf EU-Ebene. In: DÖV 1998, S. 148.

Dammann, Ulrich/ *Simitis*, Spiros/ Mallmann, Otto/ Reh, Hans-Joachim: Dokumentation zum Bundesdatenschutzgesetz. Loseblattsammlung (Stand August 1997). Baden-Baden. Zit.: Simitis/ Dammann/ Mallmann/ Reh.

Dammann, Ulrich/ *Simitis*, Spiros: Bundesdatenschutzgesetz. 5. Auflage. Baden-Baden 1991. Zit.: Dammann/ Simitis.

Daschner, Wolfgang: Die Geschichte des Verbrechens. In: Krim 1996, 175.

Daub, Ingo: Das Europäische Polizeiamt – Gefahr für den Föderalismus? In: Rechtsprobleme der internationalen polizeilichen Zusammenarbeit (Hrsg. Baldus, Manfred/ Soiné, Michael). 1. Auflage, Baden-Baden 1999, S. 86. Zit.: Daub in Baldus/ Soiné.

Daum, Ulrich: Interpol – öffentliche Gewalt ohne Kontrolle? In: JZ 1980, S. 798.

Degenhart, Christoph: Gerichtsorganisation. In: Handbuch des Staatsrechts der Bundesrepublik Deutschland (Hrsg.: Isensee, Josef/ Kirchhof, Paul), Band III, § 76. Heidelberg 1988. Zit.: Degenhart in Isensee/ Kirchhof.

Degenhart, Christoph: Staatsrecht I, Staatsorganisationsrecht. 15. Auflage, Heidelberg 1999. Zit.: Degenhart.

DiFabio, Udo: Die dritte Säule der Union. In: DÖV 1997, S. 89.

Dix, Alexander : Rechtsfragen der polizeilichen Datenverarbeitung. In: Jura 1993, S. 571.

Dörr, Oliver: Das Schengener Durchführungsübereinkommen – ein Fall des Art. 24 I GG. In: DÖV 1993, S. 696.

Dreier, Horst: Grundgesetz Kommentar. 2 Bände. Tübingen 1996. Zit.: Bearbeiter in Dreier.

Drews, Bill/ *Wacke*, Gerhard/ *Vogel*, Klaus/ *Martens*, Wolfgang: Gefahrenabwehr, Allgemeines Polizeirecht (Ordnungsrecht) des Bundes und der Länder. 9. Auflage, Köln u.a. 1986. Zit.: Drews/ Wacke/ Vogel/ Martens.

Eggert, Heinz: Der neue kriminalgeographische Raum Europa. In: Dokumentation der Internationalen Fachkonferenz „Der neue kriminalgeografische Raum", S. 43.

Ehlers, Dirk: Mitbestimmung in der öffentlichen Verwaltung. In: Jura 1997, S. 180.

Eick, Christophe/ *Trittel*, Andreas: Verfassungsrechtliche Bedenken gegen deutsche Mitarbeit bei Interpol. In: EuGRZ 1985, S. 81.

Endres, Hans Ulrich: Internationale Verbrechensbekämpfung. Verfassungs- und verwaltungsrechtliche Probleme. München 1991. Zit.: Endres.

Everling, Ulrich: Überlegungen zur Struktur der Europäischen Union und zum neuen Europa-Artikel des Grundgesetzes. In: DVBl. 1993, S. 936.

Fisahn, Andreas: Europol – Probleme der Kontrolle: KritJ 1998, S. 358.

Friauf, Karl Heinrich: Polizei- und Ordnungsrecht. In: Besonderes Verwaltungsrecht (Hrsg.: Schmidt-Aßmann, Eberhard), 11. Auflage, Berlin, New York 1999. Zit.: Friauf in Schmidt-Aßmann.

Frowein, Jochen Abr./ *Krisch*, Nico: Der Rechtsschutz gegen Europol. In: JZ 1998, 589.

Geiger, Rudolf: EUV/ EGV. Kommentar. München 2000. Zit.: Geiger, EUV/ EGV.

Geiger, Rudolf: Grundgesetz und Völkerrecht. 2. Auflage, München 1994. Zit.: Geiger, Grundgesetz.

Geiger, Rudolf: Staatenimmunität: Grundsatz und Ausnahme. In: NJW 1987, S. 1124.

Geis, Max-Emanuel: Die „Eilversammlung" als Bewährungsprobe verfassungskonformer Auslegung. In: NVwZ 1992, S. 1025.

Glauben, Paul J.: Kann der „Große Lauschangriff" zulässig sein? In: DRiZ 1997, S. 48.

Gleß, Sabine/ *Lüke*, Monika: Strafverfolgung über die Grenzen hinweg. In: Jura 1998, S. 70.

Gleß, Sabine: Kontrolle über Europol und seine Bedienstete. In: EuR 1998, S. 748.

Goldsmith, Alan: Polizei, Bürger und Europa – Aus der Sicht des Vereinigten Königreichs. In: Auf dem Weg zu einer europäischen Polizei (Hrsg.: Morié, Rolf/ Murck, Manfred/ Schulte, Rainer). Stuttgart u.a. 1992, S. 199. Zit.: Goldsmith in Morié/ Murck/ Schulte.

Götz, Volkmar: Allgemeines Polizei- und Ordnungsrecht. 12. Auflage, Göttingen 1995. Zit.: Götz.

Grabitz, Eberhard/ *Hilf*, Meinhard: Das Recht der Europäischen Union. Band 1. EUV/ EGV (Amsterdamer Fassung). Loseblattsammlung (Stand: Januar 2000). München. Zit.: Bearbeiter in Grabitz/ Hilf.

Greiner, August: Die Polizei muß schnell und richtig auf die international operierenden Verbrecher reagieren. In: DP 1999, S. 345.

Groeben, Hans von der/ *Thiesing*, Jochen/ *Ehlermann*, Claus-Dieter: Kommentar zum EU-/ EG-Vertrag. Band 5 (Art. 210 – 248 EGV, Art. H – S EUV). 5. Auflage, Baden-Baden 1997. Zit.: Bearbeiter in von der Groeben/ Thiesing/ Ehlermann.

Gusy, Christoph/ *Gimbal*, Anke: Rechtliche Schranken der polizeilichen Zusammenarbeit im Rahmen des Schengener Informationssystems. In: Rechtsprobleme der internationalen polizeilichen Zusammenarbeit (Hrsg. Baldus, Manfred/ Soiné, Michael). 1. Auflage, Baden-Baden 1999, S.124. Zit.: Gusy/ Gimbal in Baldus/ Soiné.

Gusy, Christoph: Die Zentralstellenkompetenz des Bundes. In: DVBl. 1993, S. 1117.

Gusy, Christoph: Polizeirecht. 3. Auflage, Bielfeld 1996. Zit.: Gusy.

Häberle, Peter: Aktuelle Probleme des deutschen Föderalismus. In: DV 24 (1991), S. 169.

Habermehl, Kai: Polizei- und Ordnungsrecht. 2. Auflage, Baden-Baden 1993. Zit.: Habermehl.

Hailbronner, Kay/ *Klein*, Eckart / *Magiera*, Siegfried/ *Müller-Graff*, Peter-Christian: Handkommentar zum Vertrag über die Europäische Union (EUV/ EGV). Loseblattsammlung (Stand: November 1998). Köln u.a.. Zit.: Bearbeiter in Hailbronner/ Klein/ Magiera/ Müller-Graff.

Hailbronner, Kay/ *Thiery*, Claus: Amsterdam – Vergemeinschaftung der Sachbereiche Freier Personenverkehr, Asylrecht und Einwanderung sowie Überführung des Schengen-Besitzstandes auf EU-Ebene. In: EuR 1998, S. 583.

Hailbronner, Kay: Die Immunität von Europol-Bediensteten. In: JZ 1998, S. 283.

Hamann, Andreas/ *Lenz*, Helmut: Das Grundgesetz für die Bundesrepublik Deutschland vom 23. Mai 1949. 3. Auflage, Neuwied u.a. 1970. Zit.: Hamann/ Lenz.

Harings, Lothar: Grenzüberschreitende Zusammenarbeit der Polizei- und Zollverwaltungen und Rechtsschutz in Deutschland. Berlin 1998. Zit.: Harings.

Hartmann, Christian: Verfassungswidrige und doch wirksame Rechtsnormen? In: DVBl. 1997, S. 1264.

Heckmann, Dirk/ *Meßerschmidt*, Klaus (Hrsg.): Gegenwartsfragen des öffentlichen Rechts, 1. Teil: Bundesstaatliche Ordnung und Europäische Integration. Berlin 1988. Zit.: Bearbeiter in Heckmann/ Meßerschmidt.

Hemesath, Wolfgang: Das Schengener Informationssystem – SIS. In: Krim 1995, S. 169.

Hertweck, Günter: Hindernisse auf dem Weg nach Europa. In: Krim 1995, S. 721.

Herzog, Thomas: Kein Verfassungsimperialismus. In: ZRP 1998, S. 371.

Hesse, Konrad: Grundzüge des Verfassungsrechts. 21. Auflage, Heidelberg 1999. Zit.: Hesse.

Heußner, Hermann; Das informationelle Selbstbestimmungsrecht des Grundgesetzes als Schutz des Menschen vor totaler Erfassung. In: BB 1990, 1281.

Heyde, Wolfgang: Rechtsprechung. In: Handbuch des Verfassungsrechts der Bundesrepublik Deutschland (Hrsg.: Benda, Ernst/ Maihofer, Werner/ Vogel, Hans-Joachim), § 33. 2. Auflage, Berlin/ New York 1994. Zit.: Heyde in Benda/ Maihofer/ Vogel.

Hilse, Hans-Günter: Polizeiorganisation in Deutschland und Europa. In: Handbuch des Polizeirechts (Hrsg.: Lisken, Hans/ Denninger, Erhard), Kapitel B. 2. Auflage, München 1996. Zit.: Hilse in Lisken/ Denninger.

Hirsch, Burkhard: Immunität für Europol – eine Polizei über dem Gesetz? In: ZRP 1998, S. 10.

Horchem, Hans-Josef: Fünfzehn Jahre Terrorismus in der BRD. In: Aus Politik und Zeitgeschichte, 31. 01. 1987, S. 3.

Hufen, Friedhelm: Das Volkszählungsurteil des Bundesverfassungsgerichts und das Grundrecht auf informationelle Selbstbestimmung – eine juristische Antwort auf „1984"? In: JZ 1984, S. 1072.

Hummer, Waldemar: Flüchtlinge im Europäischen Binnenmarkt. In: ZfRV 1991, S. 129.

Isensee, Josef/ *Kirchhof*, Paul (Hrsg.): Handbuch des Staatsrechts der Bundesrepublik Deutschland, Heidelberg 1987 – 1998. Zit.: Bearbeiter inIsensee/ Kirchhof.

Isensee, Josef: Das Grundrecht als Abwehrrecht und als staatliche Schutzpflicht. In: Handbuch des Staatsrechts der Bundesrepublik Deutschland (Hrsg.: Isensee, Josef/ Kirchhof, Paul). Band V, § 111. Heidelberg 1992.

Isensee, Josef: Das Grundrecht auf Sicherheit. Berlin 1983. Zit.: Isensee.

Isensee, Josef: Idee und Gestalt des Föderalismus im Grundgesetz. In: Handbuch des Staatsrechts der Bundesrepublik Deutschland (Hrsg.:Isensee, Josef/ Kirchhof, Paul). Band IV, § 98. Heidelberg 1990. Zit.:Isensee in Isensee/ Kirchhof.

Jarass, Hans D./ *Pieroth*, Bodo: Grundgesetz für die Bundesrepublik Deutschland. Kommentar. 5. Auflage, München 2000. Zit.: Bearbeiter in Jarass/ Pieroth.

Kalk, Klaus-Rainer: EUROPOL – Aktueller Stand und Ausblick. In:DuD 1999, S. 442.

Karpenstein, Ulrich : Der Vertrag von Amsterdam im Lichte der Maastricht-Entscheidung des BVerfG. In: DVBl. 1998, S. 942.

Kern, Eduard: Das Bundeskriminalpolizeiamt. In: DVBl. 1950, S. 257.

Kersten, Ulrich: Die Rolle des Bundeskriminalamtes als Zentralstelle bei der internationalen Zusammenarbeit. In: DP 1997, S. 337.

Klein, Friedrich: Tragweite der Generalklausel in Art. 19 IV des Bonner Grundgesetzes. VVDStRL 8 (1950), S. 67.

Klink, Manfred: Dies Zusammenarbeit europäischer Polizeien in Sicherheitsfragen. In: DP 1987, S. 183.

Knemeyer, Franz-Ludwig: Datenerhebung und Datenverarbeitung im Polizeirecht. In: NVwZ 1988, S. 193.

Knemeyer, Franz-Ludwig: Polizei- und Ordnungsrecht. 7. Auflage, München 1998. Zit.: Knemeyer.

Knemeyer, Franz-Ludwig: Rechtliches Gehör im Gerichtsverfahren. In: Handbuch des Staatsrechts der Bundesrepublik Deutschland (Hrsg.:Isensee, Josef/ Kirchhof, Paul). Band VI, § 155. Heidelberg 1989. Zit.: Knemeyer in Isensee/ Kirchhof.

Koenig, Christian/ *Pechstein*, Matthias: Die EU-Vertragsänderungen. In: EuR 1998, S. 130.

Konow, Gerhard: Maastricht II und die "föderativen Grundsätze". In: DÖV 1996, S. 845.

Krause, Günter: Perspektiven der Internationalen OK-Bekämpfung. Krim 1998, S. 12.

Krause, Peter: Das Recht auf informationelle Selbstbestimmung –BVerfGE 65, 1. In: JuS 1984, S. 268.

Krevert, Peter: Kriminalität in Europas Städten. In: Krim 1997, S. 403.

Krüger, Ralf: Innere Sicherheit für Europa. In: Krim 1994, S. 773.

Krüger, Ralf: Verfassungsrechtliche Grundlagen polizeilicher V-Mann-Arbeit. In: NJW 1982, S. 855.

Kube, Edwin/ *Störzer*, Udo/ *Timm*, Klaus Jürgen (Hrsg.): Kriminalistik, Handbuch für Praxis und Wissenschaft, Band 2. Stuttgart u. a. 1994. Zit.: Bearbeiter in Kube/ Störzer/ Timm.

Kubica, Johann/ *Leineweber*, Heinz: Grundfragen zu den Zentralstellenaufgaben des Bundeskriminalamts. In: NJW 1984, S. 2068.

Kunig, Philip: Der Grundsatz informationeller Selbstbestimmung. In: Jura 1993, S. 595.

Lavranos, Nikolaos: Datenschutz in Europa. In: DuD 1996, S. 400.

Leyendecker, Michael: Grundrechtsprobleme der europäischen innenpolitischen Zusammenarbeit. In: Der Schutz der Grundrechte in Europa (Hrsg.: Weidenfeld, Werner). Bonn 1992, S. 41. Zit.: Leyendecker in Weidenfeld.

Lippold, Rainer: Gilt im deutschen Recht ein Fehlerkalkül für Gesetze? In: Der Staat 29 (1990), S. 185.

Lisken, Hans/ *Denninger*, Erhard (Hrsg.): Handbuch des Polizeirechts, 2. Auflage, München 1996. Zit.: Bearbeiter in Lisken/ Denninger.

Lisken, Hans: EUROPOL – ein Symptom des Verfassungswandels. In: DRiZ 1998, S. 75.

Lisken, Hans: Europol – ein Symptom des Verfassungswandels. In:DRiZ 1998, 75.

Lisken, Hans: Polizei im Verfassungsgefüge. In: Handbuch des Polizeirechts (Hrsg. Lisken, Hans/ Denninger, Erhard). Kapitel C. 2. Auflage, München 1996. Zit.: Lisken in Lisken/ Denninger.

Lisken, Hans: Rechtsschutz. In: Handbuch des Polizeirechts (Hrsg. Lisken, Hans/ Denninger, Erhard). Kapitel K. 2. Auflage, München 1996. Zit.: Lisken in Lisken/ Denninger.

Lisken, Hans: Vorfeldeingriffe im Bereich der „Organisierten Kriminalität" – gemeinsame Aufgabe von Verfassungsschutz und Polizei? In: ZRP 1994, S. 264.

Lisken, Hans: Zum Verhältnis von Länder- und Bundespolizei. In: NWVBl. 1995, S. 281.

Lorenz, Dieter: Der Rechtsschutz des Bürgers und die Rechtsweggarantie. München 1973. Zit.: Lorenz.

Losano, Mario G.: Das italienische Datenschutzgesetz. In: CR 1997, S. 308.

Löwer, Wolfgang: Zuständigkeiten und Verfahren des Bundesverfassungsgerichts. In: Handbuch des Staatsrechts der Bundesrepublik Deutschland (Hrsg.: Isensee, Josef/ Kirchhof, Paul) Band II, § 56. Heidelberg 1984. Zit.: Löwer in Isensee/ Kirchhof.

Mangoldt, Hermann von/ *Klein*, Friedrich/ *Pestalozza*, Christian: Das Bonner Grundgesetz. Band 8 (Art. 70 bis 75). Die Gesetzgebungskompetenzen. 3. Auflage, München 1996. Zit.: von Mangoldt/ Klein/ Pestalozza.

Martínez Soria, José: Die polizeiliche Zusammenarbeit in Europa und der Rechtsschutz des Bürgers. In: VA 1998 (89) S. 400.

Martínez Soria, José: Die polizeiliche Zusammenarbeit in Europa zwischen traditionellem völkerrechtlichem Vertragsrecht und Vergemeinschaftung. In: Rechtsprobleme der internationalen polizeilichen Zusammenarbeit (Hrsg. Baldus, Manfred/ Soiné, Michael). 1. Auflage, Baden-Baden 1999, S. 50. Zit.: Martínez Soria in Baldus/ Soiné.

Maunz, Theodor/ *Dürig*, Günter: Kommentar zum Grundgesetz. Loseblattsammlung (Stand Oktober 1999). München. Zit.: Bearbeiter in Maunz/ Dürig.

Maunz, Theodor/ *Zippelius*, Reinhard: Deutsches Staatsrecht. 30. Auflage, München 1998. Zit.: Maunz/ Zippelius.

Menzel, Andreas: Kompetenzkonflikt zwischen Bund und Ländern in der Gesetzgebung. In: DVBl. 1997, S. 640.

Merten, Karlheinz: Mißachtungen der Polizeihoheit der Länder durch den Bund. In: DVBl. 1987, S. 394.

Meyring, Bernd: Die Reform der Bereiche Justiz und Inneres durch den Amsterdamer Vertrag. In: EuR 1999, S. 309.

Möbius, Gerald: Europol gegen das organisierte Verbrechen. In: Das Parlament 1993, Nr. 11 vom 12. 03. 1993.

Möhn, Heinz-Josef: Ist der Begriff „Organisierte Kriminalität" definierbar? In: Krim 1994, S. 534.

Mokros, Reinhard: Polizeiliche Zusammenarbeit in Europa. In: Handbuch des Polizeirechts (Hrsg. Lisken, Hans/ Denninger, Erhard). Kapitel N. 2. Auflage, München 1996. Zit.: Mokros in Lisken/ Denninger.

Morié, Rolf/ *Murck*, Manfred/ *Schulte*, Rainer (Hrsg.): Auf dem Weg zu einer europäischen Polizei. Stuttgart u.a. 1992. Zit.: Bearbeiter in Morié/ Murck/ Schulte.

Mosler, Hermann: Die Übertragung der Hoheitsgewalt. In: Handbuch des Staatsrechts der Bundesrepublik Deutschland (Hrsg.: Isensee, Josef/

Kirchhof, Paul). Band VII, § 175. Heidelberg 1992. Zit.:Mosler in Isensee/ Kirchhof.

Müller, Klaus/ *Model*, Otto: Grundgesetz für die Bundesrepublik Deutschland. Taschenkommentar für Studium und Praxis. 11. Auflage, Köln u.a. 1996. Zit.: Müller/ Model.

Müller, Lothar: Gemeinsame Grundzüge der europäischen Verfassungen. In: BayVBl. 1993, S. 513.

Münch, Ingo von/ *Kunig*, Philip: Grundgesetz-Kommentar. Band 1, 4. Auflage, München 1992. Band 2, 3. Auflage, München 1995. Band 3, München 1996. Zit.: Bearbeiter in von Münch/ Kunig.

Nachbaur, Andreas: Europol – Beamte und Immunität – ein Sündenfall des Rechtsstaats. In: KritJ 1998, S. 231.

Nehm, Kay: Föderalismus als Hemmnis für eine effektive Strafverfolgung der Organisierten Kriminalität? In: NStZ 1996, S. 513.

Neuenfeld, Caroline: Innen- und Justizpolitik: Die EU handelt! In: EU-informationen 4/ 5 1994, S. 3.

Nicolaus, Helmut: Schengen und Europol – ein europäisches Laboratorium? In: NVwZ 1996, S. 40.

Niggemeyer, Bernhard: Die Stellung des BKA im Rahmen der kriminalpolizeilichen Verbrechensbekämpfung. In: DÖV 1960, 97.

Niggemeyer, Bernhard: Wesen und Bedeutung der internationalen Verbrechensbekämpfung. In: Internationale Verbrechensbekämpfung (Hrsg.: Bundeskriminalamt), BKA-Vortragsreihe Bd. 12, Wiesbaden 1960, S. 11.

Oberleitner, Rainer: Schengen und Europol. Wien 1998. Zit.: Oberleitner.

Odendahl, Guido: Die Politiken der Europäischen Union außerhalb der Grundfreiheiten. In: JA 1996, S. 474.

Oppermann, Thomas: Europarecht. 2. Auflage, München 1999. Zit.: Oppermann.

Ostendorf, Heribert: Europol – ohne Rechtskontrolle? In: NJW 1997, S. 3418.

Papier, Hans-Jürgen: Polizeiliche Aufgabenverteilung zwischen Bund und Ländern. In: DVBl. 1992, S. 1.

Pechstein, Matthias: Amsterdamer Vertrag und Grundgesetz. In: DÖV 1998, S. 569.

Penski, Ulrich: Bestand nationaler Staatlichkeit als Bestandteil der Änderungsgrenzen in Art. 79 III GG. In: ZRP 1994, S. 192.

Pestalozza, Christian: Gesetzgebung im Rechtsstaat. In: NJW 1981, S. 2081.

Petri, Thomas: Die Verwirklichung des „Rechtsstaats"prinzips bei Europol. In: KritV 1998, S. 441.

Pieroth, Bodo/ *Schlink*, Bernhard: Staatsrecht II, Grundrechte. 15. Auflage, Heidelberg 1999. Zit.: Pieroth/ Schlink.

Pijpers, Alfred/ *Regelsberger*, Elfriede/ *Wessels*, Wolfgang: Die Europäische Politische Zusammenarbeit in den achtziger Jahren. Eine gemeinsame Außenpolitik für Westeuropa? Bonn 1989. Zit.: Bearbeiter in Pijpers/ Regelsberger/ Wessels.

Pitschas, Rainer: Europäisches Polizeirecht als Informationsrecht. In: ZRP 1993, S. 174.

Pitschas, Rainer: Innere Sicherheit und internationale Verbrechensbekämpfung als Verantwortung des demokratischen Verfassungsstaates. In: JZ 1993, S. 857.

Pitschas, Rainer: Integrationsprobleme des Polizeirechts in Europa. In: NVwZ 1994, S. 625.

Pollermann, Christopher: Der Vertreter der Länder in Angelegenheiten der Europäischen Union – Schutz des Föderalismus oder Beruhigungspille? In: KritJ 1999, S. 83.

Prantl, Heribert: Europol – außer Kontrolle? In: DRiZ 1997, S. 234.

Ramsauer, Ulrich: Die Rolle der Grundrechte im System der subjektiv öffentlichen Rechte. In: AöR 111 (1986), S. 501.

Rauser, Karl Th.: Die Übertragung von Hoheitsrechten auf ausländische Staaten: zugleich ein Beitrag zur Dogmatik des Art. 24 I GG. München 1991. Zit.: Rauser.

Riegel, Reinhard : Polizei- und Ordnungsrecht. Bundesgrenzschutz, Bundeskriminalamt. Textsammlung. Köln 1984. Zit.: Riegel PuOR-Textsammlung.

Riegel, Reinhard: BGSNeuRegG. Kommentar. Köln u.a. 1996. Zit.: Riegel, BGSNeuRegG.

Riegel, Reinhard: Grundfragen und Neuerungen der internationalen Zusammenarbeit des Bundeskriminalamts mit Interpol. In: DVBl. 1984, S. 986.

Riegel, Reinhard: Nochmals: Das Bundeskriminalamtgesetz. In: NJW 1997, S. 3408.

Riegel, Reinhard: Stellung und Aufgaben des Bundeskriminalamtes: Überblick und Probleme. In: DVBl. 1982, S. 720.

Riegel, Reinhard; Zum Verhältnis von Recht und Wirklichkeit am Beispiel des Datenschutzes in der Europäischen Gemeinschaft. In: DÖV 1991, S. 311.

Rogalla, Dieter (unter Mitarbeit von *Schweren*, Katrin): Die Polizei als Aufgabenfeld der Europapolitik – Aus der Sicht eines Europa-Abgeordneten". In: Auf dem Weg zu einer europäischen Polizei (Hrsg.: Morié, Rolf/ Murck, Manfred/ Schulte, Rainer). Stuttgart u.a. 1992, S. 64. Zit.: Rogalla in Morié/ Murck/ Schulte.

Rupprecht, Reinhard/ *Hellenthal*, Markus: Innere Sicherheit im Europäischen Binnenmarkt. Gütersloh 1992. Zit.: Rupprecht/ Hellenthal.

Rupprecht, Reinhard: Brauchen wir Europol? In: DP 1991, S. 293.

Rupprecht, Reinhard: Terror in Europa. In: Krim 1991, S. 769.

Sachs, Michael: Grundgesetz, Kommentar. München 1996. Zit.: Bearbeiter in Sachs.

Schäuble, Thomas: Grenzüberschreitende polizeiliche Zusammenarbeit aus der Sicht Baden-Württembergs. In: DP 1998, S. 309.

Schäuble, Wolfgang: Europa ohne Grenzen – eine sichere Gemeinschaft. In: Europa-Archiv 1990, S. 203.

Scheller, Susanne: Das Schengener Informationssystem – Rechtshilfeersuchen „per Computer". JZ 1992, S. 904.

Scheller, Susanne: Ermächtigungsgrundlagen für die internationale Rechts- und Amtshilfe zur Verbrechensbekämpfung. Freiburg i. Br. 1997. Zit.: Scheller.

Schelter, Kurt: Die Fortentwicklung der gemeinsamen Innenpolitik aus deutscher Sicht. In: Europäische Gespräche 1/ 1996, S. 29.

Schelter, Kurt: Innenpolitische Zusammenarbeit in Europa zwischen Maastricht und Regierungskonferenz 1996. In: Aus Politik und Zeitgeschichte 1/ 2 1996, S. 19.

Schiller, David Thomas: Terrorismus im Nahen Osten. In: Aus Politik und Zeitgeschichte, 31. 01. 1987, S. 29.

Schlaich, Klaus: Das Bundesverfassungsgericht. 4. Auflage, München 1997. Zit.: Schlaich.

Schlink, Bernhard: Das Recht auf informationelle Selbstbestimmung. In: Der Staat 25 (1986), S. 233.

Schmidt, Uwe: Aus dem Blickwinkel des „Tatorts" Berlin und mit einem Seitenblick nach Ost-Europa: Die Erfolge von Internationaler Organisierter Kriminalität und Wirtschaftskriminalität. In: DP 1997, S. 315.

Schmidt-Aßmann, Eberhard: Der Rechtsstaat. In: Handbuch des Staatsrechts der Bundesrepublik Deutschland (Hrsg.: Isensee, Josef/ Kirchhof, Paul). Band I, § 24. Heidelberg 1987. Zit.: Schmidt-Aßmann in Isensee/ Kirchhof.

Schmidt-Aßmann, Eberhard: Verwaltungslegitimation als Rechtsbegriff. In: AöR 116 (1991), S. 329.

Schmidt-Bleibtreu, Bruno/ *Klein*, Franz: Kommentar zum Grundgesetz. 9. Auflage, Neuwied u.a. 1999. Zit.: Bearbeiter in Schmidt-Bleibtreu/ Klein.

Schmidt-Nothen, Rainer: Internationale polizeiliche Zusammenarbeit. In: Kriminalistik, Handbuch für Praxis und Wissenschaft, Band 2 (Hrsg. Kube, Edwin/ Störzer, Udo/ Timm, Klaus Jürgen). Stuttgart u. a. 1994. Zit.: Schmidt-Nothen in Kube/ Störzer/ Timm.

Schneider, Dieter: Ein grenzüberschreitendes kooperatives Sicherheitssystem. In: Krim 1998, S. 306.

Schneider, Dieter: Europol – zwischen Papiertiger und europäischer Ermittlungseinheit. In: Kriminalpolizei 1999, S. 203.

Schneider, Hans: Anmerkung zu BVerfG DÖV 1984, 156 (=BVerfGE 65, 1 vom 15. 12. 1983). In: DÖV 1984, S. 161.

Schoch, Friedrich/ *Schmidt-Aßmann*, Eberhard/ *Pietzner*, Reinhard: VwGO. Kommentar. Loseblattsammlung (Stand: Januar 2000). München. Zit.: Bearbeiter in Schoch/ Schmidt-Aßmann/ Pietzner.

Schoch, Friedrich: Asyl- und Ausländerrecht in der Europäischen Gemeinschaft. In: DVBl. 1992, S. 525.

Scholler, Heinrich/ *Schloer*, Bernhard: Grundzüge des Polizei- und Ordnungsrechts in der Bundesrepublik Deutschland. 4. Auflage, Heidelberg 1993. Zit.: Scholler/ Schloer.

Scholz, Rupert/ *Pitschas*, Rainer: Informationelle Selbstbestimmung und staatliche Informationsverantwortung. Berlin 1984. Zit.: Scholz/ Pitschas.

Schomburg, Wolfgang: Internationale polizeiliche Zusammenarbeit aus Sicht der Justiz. In: Rechtsprobleme der internationalen polizeilichen Zusammenarbeit (Hrsg. Baldus, Manfred/ Soiné, Michael). 1. Auflage, Baden-Baden 1999, S. 186. Zit.: Schomburg in Baldus/ Soiné.

Schomburg, Wolfgang: Justitielle Zusammenarbeit im Bereich des Strafrechts in Europa: EURO-JUST neben Europol! In: ZRP 1999, S. 237.

Schönfelder, Wilhelm/ Silberberg, Reinhard: Auf dem Weg zum Ziel – die Ergebnisse des Vertrags von Amsterdam. In: Internationale Politik 11/ 1997, S. 18.

Schreckenberger, Waldemar: Von den Schengener Abkommen zu einer gemeinsamen Justiz- und Innenpolitik (Die Dritte Säule).In: VA 1997, S. 389.

Schreiber, Manfred: Das BKAG vom 7.7.97 – ein überfälliges Gesetz. In: NJW 1997, S. 2137.

Schreiber, Manfred: Europäische Einigung und innere Sicherheit. In: Wege und Verfahren des Verfassungslebens (Hrsg.: Badura, Peter/ Scholz, Rupert), Festschrift für Peter Lerche. München 1993. Zit.: Schreiber, FS für Lerche.

Schreiber, Manfred: Internationale polizeiliche Zusammenarbeit innerhalb der EG-Länder am Beispiel von TREVI. In: Kriminalistik, Handbuch für Praxis und Wissenschaft, Band 2 (Hrsg. Kube, Edwin/ Störzer, Udo/ Timm, Klaus Jürgen). Stuttgart u. a. 1994. Zit.: Schreiber in Kube/ Störzer/ Timm.

Schreiber, Wolfgang: Polizeiliche Zusammenarbeit in einem Europa ohne Grenzen. In: Krim 1991, S. 369.

Schübel, Eva: Wie gut funktioniert die Strafverfolgung innerhalb Europas? In: NStZ 1997, S. 105.

Schulze, Reiner: Die europäische Rechts- und Verfassungsgeschichte – zu den gemeinsamen Grundlagen der europäischen Rechtskultur. Saarbrücken 1991. Zit.: Schulze.

Schuster, Leo: Europäisierung der Polizeiarbeit. Krim 2000, S. 74.

Schwarze, Jürgen: Das Staatsrecht in Europa. In: JZ 1993, S. 585.

Schweitzer, Michael/ *Hummer*, Waldemar: Europarecht: das Recht der Europäischen Union; das Recht der Europäischen Gemeinschaften (EGKS, EG, EAG). 5. Auflage, Neuwied u.a. 1996. Zit.: Schweitzer/ Hummer.

Seer, Roman: Die Unvereinbarkeitserklärung des BVerfG am Beispiel seiner Rechtsprechung zum Abgabenrecht. In: NJW 1996, S. 285.

Seidl-Hohenveldern, Ignaz/ *Loibl*, Gerhard: Das Recht der internationalen Organisationen einschließlich der supranationalen Gemeinschaften. 5. Auflage, Köln u.a. 1996. Zit.: Seidl-Hohenveldern/ Loibl.

Seidl-Hohenveldern, Ignaz: Völkerrecht. 9. Auflage, Köln u.a. 1997. Zit.: Seidl-Hohenveldern.

Seiters, Rudolf: Die Politik Innerer Sicherheit im Zeichen europäischen Zusammenwachsens. In: DP 1993, S. 1.

Sicot, Marcel: Die internationale kriminalpolizeiliche Zusammenarbeit. In: Internationale Verbrechensbekämpfung (Hrsg.: Bundeskriminalamt), BKA-Vortragsreihe Bd. 12, Wiesbaden 1960, S. 19.

Sieber, Ulrich: Internationale Organisierte Kriminalität. In: Krim 1998, S. 97.

Siebrecht, Michael: Die polizeiliche Datenverarbeitung im Kompetenzstreit zwischen Polizei und Prozeßrecht. In: JZ 1996, S. 711.

Siegerle, Gerhard: Von TREVI bis Europol – Die Entwicklung der zwischenstaatlichen Kooperation im Bereich der öffentlichen Sicherheit. In: Auf dem Weg zu einer europäischen Polizei (Hrsg. Morié, Rolf/ Murck, Manfred/ Schulte, Rainer). Stuttgart u.a. 1992, S. 132. Zit.: Siegerle in Morié/ Murck/ Schulte.

Simitis, Spiros: Die informationelle Selbstbestimmung – Grundbedingung einer verfassungskonformen Informationsordnung. In: NJW 1984, S. 398.

Simon, Dieter: Die Unabhängigkeit des Richters. Darmstadt 1975. Zit.: Simon.

Simson, Werner von/ *Schwarze*, Jürgen: Europäische Integration und Grundgesetz – Maastricht und die Folgen für das deutsche Verfassungsrecht –. In: Handbuch des Verfassungsrechts der Bundesrepublik Deutschland (Hrsg.: Benda, Ernst/ Maihofer, Werner/ Vogel, Hans-Joachim), § 4. 2. Auflage, Berlin/ New York 1994. Zit.: Simson/ Schwarze in Benda/ Maihofer/ Vogel.

Soiné, Michael: Datenverarbeitung für Zwecke künftiger Strafverfahren.In: CR 1998, S. 257.

Stauffenberg, Franz Ludwig Graf /Langenfeld, Christine: Maastricht – ein Fortschritt für Europa? In: ZRP 1992, S. 254.

Stern, Klaus: Das Staatsrecht der Bundesrepublik Deutschland. Band I, 2. Auflage, München 1984. Band II, München 1980, Band III/ 1, München 1988. Zit.: Stern.

Stoiber, Edmund: Bekämpfung der Organisierten Kriminalität. In: Politische Studien 11/ 12 1992, S. 5.

Storbeck, Jürgen: Aufgaben und Perspektiven von Europol – Vom Informationsaustausch zur Ermittlungskompetenz? In: Von der Europäischen Union zur „Europäischen Sicherheitsunion"? (Hrsg.: Theobald, Volkmar), Berlin 1997, S. 107. Zit.: Storbeck in Theobald.

Storbeck, Jürgen: Europol – Probleme und Lösungen. In: Krim 1996, S. 17.

Storbeck, Jürgen: Europol – Symbol ihrer Zeit. In: Krim 1994, S. 201.

Storbeck, Jürgen: Grundzüge eines gemeinsamen beruflichen Selbstverständnisses der europäischen Polizeien. In: Auf dem Weg zu einer europäischen

Polizei (Hrsg.: Morié, Rolf/ Murck, Manfred/ Schulte, Rainer). Stuttgart u.a. 1992, S. 220. Zit.: Storbeck in Morié/ Murck/ Schulte.

Storbeck, Jürgen: Notwendigkeit und Grenzen internationaler polizeilicher Zusammenarbeit – Rechtsprobleme beim Aufbau von Europol. In: Rechtsprobleme der internationalen polizeilichen Zusammenarbeit (Hrsg. Baldus, Manfred/ Soiné, Michael). 1. Auflage, Baden-Baden 1999, S. 21. Zit.: Storbeck in Baldus/ Soiné.

Storbeck, Jürgen: Probleme und Regelungsdefizite. In: Zusammenarbeit der Polizei- und Justizverwaltungen in Europa (Hrsg.: Hailbronner, Kay). Heidelberg 1996, S. 81. Zit.: Storbeck in Hailbronner.

Streinz, Rudolf: Der Vertrag von Amsterdam – die institutionellen Veränderungen für die Europäische Union und die Europäische Gemeinschaft. In: Jura 1998, S. 57.

Strupp, Karl/ *Schlochauer*, Hans-Jürgen: Wörterbuch des Völkerrechts. 3 Bände. Berlin 1960. Zit.: Bearbeiter in Strupp/ Schlochauer.

Stümper, Alfred: Die Wandlung der Polizei in Begriff und Aufgaben. In: Krim 1980, S. 242.

Sturm, Joachim: Das Schengener Durchführungsübereinkommen – SDÜ – Grundsätzliche Aspekte über einen europäischen Raum ohne Binnengrenzen. In: Krim 1995, S. 162.

Sturm, Joachim: Schengen – Europol – Interpol – Konkurrenz oder Partnerschaft? In: Krim 1997, S. 99.

Sule, Satish: Europol und europäischer Datenschutz. Baden-Baden 1999. Zit.: Sule.

Taschner, Hans Claudius: Schengen. Die Übereinkommen zum Abbau der Personenkontrollen an den Binnengrenzen von EU-Staaten. Baden-Baden 1997. Zit.: Taschner.

Tegtmeyer, Henning: Polizeigesetz Nordrhein-Westfalen. 8. Auflage, Stuttgart u.a. 1995. Zit.: Tegtmeyer.

Tettinger, Peter J.: Besonderes Verwaltungsrecht. Kommunalrecht. Polizei- und Ordnungsrecht. 5. Auflage, Heidelberg 1998. Zit.: Tettinger.

Tinnefeld, Marie-Theres/ *Ehmann*, Eugen: Einführung in das Datenschutzrecht. 3. Auflage, München 1998. Zit.: Tinnefeld/ Ehmann.

Tolmein, Oliver: Europol. In: StRV 1999, S. 108.

Tuffner, Martin: Das Schengener Informationssystem (SIS). In: Krim 2000, S. 39.

Valleix, Claude: Interpol. In: Revue générale de droit public 1984, S. 620.

Vogler, Theo: Die strafrechtlichen Konventionen des Europarats. In: Jura 1992, S. 586.

Wachholz, Rolf-Peter: Europol aus der Sicht der Bundesländer. In: Krim 1995, S. 715.

Waechter, Kay: Demokratische Steuerung und Kontrolle einer europäischen Polizei. In: ZRP 1996, S. 176.

Weichert, Thilo: Das Europäische Polizeiamt – Gefahr für den Föderalismus? In: Rechtsprobleme der internationalen polizeilichen Zusammenarbeit (Hrsg. Baldus, Manfred/ Soiné, Michael). 1. Auflage, Baden-Baden 1999, S. 72. Zit.: Weichert in Baldus/ Soiné.

Weichert, Thilo: Das geplante Schengen-Informationssystem. In: CR 1990, S. 62.

Weichert, Thilo: Der Entwurf einer ‚Europol-Konvention'. In: Bürgerrechte und Polizei 50 (1995), S. 72.

Weichert, Thilo: Ein Alternativkonzept für EUROPOL. In: Bürgerrechte und Polizei 56 (1997), S. 54.

Weichert, Thilo: Europol-Konvention und Datenschutz. In: DuD 1995, S. 450.

Weidenfeld, Werner (Hrsg.): Der Schutz der Grundrechte in Europa. Bonn 1992. Zit.: Bearbeiter in Weidenfeld.

Weitemeier, Ingmar: Organisierte Kriminalität in Rußland. In: Krim 1999, S. 651.

Wenzel, Jörg: Innere Sicherheit in Europa. In: DP 1993, S. 5.

Werner, Ulrich: Schengen und Europol. In: CR 1997, S. 34.

Wessels, Johannes/ *Beulke*, Werner: Strafrecht, Allgemeiner Teil. 29. Auflage, Heidelberg 1999. Zit.: Wessels/ Beulke.

Wilkesmann, Peter: Plädoyer für das Schengener Informationssystem (SIS). NStZ 1999, S. 68.

Wilkitzki, Peter : Die Regionalisierung des internationalen Strafrechts. In: ZStW 105 (1993), S. 821.

Winkelmann, Ingo: Innerstaatliche Kompetenzverteilung bei Vertragsabschlüssen in Angelegenheiten der Europäischen Union. In: DVBl. 1993, S. 1128.

Wittkämper, Gerhard/ *Krevert*, Peter/ *Kohl*, Andreas: Europa und die inneres Sicherheit. BKA-Forschungsreihe. Wiesbaden 1996. Zit.: Wittkämper/ Krevert/ Kohl.

Wolters, Jörg: „Ausgleichsmaßnahmen" nach dem Schengener Durchführungsübereinkommen. In: Krim 1995, S. 172.

Wolters, Jörg: Verbrechensbekämpfung – eine europäische Sache? In: Krim 1997, S. 86.

Würz, Karl: Das Schengener Durchführungsübereinkommen: Einführung . Erläuterungen . Vorschriften. Stuttgart, München, Hannover, Berlin, Weimar, Dresden 1997. Zit.: Würz.

Zachert, Hans-Ludwig: Der neue kriminalgeographische Raum infolge der Öffnung des Binnenmarktes. In: Politische Studien 11/ 12 1992, S. 25.

Zachert, Hans-Ludwig: Europol. In Krim 1992, S. 7.

Zeiger, Jürgen: Das EUROPOL-Computersystem. In: Krim 1998, S. 313.

Zieschang, Frank: Der Austausch personenbezogener Daten mittels Europol. In: ZRP 1996, S. 427.

Zuleeg, Manfred: Die Europäische Gemeinschaft als Rechtsgemeinschaft. In: NJW 1994, S. 545.

Zuleeg, Manfred: Die föderativen Grundsätze der Europäischen Union. In: NJW 2000, S. 2846.

Zuleeg, Manfred: Rechtsstaatliche Rahmenbedingungen des Binnenmarktes Europa aus Gemeinschaftssicht. In: Bitburger Gespräche 1990, S. 13.

FSC
www.fsc.org
MIX
Papier | Fördert
gute Waldnutzung
FSC® C083411

Kolibri 360 GmbH
Ferdinand-Jühlke-Straße 7
99095 Erfurt, Deutschland
produktsicherheit@kolibri360.de

Druck:
CPI Druckdienstleistungen GmbH
im Auftrag der
Kolibri 360 GmbH
Ferdinand-Jühlke-Str. 7
99095 Erfurt